本书为中国博士后科学基金特别资助项目
"新媒体与少年中国：新媒体使用与青少年社会化研究"
（项目批准号2014T70724）
阶段性成果

珞珈新闻传播青年学者丛书

程明 主编

数字原住民的
聚合与分化

——湖北青少年新媒体使用情况调查报告

闫岩◎著

山东教育出版社

图书在版编目（CIP）数据

数字原住民的聚合与分化 / 闫岩著. —济南：山东教育出版社，2015

（珞珈新闻传播青年学者丛书 / 程明主编）

ISBN 978-7-5328-8830-6

Ⅰ.①数… Ⅱ.①闫… Ⅲ.①传播媒介—研究 Ⅳ.① G206.2

中国版本图书馆 CIP 数据核字（2015）第 072874 号

珞珈新闻传播青年学者丛书

数字原住民的聚合与分化

——湖北青少年新媒体使用调查报告

闫　岩　著

主　　管：山东出版传媒股份有限公司

出　版　者：山东教育出版社

　　　　　（济南市纬一路321号　邮编：250001）

电　　话：(0531) 82092664　传真：(0531) 82092625

网　　址：www.sjs.com.cn

发　行　者：山东教育出版社

印　　刷：山东德州新华印务有限责任公司

版　　次：2015年5月第1版第1次印刷

规　　格：787mm×1092mm　1/16

印　　张：18.75印张

字　　数：240千字

书　　号：ISBN 978-7-5328-8830-6

定　　价：38.00元

（如印装质量有问题，请与印刷厂联系调换）

电话：0534—2671218

编委会

编审委员会主任：石义彬

编审委员会委员（按姓氏笔画排序）：

石义彬　吴爱军　罗以澄　单　波

姚　曦　强月新　程　明

丛　书　主　编：程　明

丛　书　编　委（按姓氏笔画排序）：

王　琼　闫　岩　纪　莉　肖　珺

吴世文　陈　刚　程　明

总序

在人类社会漫长的发展历史中，传播行为始终与文明史同在。但这种"同在"往往是在抽象的层面上进行的，既包括器物、建筑、风俗、制度，也包括作为社会组成部分的传播介质与传播载体。而在信息时代中，传播媒介、传播技术和传播行为在具象层面上的功用凸显出来，新闻传播活动在当下获得了石器时代、铁器时代和电子时代从未有过之地位。造成这一局面的原因是多方面的，其中技术变革的推力是一个重要的动因。技术革新作为社会变革的一部分，见证并推动了物质和精神生产方式的日新月异。在当下这个迅速变化的时代里，一方面，技术进步本身使得大众媒介在民族国家和公民社会中的功能作用日益突显；另一方面，社会主体信息需求的释放又反过来推动着大众媒介之组成、结构、秩序的快速发展和不断变革。

这个媒介作用空前突出的时代，给前数字时代有关新闻与传播的经验、观念、知识、理论带来了不小的冲击，同时也给新闻传播学研究带来了新的机遇。一方面，大众媒介（尤其是新媒体）的蓬勃发展为新闻传播研究提供了扩大的研究对象；另一方面，个体层面信息需求的增加、社会层面信息交流的扩大、国家层面传播能力建设的战略需求都在推动新闻传播学成为一门"显学"。在此语境下，新闻传播研究大有可为，也需要有所作为。

新技术不仅对整个媒介产业带来巨大冲击，也促使各国新闻传播学者重新思考新闻传播学教育，包括学科体例、科研范式、教学方式等一系列问题。在此背景下，学科创新、学科融合和跨学科研究逐渐成为新闻传播学科的主流。新闻传播研究既可以汲取其他学科的理论与方法来实现自身的优化发展，也可以为其他学科的发展提供"交叉的"场域。在此利好的背景下，新闻传播研究如何顺应时代、指导现实、启发未来，如何服务社会、传承文明、启发大众，如何产出具有理论建构意义的成果，如何提出具有实践指导意义的对策建议，如何彰显新闻传播研究的全球化视野与本土化思考……都是新闻传播学界必须认真思考的命题。特别是，中国与世界共同迎接了这次新的技术浪潮。与其他国家一样，中国面临着信息时代崭新的机遇和挑战。在这其中，既有普遍性的全球性问题，亦包含中国历史—社会转型之下的特有问题。毫无疑问，这些问题都需要进入新闻传播研究者的视野。

武汉大学新闻与传播学院历经31载的发展，经过几代人的努力开拓，已建立起了学科门类齐全、专业基础雄厚、学术声誉卓著的新闻传播学一级学科群，新闻传播学科的综合排名稳居全国前列，形成了自身鲜明的研究特色，在新闻传播实务、新闻史论与新闻文化、比较新闻学与跨文化传播、媒介发展研究为代表的四个研究方向上，产出了一批有重大影响的原创性成果。当下，学院正致力于建成国内新闻传播学科的人才"高地"，并将努力打造新闻宣传和新闻事业发展的"智库"，建立"产学研"一体化的新闻传播平台，全面提升自主创新能力和社会服务能力。

近年来，为推动科研教学工作的可持续发展，学院十分重视培养青年教师，探索建立了"双一制度"（即选派青年教师到媒体挂职锻炼一年，到国外著名大学访问交流一年），取得了良好的成效。为集中展示我院青年教师的各种研究成果，学院决定分辑推出"珞珈新闻传播青年学者丛书"，这也是学院推行青年教师成长工程的一个重要举措。丛书中的每一本论著都是青年教师精心准备的，反映了我院青年教师的研究活力和研究水平。

本丛书具有几个鲜明的特点，一是研究选题紧密追踪当前新闻传播研究的前沿问题，具有较为重要的现实意义和理论价值；二是各位作者从自身的研究专长出发，能够选取新颖的研究视角切入研究问题，令人耳目一新；三是由于青年学者大多受过良好的社会科学研究方法的训练，所以能够使用规范的社会科学研究方法开展研究，这契合新闻传播研究的大趋势；四是丛书作者具有一定的创新意识，或在理论创建方面，或在指导实践方面，提出了一些创新性的观点，体现了青年教师的开拓和锐气，这是难能可贵的。总体上看，丛书体现出了各位作者厚实的研究基础、较强的研究实力和较高的研究水平。

我欣喜地看到我院青年教师的成长，也希望他们继续努力，在科研和教学方面做出更大的成绩。当然，他们的论著也存在一些不足，我相信通过他们自身的努力，将来能够给学界奉献更多更好的论著。

是为序。

石义彬

2014年10月20日

（作者系武汉大学新闻与传播学院教授、博士生导师、院长）

序

闫岩

一

　　我的童年是在走街串巷和上树翻墙之间度过的。我和我的小伙伴们镇日拉帮结伙地在村里的土路上游荡，追鸡撵狗，偷菜摘瓜。当然，那个时候也有《新白娘子传奇》和《奥特曼》，它们分别牢牢地占据了午间和晚间的时段。一到电视开播的时候，前一刻还缠闹不休的小伙伴们立刻作鸟兽散，忠诚地守在电视机前。数年后，我在柯克·约翰逊描述的印度乡村中看到类似的情形。我们是被称作"与电视共同成长"的一代。儿时的我当然不会意识到，我的行为模式和几千里外"古老神秘恒河水"畔的印度同龄人一样。技术扩张对个体的影响跨越国界和语言。

　　我的幼儿园有阔大的操场，那里青草遍野、野花摇曳，我们既从事如挖泥巴、跳绳和打架之类古老的活动，也会将电视里看到的元素灵活应用到现实中。女孩儿们经常将白娘子和小青施法的手势加入到"过家家"这一项源远流长的游戏当中，而男孩儿们则乐此不疲地就谁是奥特曼谁是小怪兽而争论不休。技术对孩童的影响是这样悄然无声，以至于当我站在传播学殿堂的门槛上回望我的童年时，才能够发现它庞大而温柔的影子。

去城市念书之后，我意识到自己和同学们的不同。他们中的少部分人有着令我羡慕的特长，比如绘画、舞蹈、音乐。在我纠集小伙伴们四处游荡时，城市里一些家境优越的同龄人已经在上特长班了。我以为读书的固定模式就是小学、初中、高中、大学，而他们则早早知道自己有什么样的爱好和特长，并凭借这一小众兴趣在千军万马的高考中率先突围。我那时候才模糊地意识到，地域、城乡、家庭这类社会化因素对个体的影响。它将自然赋予的年龄区隔进一步分割出更细化的层级，并且，这种分割并非青少年的个体力量所能超越的。

二

几年前的一天，我去堂哥家做客。家里六岁的小侄子在手机上熟练地玩一款跑酷游戏。通常小孩子是难以集中精力做一件事的，但他对游戏却表现出了令人惊叹的专注和耐心。浸入游戏世界的孩童，对饮食诱惑毫不动心，对外界干扰自动屏蔽，对我亦视若无物。我不无忧心地对他妈妈说，要让他少玩儿，电子屏幕对小孩子眼睛的伤害尤其大。他的妈妈却给出了一个我从未想过的回答。她说，不玩的话，和小朋友没有共同话题；游戏玩得好，大家也喜欢围着他转。我突然意识到，这就是数字一代的童年。这就是他们的上房揭瓦、偷鸡摸狗，这就是他们的泥巴和跳绳、他们的白娘子和小怪兽。

这也是我进行这个研究最初的起点：数字媒体对年轻一代意味着什么？

几年后，九岁的他已经会熟练地在优酷里搜索游戏视频，观摩别的玩家如何"无伤通关"；他的同学会专门到家里找他，一起打游戏并交流经验；他能对"超级玛丽"的历代版本如数家珍，对"洛克人"不同的攻击属性合理点评；他在绘画班里受到老师的表扬，但他已经能够明确地区分自己擅长的和自己喜欢的。他的职业理想是成为一名游戏设计师。

对此，他们70后的父母并不强力阻止。他们甚至给他配备了Wii等家庭游戏设备；但他们同时引导他好好学习，告诉他游戏开发也需要专业知识，这需要考上大学才能学到；游戏设计也需要良好的审美和绘画功底，所以他要好好学习画画；他们制定"先学后玩"的家庭政策，规定他在一天里什么时段应当写作业、玩游戏和睡觉。他们是经过高考实现身份转换的一代人。他们从农村进城，拥有大学学历，组成普通家庭。但这恰是世纪之初普通家庭中儿童社会化样态的一个缩影。

回到老家，同学家的孩子也已经熟练地玩着"神庙逃亡"或"愤怒的小鸟"。他们使用着全球同步发售的智能手机，看全球同步上映的电影，在向全球敞开的互联网世界里懵懂摸索。他们或许还没有特长班的压力，父母对他们使用互联网的态度和教育方式也许也稍嫌粗暴和武断，但在这种差别之下，他们对新媒体的使用行为和能力却体现出了与都市同龄人的贴近。对于他们而言，是经济水平的发展还是技术手段的进步缩短了他们与城市儿童童年模式的差异？那些在我的童年无法跨越的界限，譬如地区、城乡、家庭，在他们身上会由于技术发展而带来社会的平权化吗？那么，对于那些尚无法惠及的、更贫穷的农村呢，技术将他们抛弃在鸿沟的另一端了吗？

三

我希望通过一个实地调查来回答这些困惑。

2014年6月起，我带领课题组在湖北省范围内进行了"青少年新媒体使用与感知"的大规模调查。调查以分层抽样和整群抽样的方式，向湖北省范围内三个城市、六个区、三十六所小学、初中和高中发放问卷8000余份。这是一份新鲜出炉的报告，它涵盖以下内容：

第一章是一个乐观的技术决定论者对青少年新媒体使用的学术理念。虽然量化研究主要依赖于实地数据，但对数据的解读和阐释总是不可避免地受到学者自身观念的影响。读者在这里可以看到这本书以及这整个研究的指导思想。

第二章是对研究方法和调研过程的介绍，并对数据的基本情况进行了描述。

第三章和第四章从创新与扩散的角度，考察新媒体在青少年群体中的采纳情况。这两章涉及青少年对单个数码设备（包括新媒体产品）的采纳与否、使用数量、使用时间；影响其采纳决策的三个个体创新性指标；这些指标在社会要素（地区、城乡）和主要人口统计学要素（性别、年龄）方面的差异化分布以及新媒体产品在青少年中扩散程度的影响模式。在这两个章节，读者们会看到硬件设备采纳和使用方面的地区和城乡差异，看到新媒体习得路径中平行性的同辈关系对垂直性的亲子关系的冲击乃至取代，看到新媒体技术的传播在个体层面上对技术创新与扩散规律的遵从和挑战以及家庭在青少年新媒体采纳方面的特殊影响方式。

第五章至第七章分别从家庭、学校、孩子的角度，考察新媒体习得、使用、效果、动机等一系列变量在社会要素和人口统计学要素方面的差异性分布以及主要变量的回归模式分析。在这三个章节中，读者们会看到地区和城乡红利在青少年新媒体使用的不同方面表现出的延续、消弭和倒挂；会看到父辈差异在孩子身上的深化和弱化；会看到传统教育体制和衡量标准与新媒体的冲突与和解；会看到青少年在新媒体使用动机和满足目的方面的相似与相异。

第八章和第九章通过描述性数据，分析青少年一般性网络行为和手机上网行为的对象，并对社交类、视频类、游戏类网站的使用情况加以专门分析。读者将在这一章中看到青少年网络行为中的巨头垄断与小众分化；看到移动网络对宽带网络所构建的互联网形态的变革和重塑；看到青少年在社交、娱乐、游戏方面的聚合与分化。

第十章和第十一章则从感知层面，考察青少年群体对不同类别的新媒体次级信道的可信度感知以及对新媒体和互联网的心理依赖。在这两章中，读者们将看到青少年的局限。他们无法超越其成长阶段的限制，而在心智、感知、控制力方面表现出的天真与脆弱。

第十二章是结束语。新的一代终将长成，而技术终将进步。对此，我们无可抗拒，唯有迎接。

我儿时村落中溪水潺潺、杨柳拂岸的景象已经不见了。全部硬化的路面上，汽车、拖拉机和电动车突突作响。孩子们不再在户外镇日游荡。他们已经找到新的社交方式。他们放学后继续用QQ登录游戏大厅，和小伙伴们一起"天天飞车"或"QQ炫舞"。他们在"开心农场"里愉快地偷菜，而隔壁的菜园里，黄瓜和茄子都已经长得老长。

每一代人都有每一代人的童年。

这就是世代更替的意义。

目录 Contents

一种媒介经过长期使用之后，可能会在一定程度上决定它传播的知识的特征。也许可以说，它无孔不入地影响创造出来的文明，最终难以保存其活力和灵活性。也许还可以说，一种新媒介的长处，将导致一种新文明的产生。

——哈罗德·英尼斯《传播的偏向》

第一章　数字原住民与数字移民

第一节　技术与文明：数字技术与当代社会

哈罗德·英尼斯（Harold Innis）在《帝国与传播》中指出，传播技术的变化无一例外地产生了三种结果：它改变了人们的兴趣结构（人们所考虑的事情）、符号的类型（人们用以思维的工具）以及社区的本质（人类交流的形式）。

人是技术的创造者。人们可以为某一个目的创造一种技术，但一旦技术——尤其是，那些划时代的技术——被创造出来之后，它们却会脱离创造者的最初设想。一旦一个新的技术时代被开启，各种各样的相关技术形态便会在短时间内惊人地、甚至以一种自生长的方式，源源不断地涌现出来，如同技术本身有了主张一样。这种生长的速度和最终的影响远远超出最初的技术创造者所能想象的极限。就如同1456年，那个从葡萄压榨机中获取了最初灵感的德国美因兹金匠约翰·根斯弗莱希·古登堡（Johann Gensfleisch Gutenberg）一样，在他宣布"不用芦苇、尖笔或水笔，而是靠奇妙的冲压和活字之间的一致、比例和协调"[1]而印制出第一本书时，他，包括其他的印刷匠们，并无法预知，他们已经

---

[1] EISENSTEN E. The printing press as an agent of change [M]. Cambridge, England: Cambridge University Press, 1979:19.

开启了人类文明一个前所未有的辉煌阶段。自此以后，人类的文化、帝国、宗教、战争、死亡、爱恋与新生……都被彻底改写。

数字技术和互联网无疑是一项划时代的技术。与先前的诸多里程碑式的技术革新相比，数字革命的不同在于它的迅速和彻底。人类从语言到文字经历了几十个世纪；从文字到纸张的飞跃则经历了大约四千年。颠簸在马背上的邸报和辗转于民间的手抄本在数个王朝的兴衰起落间不动声色地改写着文明的形态和帝国的疆域；一千年以后，印刷术出现了，它在几个世纪间见证了文艺的复兴、思想的启蒙、帝国的征伐和民众的狂欢；仅仅三百年后，电报和电话就一起涌现，紧接着是摄影、电影和广播。电子媒介在两百年间迅速衍生出众多形态，在几代人的生老病死间，见证着传播模式的更替在两次世界大战之中，在战后的对立与和解之中，在文化的霸权与跨文化的对话之中，浓墨重彩地影响着历史的进程。而数字革命的脚步则要迅猛得多。一代人肉身生灭，数十年便可以亲历数字技术翻天覆地的变革，从体积巨大的庞然大物缩小成手掌中连通世界的入口。

新媒体技术所革新的不仅仅是某一种传播形式，它是对一切传播形式的一次完全的革新。人际、群体、组织、大众传播都可以依赖网络介质进行。在20世纪90年代，人们还执着于"虚拟世界与现实世界"的关系这类话题，但如今，虚拟和现实的界限消失了。互联网改写了过往时代的运作模式，将人类文明推进入一个以它为载体和介质的新时代。台式电脑和宽带接入是一种混合了"个人"和"地点"的传播终端，人们凭虚拟ID使用网络，获取以个人为中心的信息。这种信息的获取不必在指定的地点——这一台或那一台电脑上——进行，但依然没有摆脱对固定物理空间的依赖：置放电脑的空间、宽带接入、电源。一旦离开电脑桌，数字世界和现实生活随即断开。只有当支持高速数据传输的蜂窝移动通讯技术——俗称3G/4G业务——与移动电话相结合时，可以随时随地使用网络介质的个体化终端才产生了。从固定电话到宽带接入再到3G/4G技术，人们最终完成了从"地点对地点"到"人对人"的传播模式的转变。同时实现的，是人类生活从局部数字化到全面数字化的转变。

尼古拉斯·尼葛洛庞帝（Nicholas Negroponte）这样定义"数字化"：数字化即"物质原子"被"数字化比特"代替[1]。我们已经行进在一个数字技术对现实世界进行全面标度和转化的过程中。在过去，方位的标定尺度是"东南西北"，而如今，是卫星技术传送在手机地图上的地理坐标；在过去，人们用"冷"和"热"来表示温度，用"出太阳"或"要下雨"来描述气候，而如今，温度和气候的预测手段是气象卫星传送在手机上的24小时实时天气预报。数字技术反过来标度了现实生活，并将进一步按照数字世界的原则改写现实世界的面貌。技术的发展终于达到了尼葛洛庞帝所预言的这个时机，即"计算机不再只和计算机有关，它决定我们的生存。比特，作为'信息的DNA'，正迅速取代原子而成为人类社会的基本要素"[2]。

第二节　技术与人类：新媒体技术与新生一代

印刷时代中出生和成长的哲学巨匠们，如西奥多·阿多诺（Theodor Wiesengrund Adorno）、皮埃尔·布尔迪厄（Pierre Bourdieu）或让·鲍德里亚（Jean Baudrillard）集中批判了现代社会对人类理性的玩弄和摧毁，但在米歇尔·福柯（Michel Foucault）看来，他们之前和之后的知识形态，连同他们本身构筑和批判的当下一道，都只是不断变动着的人类"匿名的知识规则"的一个部分。英尼斯和马歇尔·麦克卢汉（Marshall Mcluhan）等技术决定论者则将这种不断变动的图景的驱动力归结于技术进步本身。拼音文字的产生使得视觉取代听觉居于人类感官系统的最高级，这一感官比例的调整重构了人类的眼球运动方式、

---

[1]尼古拉斯·尼葛洛庞帝.数字化生存[M].胡泳,范梅,译.海口:海南出版社,1997:14.
[2]同上.

信息接收顺序和思维运作结构。事物与事物所代表的符号开始被两套认知系统来处理,感性和理性被区隔开来,好像它们应当是人们两种截然不同、且可以完全分割的思维模块;人们开始按照文字排列的线性顺序来组织语言和思维,并按照它的章程构建起垂直的权力关系和社会机构。后来,电视这种"一览无余的媒介"出现了。尼尔·波兹曼(Neil Postman)认为,电视是一种真正的"完美无缺的平等主义的传播媒介"[1]。它没有秘密,没有限制,不具有排他性,向一切人敞开。人们重新回到前文字时代,依赖感觉而非理性来处理信息。这究竟是文明的倒退还是向人性本真状态的回归?印刷文字所培养的理性是人类的进步,还是对人性本真状态的扼杀?影音媒介和已经到来的数字时代所带来的是秩序崩坏、界限消弭、混沌重开,还是权威消解、阶层平权、重回伊甸?这些问题对麦克卢汉来说是简单的。他欢欣鼓舞地认为,"我们正在迅速逼近人类延伸的最后一个阶段——从技术上模拟意识的阶段。在这个阶段,创造性的认识过程将会在群体中和在总体上得到延伸,并进入人类社会的一切领域,正像我们的感觉器官和神经系统凭借各种媒介而得以延伸一样"[2]。电子媒介消解了时间和空间的维度,将那些被印刷文字的语法分裂为不同派别、种姓、民族、立场的人们重新聚合为地球村中的"部落人"。

从文明和社会秩序的角度考虑,麦克卢汉的观点或许饱受争议,但从生物学的角度考虑,他的主张却不无道理。被誉为"认知神经科学之父"的脑科学家迈克尔·加扎尼加(Michael S. Gazzaniga)在《思维的历史》一书中写道:"人类的大脑从进化意义上说,并不是为文字而产生的;阅读是人类文明的一项新近的发明……而人类大脑中本来并没有哪一个区域是专为这项发明准备的"[3]。生物的个体可能产生突变,但整个生物体的进化则通常需要以几千年或几万年为单位。目前发现的人类最早的文字出现于约3500年前,而文字从权力阶层真

[1]尼尔·波兹曼.童年的消逝[M].吴燕莛,译.桂林:广西师范大学出版社,2004:121.

[2]马歇尔·麦克卢汉.理解媒介:论人的延伸[M].何道宽,译.南京:译林出版社,2011:5.

[3]GAZZANIGA M S. The mind's past [M]. Berkeley: University of California Press, 1998: 6.

正向平民阶层的普及则不过数百年而已。这种人为的发明太年轻，以至于还完全不足以引起大脑构造上的任何变化[1]。相反，图形/图像是大脑的基础传播介质[2]。大脑具有发达的视觉系统、听觉系统和严密的视听配合系统——对此的一个简单的例子是，如果电视画面上的视频和音频信号不同步，大脑的信息处理会产生迟滞。这是由于现实世界中并不存在声画不同步的场景，所以大脑的视听一致性处理机制在面对这种情况时不知所措——来迅速、高效地处理视觉和听觉信号。从这一意义上来说，数字时代是以符合人类自然性和生物性的方式来进行传播活动的。

马克·普伦斯基（Marc Prensky）将与数字媒体共同成长的一代人称为"数字原住民"（Digital Natives），而将其父辈称为"数字移民"（Digital Immigrants）[3]。数字原住民是与新技术共同成长的第一代，从出生之日起就被电脑、数码音乐播放器、手机以及各种各样的电子游戏所包围。数字技术是他们生活中与生俱来的一部分，如同他们的母语（Native Language）。相比之下，成长于前数字时代的人们是数字时代的移民。他们需要付出时间和精力专门去学习使用数字技术，培养适于数字时代的思维方式。这如同移民们学习第二语言的过程。无论第二语言的学习者们如何努力，总是不可避免地带着原初文化的"口音"；同样，不论数字移民们如何积极融入数字时代，他们始终都带着前数字时代的印记。他们在上一个时代完成了个体的社会化。哪怕他们中的很多人是这个数字时代的设计者、参与者和建造者，他们依旧属于数字移民。

数字原住民的出生、成长和社会化都是在与其父辈截然不同的环境中完成的。数字时代传播方式的革新改变了他们的思维习惯和行为方式。数字时代的

[1] DEHAENE S. Evolution of human cortical circuits for Reading and arithmetic: the neuronal recycling hypothesis [M]// DEHAENE S, DUHAMEL J R, HAUSER M et al. From monkey brain to human brain Cambridge, Massachusetts: MIT Press, 2004: 133-157.

[2] BARRY A M. Perception theory [M]// SMITH K L, MORIARTY S, KENNEY K et al. Handbook of visual communication: Theory, methods, and media.Mahwah, MJ: Routledge, 2005: 45-62.

[3] PRENSKY M. Digital natives, digital immigrants part 1 [J]. Horizon, 2001, 9(5): 1-6.

信息是非线性的、重复性的、非连续的、直觉性的，是靠类比推理去展开的，而不是靠序列论辩展开的。与他们的父辈们不同，生于数字时代的年轻人在懂得读书识字之前就已经学会摆弄电视和使用触屏手机。家长们往往惊讶于孩子们使用触屏式终端的娴熟。实际上，这是一种更接近自然的生活方式。家长们所习惯的以鼠标为载体的人机互动其实是一种反自然的人机交互形态，他们需要付出专门努力重新适应触屏模式。而孩子们则不需要，他们触摸触屏终端如同触摸脚下的大地和母亲的肌肤。

人与信息的交互方式发生了变化。儿童不需要经过训练就能够直接接收、处理、反馈、应用信息。在他们学习文字并被培养和训练出线性思维之前，他们所身处其中的、无处不在的数字媒介已经唤起和开发了他们作为人类最基本的思维形式：非线性的、具象的、直觉的。技术已经改变了年轻一代使用者的思维形态。年轻一代更习惯于平行思维或多任务操作，而非按部就班的、线性的、一件一件的完成任务；他们具有更强的图形/图像敏锐性，对可视化信息的处理能力和使用偏好大大高于文字信息和文本阅读；他们习惯于超链接提供的非线性跳转模式和延伸阅读所提供的海量化、结构松散化甚至破碎化的信息，而非书籍或报纸中严谨的、线性的、逻辑化的书写和刻板的、有限的、经过过滤的信息；他们喜欢"阅后即焚"的即时互动、迅速直接的奖励机制、轻松有趣的生活态度。

数字移民们还"仍然在使用陈旧的、前电力时代那种支离破碎的时间模式和空间模式来思考问题"[1]，但数字技术和它所孕育的新的一代人已经诞生了。波兹曼这样论述技术革新对人类社会的影响："一部机器可以为我们提供崭新的时间概念，如机械钟；或者空间和规模的概念，如望远镜；或者知识的概念，如字母；或者改善人类生物性能的可能性，如眼镜。我们可以像詹姆斯·凯瑞（James Carey）一样大胆地说：我们可能会发现我们的意识结构被重新塑造，以便跟传

---

[1]马歇尔·麦克卢汉.理解媒介：论人的延伸[M].何道宽，译.南京：译林出版社，2011:6.

播结构相匹配；我们可能会发现我们已经成为我们所制造的东西"[1]。

我们所处的这个时代，更确切的表述应当是一个从电子时代向数字时代过渡的时代。它既没有体现为一种技术时代在快速成长期的那种无所怀疑的生气勃勃，也绝非在稳固鼎盛时期所固有的那种无可撼动的威严从容。相反，它散发出传播技术过渡时代的必然特征——代际冲突、文化振荡、观念更迭。这个时代里，一方面人们在不断地更新数字技术、摸索可穿戴式设备、试水智能家居；一方面又沿用着古老的体系传承知识、选拔人才、更替权力。"保守"与"进步"重新被生产出来，任何一个立场上都有人互相指责，极力发声；道德与发展的矛盾重新凸显出来，旧有道德形态是应当遵循、固守，还是推翻、重建？技术的前景被赞扬又被诅咒，它是进步，是回归，是倒退？

此时，我们应当担心的并不是技术最终将改变人们的思维形式和社会结构，因为这几乎是一个必然的未来。我们更应当考虑的是，在这样一个过渡时代中，我们——这些数字移民们——为我们的下一代做了哪些准备？当前这个时代的发明者和建筑者依旧是成长于印刷时代的数字移民们，尽管他们在这个由他们或他们同辈们所发明的数字时代里有些无所适从，但新生的数字原住民们目前却仅仅是这个时代的消费者而非建构者。他们依旧年幼，不能超越人的生物成长的阶段性——实际上，人唯有在智力水平上能够在诸多生物中勉强骄傲一下。妊娠期约为二十六天的大鼠，只要两个月左右就完全发育成熟；而妊娠期三百天左右的人类，在脱离母体后还要经过20余年的生长才能发育成熟——人类大脑前额叶皮层的发育会一直持续到20岁年龄段中期甚至30岁出头，此时，人类主管情绪、自我意识和是非判断的部分才会完全发育完成。因此，在这个过渡时代，混杂无序的传播格局和动荡不安的信息环境并不是年幼的"数字原住民"们可以独自面对的。这是一个终将由他们整饬和统治的时代，但还不是现在。

如同美国教育家约翰·杜威（John Dewey）所说，"社会在指导青少年活动的

[1] 尼尔·波兹曼.童年的消逝[M].吴燕莛,译.桂林：广西师范大学出版社,2004:34.

过程中决定青少年的未来，也因而决定社会自己的未来。由于特定时代的青少年在今后某一时间将组成那个时代的社会，所以，那个时代社会的性质，基本上将取决于前一时代给予儿童活动的指导。这个朝着后来结果的行动的累积运动，就是生长的含义"[1]。

第三节　数字技术与中国：新媒体时代中的中国青少年

在这个过渡中的数字时代，中国青少年在整体上与世界同步。1997年以来，中国互联网络信息中心（China Internet Network Information Center，简称CNNIC）共发布了34次《中国互联网络发展状况统计报告》。在所有的报告中，十八到三十岁青年网民都是比例最大的群体。而未成年人网民则在近年来的网民低龄化趋势中表现突出。据《2013年中国青少年上网行为调查报告》显示，截至2013年12月，我国青少年互联网渗透率达到71.8%，超出全国网民平均水平26个百分点；其中，未成年人中手机网民的比例达86.3%，高出全国手机网民比例5.3个百分点[2]。这一数字已与欧美日等发达国家几无差别。

这些出生于20世纪90年代以后的孩子们与欧美的同龄人一样，使用着全球同步发售的智能手机，看着最新上线的原版好莱坞大片，哼着贾斯汀·比伯（Justin Bieber）和泰勒·斯威夫特（Taylor Swift）的口水歌，和全球各地的玩家们在魔兽世界中厮杀得不分昼夜。他们没有集体回忆，因为海量的信息在他们抱团之前就将他们冲散——当然，他们或许有杨幂、喜羊羊和《古剑奇谭》，如果这种媒体构筑的集体回忆也算得上仅存的标志性集体回忆的话，这或许真的说明媒介对现实的渗透已经实现。大多数的城市儿童和相当一部分乡村儿童并没有

---

[1] 约翰·杜威.教育即生长[M]//王甘.童年二十讲.天津：天津人们出版社,2008：128.
[2] 中国互联网络信息中心.2013年中国青少年上网行为调查报告[R/OL].(2014-05)[2014-09-08].http://www.cnnic.net.cn/hlwfzyj/hlwxzbg/qsnbg/201406/P020140611557842544454.pdf.

经历过物质的匮乏，也没有严重的家庭负担和后顾之忧。以此为基础，他们中的很多人具有了真正的兴趣和理想主义，而非为稻粱谋的职业规划和现实考量。他们成长于中国高速发展的二十年，他们接受好的也接受坏的，他们也在创造新的、父辈们所不懂的。

2014年8月，IDG资本宣布设立"IDG90后"基金，规模1亿美元，专门支持90后的年轻创业者以及围绕年轻一代生活方式和需求变化的创业者。IDG资本70后的合伙人们在与90后的创业者接触时发现，他们并不了解90后的需求，也无法理解为什么有些按照传统投资标准而言并无潜力的产品会在90后群体中受到万人空巷式的追捧。因此，他们只有将90后的市场交给90后开发。再比如，在2014年8月份刚被亚马逊以10亿美元收购的Twitch电子竞技游戏直播网站上，世界各地数以千万计的用户同时在线上传、收看、参与着从互联网诞生以来就一直被主流价值观斥为"玩物丧志"的电子竞技游戏视频。在外国电影和流行歌曲还需要翻译的时代，电子竞技语言却率先超越了语言的限制，将世界各地的玩家实时聚合在一处。再比如，当在线社交迅速经历了从个人主页式的全公开化，到Facebook式的用户准入制半公开化，再到微信朋友圈内仅好友可见的私密化的发展之后，Snapchat则以"阅后即焚"的社交模式席卷美国，成为最受青少年追捧的社交平台。在这款软件中，用户分享给好友的图片将在对方接收到的10秒甚至更短时间内自动删除。这种私密式社交模式违反了人类信息搜寻和累积的基本需求，却出乎意料地广受追捧。再比如，在弹幕网站上那些满屏幕飘过的五颜六色、七嘴八舌的评论里，碎片化的独白、无反馈的发问、成群结队的围观和飘来荡去的小广告毫无违和感地共存，视频内容成了背景和载体供用户狂欢。诸如此类，中国的青少年们与世界共享。但对于他们70后的父辈、甚至80后的前辈们而言，这些都已经隔着一条阔大的代沟。

更重要的是，这些最新的技术和潮流在理论上是向所有人敞开的。只要一台电脑或一部手机以及互联网接入，就几乎是全部的成本。它不分贫富，不分阶层，跨越国界，超越语言。所有的用户都可以拥有、体验、参与、分享。但随之而来的问题是，互联网所承载的这一"技术乌托邦"的理想是仅仅针对互联网使用者而言的，那么，那些无力跨入数字门槛的个体——没有财力购买网络终端、没有条件承担网络接入、没有能力掌握网络使用技术的人，将成为技术革新中被抛弃和被损害的一群吗？据 CNNIC 发布的《2013 年中国青少年上网行为调查报告》显示，青少年网民城乡分布比例为 76∶24，与去年相比呈现扩大态势[1]；地区差异也比较明显，东部、中部、西部和东北部地区网民的比例分别为 46∶20∶24∶10。此外，青少年的上网设备、场所、行为等均有显著的地区差异和城乡差异。这些差异绝大多数与地区互联网硬件条件和家庭财力水平有关。数字时代的大门以一张网络设备的入场券首先区分开了入场者和出局者。即便对于那些进入数字时代门槛的人而言，他们所处的地理区位、城乡分野、人文环境、家庭背景等等都将这个群体进一步划分为外场、内场和贵宾席。

这种阶层化的区隔在我国青少年群体中已经存在，那么数字技术进一步的发展和新媒体设备在价格上的进一步亲民化会推动数字门槛的消失吗？数字技术终将指向社会平权化吗？还是"贫者愈贫富者愈富"技术鸿沟会日渐扩大而永无上限？技术真的会消弭界限，还是将带来新的社会分化？如果分化不可避免，是旧有的阶层差异继续固化，还是新的阶层会在洗牌后重新出现？这些问题是驱动本研究的最初动力。对这些问题的回答都要基于一个基础的问题：我国青少年群体对数字技术的使用情况如何。本研究试图通过实地调查对这一问题进行尝试性的回答。

这无疑是一种印刷时代的、古老的、经验性的知识体系所惯常采取的信息获得路径。它或许与将要探求的这些问题和这个时代并不能融洽相容，但至少，这是一名 80 后的"数字移民"、一名乐观的技术决定者与这个她并不熟悉的光辉时代所进行的一场试探性的对话。

---

[1] 中国互联网络信息中心. 2013 年中国青少年上网行为调查报告 [R/OL]. (2014-05)[2014-09-08]. http://www.cnnic.net.cn/hlwfzyj/hlwxzbg/qsnbg/201406/P020140611557842544454.pdf.

第二章　研究方法及过程

第一节　相关概念和变量界定

一、青少年

日常生活中，人们谈及"青少年"，往往会从常识或直觉上认为，这个概念有着明确的指称范围。但实际上，在学术研究和其他相关领域中，仅"青少年"这个概念究竟是指哪个年龄段的问题就存在诸多不同意见。

联合国《儿童权利公约》没有专门区分"青少年"群体，而是将其作为"儿童"的一个亚群体，与"成人"区隔开来。公约界定，儿童是指18岁以下的任何人。与此一脉相承的是，《中华人民共和国未成年人保护法》规定，未满18周岁的公民均为未成年人。换言之，"青少年"在法律层面上并不是独立存在的群体。

1994版《现代汉语辞海》中，"少年"是指十岁左右到十五六岁的阶段，"青年"是十五六岁到三十岁左右的阶段，并无"青少年"这一词条。1999版本《辞海》中，"少年"是指年轻男子，"青年"则是指十八至二十五岁的阶段。在欧美语境中，青少年往往对应的是"teenagers/adolescents"，一般是指六岁到十七岁的阶段。十八到二十五岁往往对应着"young adults"，意指其在法律意义上已经进入成年阶段，但实际上仍介于少年到成年的过渡阶段的社会学特征。

葛进平在《浙江农村青少年大众传媒接触及影响实证研究》中，根据埃里克·埃里克森（Erik Erikson）对人格发展的八个阶段的划分，结合我国的教育和工作体制，将人生划分为五个时期：婴幼儿期（0~6岁），少年期（7~12岁），青年期（13~20岁），成年期（21~60岁），老年期（61岁~死亡）[1]。这一划分兼顾了自然成长的生理年龄段和教育工作的社会年龄段特征。

本研究根据这一划分标准，并参照国家法定成人年龄的界定，将"青少年"定义为七至十八岁的成长阶段，基本对应着我国当前教育体制中的小学、初中和高中三个学龄段。2013年，湖北省小学毛入学率达到99.85%，初中毛入学率为99.59%，高中阶段毛入学率达到84%[2]。由此可见，小学至高中学生群体基本上能够代表湖北青少年的整体情况。

本书的数据分析部分将以小学、初中、高中学龄段作为类别变量；在其他部分，"少年"一般对应小学生和初中生，"青年"一般对应高中生，"青少年"即指三个学龄段的全体调查对象的总和。

二、新媒体

新媒体概念的提出，最早可追溯到二十世纪六十年代末。1967年，美国哥伦比亚广播电视网（CBS）技术研究所所长彼得·高尔德马克（Peter Goldmark）在一份关于开发电子录像商品的计划书中将"电子录像"称作"新媒体"（New Media）。1969年，美国传播政策总统特别委员会主席罗斯托（E.Rostow）在向当时的美国总统尼克松（Richard Nixon）提交的报告书中，多次使用了"新媒体"一词及其有关概念。由此，"新媒体"一词开始在西方广泛传播，并成为传播学研究的重点之一。

但目前，"新媒体"这一概念所最初指称的对象——电子录像——已经毫无疑问是一种"旧媒体"了。这种新与旧的转换反映了"新媒体"这一概念的相对性。

[1]葛进平.浙江农村青少年大众传媒接触及影响实证研究[M].杭州：浙江大学出版社,2007:10.
[2]湖北省人民政府.2013年湖北省政府工作报告[R/OL].(2013-01-22)[2014-09-08] http://www.gov.cn/test/2013-02/20/content_2336270.htm.

学术界关于新媒体的界定存在两种观点：一是相对观点，即认为新媒体是相对于旧媒体而言的；二是绝对观点，认为新媒体是指当前以数字传播技术为支撑的媒介群。由于到目前为止最先进的媒体技术形态是数字技术和互联网，即便持绝对观点的研究者也将数字技术和互联网作为相对最新的媒介形态。

联合国教科文组织简明地将新媒体定义为"以数字技术为基础，以网络为载体进行信息传播的媒介"。计世资讯研究认为，"始于2006年的新媒体是以广泛的互联网为基础的，融合P2P流传输、宽频无线远程传输、定向可控广播传输等新技术，以计算机、电视机、手机（含PDA）为显示终端，呈现所有视频、音频、文字内容的服务平台"[1]。这一定义其实是在承认概念相对性的前提下，对新媒体进行的一种绝对的属性式描述。清华大学传播学者熊澄宇教授则将新媒体界定为："在计算机信息处理技术基础之上出现和影响的媒体形态"。他认为新媒体的概念有三方面的特征："首先，新媒体是一个相对的概念，新相对于旧而言。其次，新媒体是一个时间的概念，在一定的时间段内有代表这个时间段的新媒体形态。第三，新媒体是一个发展的概念，它永远不会终结在某个固定的媒体形态上"[2]。华中科技大学鲍立泉博士在其博士论文中提出，"新媒体"这一概念具有两个特点：第一，它不是具体的一个事物或事件，而是一类事物或事件的统称；第二，它具有时代性，在不同时间具有不同的技术特征和指代范围[3]。

日常生活中，人们对"新媒体"这一概念的使用通常混合了新媒体形态和新媒体设备，它们分别对应着技术支持和接入终端。当前学界普遍认可的新媒体的具体形态包括互联网（Web 1.0，Web 2.0，Web 3.0），3G/4G、IPTV、P2P、IM、3G等，而新媒体设备则主要包括台式电脑、手提电脑、平板电脑、普通手机、

［1］程天宇.新媒体定义：竟合是发展方向[EB/OL].(2006-11-08)[2014-09-08]. http://blog.donews.com/tycoo/archive/2006/11/08/1074201.aspx.

［2］熊澄宇.新媒体与移动通讯[EB/OL].(2007-01-04).[2014-09-08]. http://medianet.qianlong.com/7692/2007/01/04/2681@3600215.htm.

［3］鲍立泉.数字传播技术发展与媒介融合演进[D].武汉：华中科技大学,2010:8.

智能触屏手机、数字电视、IPTV等等。CNNIC发布的《中国互联网络发展状况统计报告》显示，电脑和手机是我国网民最主要的互联网接入终端。本研究中的"新媒体设备"主要指代电脑类和手机类；而"新媒体形态"则主要指代使用新媒体设备所接入的互联网。

三、其他主要变量

地区差异。地区差异是一个范围广泛的概念，至少包括地区自然差异、经济差异、社会差异、文化差异等内容，其中地区社会差异又包括地区社会人民群众生活水平差异、社会保障水平、社会稳定状况等方面的差异[1]。从福利经济学的角度来看，地区差异是一种缺乏公平的地区资源分配状态，是一种没有达到帕累托最优的地区间资源分配状态，属于"市场失灵"的范围[2]。本研究延续CNNIC的地域变量界定方式，以地区经济发展水平作为地域性差异的主要指标。

城乡差异。城市与乡村都是人类赖以生存、生活和发展的空间实体，都是作为一种非均质的政治、经济、文化空间而存在的[3]。乡村是主要从事农业生产、人口分布较为分散的地方；城市则是主要从事非农业生产、人口密度较大的地方，往往是一定地域范围内的政治、经济、文化、交通和信息中心[4]。本研究中，城乡的范围遵从行政区划的规定，"城"指城市，而非城镇，是指包括县城及以上行政单位的城市型聚落；"乡"则与农村等同，是指县级以下的人口聚落空间，包括乡、镇、村。

年龄/年级差异。目前，湖北省适龄儿童入学年龄为六周岁。九年义务教育采取五四学制。故小学学龄段一般为六至十一岁，初中学龄段为十一岁至十五岁，高中学龄段为十五岁至十八岁。按照发展心理学的观点，个体自我意识的形成

［1］纪江明.转型期我国社会保障与居民消费的地区差异研究[D].复旦大学博士论文，2011:28.
［2］刘雅露.缩小地区差距的财政政策研究[M].北京：经济科学出版社，2000.
［3］王振存.文化视阈下城乡教育公平研究[D].河南大学硕士论文，2011:48-50.
［4］黄坤明.城乡一体化路径演进研究[M].北京：科学出版社，2009:18-19.

与发展包括八个阶段，其中，六至十八岁期间将完成两个阶段的心理发展，分别为获得勤奋感而避免自卑感的阶段和获得同一感而克服同一性混乱的阶段[1]。个体在这一时期的生理发育、心理成长、智力水平、亲子关系、社会交往等都将随年龄增长出现比较明显的阶段性变化。本研究同时调查了青少年所在的学龄段（小学、初中、高中）及其真实年龄。研究在进行差异性变量分布时，将三个学龄段作为类别变量；在进行回归分析时，则将研究对象填答的实际年龄作为连续变量。

第二节 研究方法

本研究采用多阶段抽样的方法，以地区、城乡、学龄段为三组自变量，抽取了湖北省三个城市六个区36所学校的8049名学生。具体方法如下：

调查范围：抽样总体为湖北省所有青少年。

抽样方法：系统分层抽样和整群抽样相结合。

第一阶段：选定城市。根据《2013年湖北省统计年鉴》，对湖北省16个地级以上城市（包括1个副省级市，12个地级市州，3个直管市）生产总值进行排名，抽取总值最高（武汉市）、居中（荆门市）、最末（神农架林区）的三个城市。由于神农架地区的学校总量太少，不能满足抽样总人数的要求，因此由恩施州递补。

第二阶段：选定城乡区域。以各个城市现有行政区划为标准，将其进一步分为城市市区和城市下辖县两类。由于武汉市没有下辖县，故按武汉市人民政府的官方划分标准，将武汉市行政区域分为中心城区、远城区和开发区三类。研究进一步以经济水平和人口密度为标准，在武汉、荆门、恩施三地各选取一个城区和一个县镇。

---

[1] ERIK H E. Childhood and Society [M]. New York: Norton.1958.

第三阶段:选定学校。根据随机抽样原则，在每个区域随机选择小学、初中、高中各两所，共三十六所。

第四阶段：选定班级。由于毕业班学生往往具有较大的课业压力，其新媒体使用行为可能受到更多外在因素的干扰，因此，本研究将抽样对象定位于非毕业班级。为保证样本的年龄差距，小学三年级、五年级，初中一年级、二年级和高中一年级、二年级的学生成为研究的实际抽样对象。在这些年级中，以整群抽样的方式，在每个年级随机选取两个班。由于不同学校文理分班、快慢分班的时间不同，调查没有限定班级选择的文理之分、快慢班之分。

第三节　问卷设计及研究过程

一、问卷设计、前测和版本定制

问卷以研究的几大主要理论如创新与扩散理论、使用与满足理论、社会融合理论、媒介依赖理论、媒介可信度感知等常用量表为主干，辅以描述类问题统计，设计出一整套问卷。

研究首先以武汉大学一百名一年级在校大学生为对象进行了一组前测。一年级大学生在年龄上与本次调查对象最为接近，能够保证问卷在被测群体中的最大化信度。前测主要针对五个理论的五套量表展开，其目的在于确保国外量表能够适用于国内人群。前测同时请前测对象就问卷的措辞、题项顺序、排版、类别等提出意见。

研究经过两轮前测后完成了量表调整。五个理论的五套针对性量表的KMO值在0.702（新媒体使用能力）和0.816（新媒体创新特征感知）之间，Bartlett球型检验在206.10（个体创新性特质）和829.05（新媒体创新特征感知）。问卷最终版共包含20个大题、100个小题。

二、问卷调查及过程

共有八名调查员参与本次调查。研究者首先对这八名调查员进行了指导培训，包括统一调查流程、对专有名词和特定题项的解释、对题项填答方式的解释等，以最大限度降低调查员个体差异对问卷结果的影响。

所有问卷均以纸质问卷的方式进行，由调查员现场向全班同学发放问卷，统一组织填答，并在填答完毕后当场回收。

调查员首先介绍调查的背景、目的，随后介绍填答方法和注意事项，而后由学生自主完成。问卷分指导填答版和备注自填版两类，分别针对中小学生和高中生。在针对小学学生的调查中，调查员逐一念出题干和选项，并对填答方法加以解释；在针对初中学生的调查中，调查员仅念出题干，并对填答方法加以解释；在针对高中学生的调查中，调查员仅介绍背景，并进行必要性答疑，学生根据问卷中的自填备注作答。

三、问卷录入和再编码

调查于2014年4～6月期间执行，向小学、初中和高中共36所学校发放问卷8049份，平均每个学校200～300份，其中回收问卷7741份，回收率96.17%。根据1999年美国民意研究学会（AAPOR：American Association for Public Opinion Research）所公布的问卷成功率计算标准，回答80%以上题目的问卷可被定义为"访问成功"，回答50%~80%的问卷为部分成功。该标注涵盖了六组公式，按其宽松程度递增，其中公式1代表最严格，公式6代表最宽松。本研究遵循葛进平的研究体例，使用公式2:RR2=（完全成功+部分成功）/（访问成功+合格但无访问+不知是否合格而未访问）加以计算。结果显示，本研究调查成功率为96.9%，其中完全成功率为89.4%。

问卷收回后，随即组织八名课题组成员进行数据编码和录入。编码在Excel中进行，校对后转入SPSS软件进行分析。

第四节　研究基本数据描述

研究共向湖北省3个城市6个区的36所学校发放问卷8049份，回收问卷7741份，有效问卷7122份。调查中来自武汉、荆门、恩施的问卷分别占32.3%、34.0%和33.8%；城乡比为50.4%∶50.0%；小学、初中、高中三个学龄段的比例分别为34.3%、32.0%和34.2%，约为1∶1∶1[1]。男女性别比为50.2%∶49.1%[2]。这表明，问卷在地域、城乡、年龄段、性别四类基础变量的分布方面十分均衡。在年龄分布方面，小学生的平均年龄为M=10.67，SD = 0.63；初中生的平均年龄为M=13.43，SD = 0.76；高中生的平均年龄为M=16.23，SD = 0.73。年龄段的分布表明，调查对象完全符合第二章定义中对"青少年"这一概念的年龄界定。

问卷按三大控制变量分类的具体分布情况见表2.1。

表2.1　有效问卷分布情况一览表

地区	城乡	学龄段	学校名称	份数
武汉	城	小学	武昌区南湖第一小学	192
			武汉大学附属小学	206
		初中	水果湖第二中学	188
			洪山中学	193
		高中	华中师大一附中	180
			武汉大学附属中学高中部	205
	郊	小学	庙山小学	175
			五里界小学	187
		初中	庙山中学	195
			范湖中学	182
		高中	江夏区第一中学	193
			江夏区流芳中学	207

[1] 由于研究采取整群抽样方式，每个学校抽取四个班，故而因班级规模不同，发放问卷的总数也并不均衡。

[2] 有49名调查对象没有选择性别，故而男性和女性性别百分比之和低于100%。

（续表）

地区	城乡	学龄段	学校名称	份数
荆门	城	小学	荆门实验小学	216
			月亮湖小学	205
		初中	象山中学	178
			文峰中学	198
		高中	龙泉中学高中部	196
			荆门市实验高中	209
	乡	小学	苏台小学	237
			新生小学	214
		初中	牌楼镇初级中学	142
			罗店镇初级中学	164
		高中	钟祥市第一中学	226
			京山中学	239
恩施	城	小学	施州民族小学	193
			逸夫小学	208
		初中	小渡船中学	213
			舞阳中学	206
		高中	恩施高中	216
			恩施市第一中学	208
	乡	小学	沐抚镇中心小学	190
			桑树坝村中心小学	213
		初中	屯堡乡初级中学	203
			崔坝民族中学	193
		高中	利川一中	175
			来凤一中	187

媒体不仅作为技术同时也作为文本来进行表达。因此，互联网可以从技术产品和耐用消费品的普及和使用角度来考虑，也可以从一种特殊的符号学形式上来进行考虑。它的构建和传播逐渐对信息、沟通和学习起到调节作用。

——索尼亚·列文斯通《儿童与互联网》

第三章 创新与扩散（上）：青少年使用新媒体的差异化

新发明和技术在社会中的扩散和普及都是过程态的。人们或许能够很明显地感受到生活中"大件"用品的更新换代，比如农耕设备从镰刀、铁锹变为现代机械化农机具；工业生产从手工制作变为电脑数控；栖身之所从筒子楼变成高级公寓；代步工具从自行车变成汽车；家用媒体设备从广播变成电视进而扩展为电脑、平板电脑、智能手机等等。一项产品发明或技术革新，在实验室中被发明或创造出来的时刻往往只是一个起点，尤其是对于民用技术而言，其普及程度往往与其实用价值直接相关。人们生活中形形色色的创新发明层出不穷，遍布各个时代和各个领域，却大抵遵循着相似的技术扩散规律。美国国会图书馆研究部将技术创新和扩散定义为："一个从新产品或新工艺的设想产生到市场应用的完成过程。它包括新设想的产生、研究、开发、商业化生产到扩散等一系列的结构"。埃弗雷特·罗杰斯（Everett Rogers）将扩散视为一种特殊类型的传播，"扩散的实质是人通过信息交换，将一个新的方法传播给一个或多个他者"[1]。第三章和第四章将从新媒体创新和扩散的角度出发，考察青少年新媒体技

---

[1]埃弗雷特·罗杰斯.创新的扩散[M].辛欣,译.北京:中央编译出版社,2002:16.

术采纳、习得、使用的现状和影响要素。其中，第三章侧重于青少年群体中新媒体技术的使用情况；第四章侧重影响这一使用情况的相关要素和模式。

第一节　技术扩散过程中社会性和个体性差异

在过往研究中，社会系统要素和人口统计学要素往往是社会性行为或社会性现象最主要的影响因素。前者主要包括地区经济水平、文化背景、民俗差异、城乡分野等，后者则通常包括性别、年龄、职业、教育程度、家庭收入等要素。这些要素在技术扩散的不同阶段呈现出不同影响方式。

一、地区差异

地区经济要素往往是技术扩散早期的主要影响要素。经济水平比较发达的地区，人们的视野往往比较开阔，接触的事物更多，对新事物的接受力也更强；经济水平发达的地区往往也意味着更大的市场和更强的购买力。这些地区也往往具有更好的配套设施，方便新技术的接入和推广。CNNIC从1997年至2013年期间共发布了34次《中国互联网络发展状况调查统计报告》。1997年，我国共有网民62万人。网民比例占所在地区比例最高的是北京（36%），其次是广东（8.3%）和上海（8%）；网民比例占所在地区比例最低的是宁夏（0%）和西藏（0%），其次是新疆（0.1%）和青海（0.1%）。网民比例占所在地区比例居中的地区，也大体上是我国经济发展水平居中的地区，如四川（2.4%）、安徽（2%）、湖南（1.8%）等[1]。到2005年4月底，我国网民数量突破1亿。网民比例占所在地区比例最高的城市分别为北京（28.7%）、上海（26.6%）、天津（22.4%）；居中的是辽宁（8.8%）、陕西（8.5%）、海南（8.4%），最低

---

[1] 中国互联网络信息中心. 第一次中国互联网络发展状况调查统计报告 [R/OL]. (1997-12-01) [2014-09-08]. http://www.cnnic.net.cn/hlwfzyj/hlwxzbg/hlwtjbg/201206/t20120612_26721.htm.

的是贵州（2.8%）、西藏（3.3%）、安徽（4.3%）[1]。2013年,中国大陆31个省、直辖市、自治区中,网民数量超过千万规模的省份已达25个,网民普及率超过全国平均水平的省份达13个。其中,北京、上海、广东等省（市）的互联网普及率相对较高,超过65%;江西、云南、贵州等省份的互联网普及率则相对较低,均不到33%[2]。可见,地域性差异仍然是我国互联网普及的重要影响因素。

但另一方面,地域差别在未成年群体中并不显著。据《中国未成年人新媒体运用报告2011~2012》显示,未成年人互联网的普及率高达91.4%[3]。其中,浙江省比例最高,达98.6%;内蒙古自治区比例最低,为81.1%;广东省、北京市等经济发达地区,未成年人上网比例仅居于中等水平。这表明,青少年群体的上网普及率不仅受经济水平和地区互联网普及率的影响,还受很多青少年群体自身因素的影响。这从侧面反映了青少年群体在网络使用方面的特殊性,也为本研究的展开提供了必要性。

二、城乡分野

城乡二元经济结构一般是指以社会化生产为主要特点的城市经济和以小农生产为主要特点的农村经济并存的经济结构。城乡分野在欧美传播与扩散研究中并不是主要变量。早在20世纪50年代,全球城市化水平已经达到了29%,欧美发达国家的城市化水平已超过60%[4]。创新与扩散研究大约开始于

---

[1] 中国互联网络信息中心. 第十六次中国互联网络发展状况调查统计报告 [R/OL]. (2005-07-16) [2014-09-08].http://www.cnnic.net.cn/hlwfzyj/hlwxzbg/hlwtjbg/201206/t20120612_26707.htm.
[2] 中国互联网络信息中心. 第三十三次中国互联网络发展状况调查统计报告 [R/OL]. (2014-03-05) [2014-09-08].http://www.cnnic.net.cn/hlwfzyj/hlwxzbg/hlwtjbg/201403/t20140305_46240.htm.
[3] 李文革,沈杰,季为民. 中国未成年人新媒体运用报告（2011~2012）[M]. 北京:社会科学文献出版社,2012:3.
[4] 1950年至2011年全球主要国家城市化率比较 [EB/OL] [2014-09-08]. http://wenku.baidu.com/link?url=YKGzZuT7M2dgWqjQCjPCvaVa3plwWEHGi44ols8qPYhnIWfk7blkWKlb52GJb6huKscKrZbkW-xARNosGMV6kV2OL_wUVSS3l3YHdjxQcUS.

这个时期，其技术推广和学术研究中，城乡二元结构既不明显，也不是技术扩散的主要影响因素。在中国，城乡差距是一个逐渐凸显的社会问题。从新中国成立到改革开放前，我国是一个收入分配均等化程度较高的国家，城市和乡村居民之间基本不存在收入差距问题。随着国民经济体制从计划经济体制向社会主义市场经济体制的转变，分配体制也相应地从平均主义原则转为"以按劳分配为主体、多种分配方式并存"的分配制度。由此，国民经济水平的差异不仅体现为地域差异，还逐渐表现为城乡分野。国家统计局2007年统计结果显示，我国农村居民2007年人均纯收入实际增长9.5%，为1985年以来增幅最高的一年；而城乡居民收入比却扩大到3.33∶1，绝对差距达到9646元（农村居民收入4140元，城市居民收入13786元），也是改革开放以来城乡差距最大的一年[1]。

与此同时，CNNIC发布的《2007中国互联网络发展状况调查统计报告》中首次将城乡差异作为一个专门单元来讨论。报告显示，中国互联网的发展存在较大的城乡差异。城镇的网民普及率更高，增长更快，其普及率是农村的6.5倍。在上网时间方面，城镇网民平均每周上网时间为18.0小时，农村网民平均每周上网时间为13.2小时，全国平均水平为16.9小时。可见，农村网民在上网时间方面，与城镇网民及全国平均水平均有较大差距[2]70-72。此外，手机网民占城镇网民比例的81.4%，而仅占农村网民的18.6%[3]50。其中，"不懂电脑/网络，不具备上网所需的技能（36%）"和"不具备上网条件（没有上网设备、当地无法连接互联网）（31.4%）"是影响中国非网民不上网的最主要因素。这表明，硬件条件具备与否是我国农村地区互联网普及程度高低的重要影响因素。2010年4月，工信部、国

[1] 郭爱娣. 城乡居民收入比仍在扩大，绝对差距达近万元 [N]. 京华时报 (2008-08-29)[2014-09-08]. http://news.ifeng.com/mainland/200808/0829_17_753013.shtml.
[2] 中国互联网络信息中心. 第十九次中国互联网络发展状况调查统计报告 [R/OL]. (2005-07-01) [2014-09-08].http://www.cnnic.net.cn/hlwfzyj/hlwxzbg/hlwtjbg/201206/t20120612_26710.htm.
[3] 同上.

家发改委、科技部、财政部、国土资源部、住房与城乡建设部、税务总局等7个部委联合下发了《关于推进光纤宽带网络建设的意见》，要求电信运营商加速推进光纤宽带建设，加速城市光纤到户、农村光纤到村。《意见》特别强调，要优先采用光纤宽带方式加快农村信息基础设施建设，推进光纤到村[1]。2013年8月1日，国务院印发《"宽带中国"战略及实施方案》，强调加强战略引导和系统部署，推动我国宽带基础设施快速健康发展，加大光纤到户、农村宽带进入乡村、公益机构接入力度[2]。截至2013年12月，我国农村网民规模达1.77亿，占全体网民总数的28.6%。与2012年相比，农村网民规模的增长速度为13.5%，城镇网民规模的增长速度为8.0%，农村地区成为目前中国网民规模增长的重要动力。城乡网民规模的差距继续缩小，但差别依然存在[3]。

城乡差异在未成年人群体中同样存在。尽管未成年人群体互联网普及率已超过90%，但城乡差距依然表现明显：农村地区未成年人互联网普及率低于城市地区：就不上网的未成年人比例而言，家庭所在地为县及以下地区的占四成多，城市地区占两成多[4]。地区级别越高的未成年人，家庭上网普及率越高，其中首都地区达到91.1%，地市级为88.2%，县级市为84.7%，县级以下行政单位则下降至68.1%[5]。葛进平以浙江农村青少年为对象的调查研究显示，城镇青少年的互联网普及率、使用时间和手机拥有率都显著高于农村地区青少年[6]。

[1]新浪科技.七部委力促光纤到户：今年城市用户平均8M接入[EB/OL].(2010-04-09))[2014-09-08]. http://tech.sina.com.cn/t/2010-04-09/00324035322.shtml.

[2]郭爱娣.城乡居民收入比仍在扩大，绝对差距达近万元[N].京华时报(2008-08-29)[2014-09-08]. http://news.ifeng.com/mainland/200808/0829_17_753013.shtml.

[3]中国互联网络信息中心.第三十四次中国互联网络发展状况调查统计报告[R/OL].(2014-07-21) [2014-09-08].http://www.cnnic.net.cn/hlwfzyj/hlwxzbg/hlwtjbg/201407/t20140721_47437.htm.

[4]李文革,沈杰,季为民.中国未成年人新媒体运用报告(2011~2012)[M].北京:社会科学文献出版社, 2012:7.

[5]中国互联网络信息中心.第三十三次中国互联网络发展状况调查统计报告[R/OL].(2014-03-05) [2014-09-08].http://www.cnnic.net.cn/hlwfzyj/hlwxzbg/hlwtjbg/201403/t20140305_46240.htm.

[6]葛进平.浙江农村青少年大众传媒接触及影响实证研究[M].杭州：浙江大学出版社,2007:43.

三、年龄阶段

过往研究通常将青少年作为一个整体，考察其与成年人、老年人群体的区别。CNNIC自1997年起，连续34次报告均显示，青年人群体是互联网使用最多的群体。但具体的年龄段则随时间推进而变化，且不同报告中使用的年龄分段标准有所不同。使用互联网最多的年龄段1997年为21~25岁（36.3%），2007年为18~24岁（35.2%），2013年为20~29岁（31.2%）。青少年群体（7~20岁）网络普及率从1997年的5.8%跃升至2014的26%。21岁以上青年人群体的网络使用率基本保持稳定，而7~20岁的青少年群体互联网普及率则出现了飞速跃升。

青少年群体正处于身心快速成长的时期。按照让·皮亚杰（Jean Piaget）的认知发展理论，人类个体的认知发展过程是一个结构连续的组织和再组织的过程。通常来说，个体从出生至儿童期结束要经过四个认知发展时期，分别为：（1）感知运动阶段（Sensorimotor Stage），约从出生至两岁。在这个阶段，个体靠感觉与动作认识世界；（2）前运算阶段（Preoperational Stage），约为二至七岁。在这个阶段，个体开始运用简单的语言符号从事思考，具有表象思维能力，但缺乏可逆性；（3）具体运算阶段（Concrete Operations Stage），约为七至十一二岁。在这个阶段，个体初具逻辑思维和零散的可逆运算能力，但一般只能对具体事物或形象进行运算；（4）形式运算阶段（Formal Operations Stage），约为十一二至十四五岁。此时，个体能在头脑中把形式和内容分开，使思维超出所感知的具体事物或形象，进行抽象的逻辑思维和命题运算[1]。皮亚杰起初认为，形式运算的智力发展约在十五岁完成，后来，他修正这一看法，认为正常人不迟于十五至二十岁达到形式运算阶段。通常情况下，个体在青少年时期的不同年龄段将按顺序经历上述认知发展时期。不同的认知发展时期具有连续性、阶段性、结构性、次序不变性和交叉性。不同的发展阶段随着年龄的增长和认知水平的自然发展，按固定的顺序出现。

---

[1] PIAGET J. Main Trends in Psychology. London: George Allen & Unwin, 1973:36.

不同年龄段的不同认知水平一定程度上影响了青少年对新技术的理解、掌握和使用。据《中国未成年人新媒体运用报告》显示，我国青少年互联网普及率随年龄递增，其中小学生互联网普及率为87.5%，初中生为91.4%，高中生为93.9%[1]17；15.4%的未成年人在6岁以前（小学以前）就开始接触网络，超六成未成年人在10岁以前首次触网，10岁以后才开始接触互联网的不足30%[2]。与2010年相比，未成年人每个年龄段的触网比例均有明显增加，首次触网年龄进一步提前，表明未成年人互联网使用低龄化日趋明显。随着平板电脑、智能手机等便携式新媒体移动终端的出现，幼儿触网已经在一定程度上成为现实。他们可能最初是在父母的带领下无意识上网，但这种重复的无意识行为逐渐会过渡到幼儿主动上网[2]25，从而使得未成年人群体的触网低龄化趋势日益明显。

四、性别

通常来说，新技术的扩散和采纳在男性群体中进行得更快，普及率更高。在CNNIC发布的历次调查中，男性网民的比例均高于女性网民。性别差距在不同时期变化显著。CNNIC在1998年《第二次中国互联网络发展状况统计报告》中首次公布了调查对象的男女比例，当时为92.8%：7.2%。此后，这一差距逐年缩小，并且从2002年至2007年一直稳定在6：4左右；从2008年起，我国网民男女比例稳定在5.5：4.5上下，接近中国整体居民性别比；男女性互联网普及率分别为19.9%和18.3%，表明中国网民性别比例逐渐走向均衡。

未成年人群体中互联网普及率的性别差异基本上延续了这一比例。截至2011年10月30日，我国未成年人男女网民的比例约为51.5%：48.5%。男性未成年人的网络普及率更高，上网时间更长。男性未成年人在7岁以前各个年龄点上

[1]李文革,沈杰,季为民.中国未成年人新媒体运用报告(2011~2012)[M].北京:社会科学文献出版社,2012.

[2]中国互联网络信息中心.第一次中国互联网络发展状况调查统计报告[R/OL].(1997-12-01)[2014-09-08].http://www.cnnic.net.cn/hlwfzyj/hlwxzbg/hlwtjbg/201206/t20120612_26721.htm.

首次接触网络的比例高于女性未成年人，但7岁以后首次使用网络的比例则没有性别差异[1]。

在过往的创新与扩散研究中，性别、年龄和教育程度等人口学因素变量是影响创新与扩散的极为重要的个体因素。一项新技术的早期采纳者大多数都是年轻的、教育程度较高、个人收入和消费层次较高的人[2][3]。在针对3G网络服务的推广和应用的研究中，昂格（Ong）等学者发现，大学生群体是3G服务的创新性采纳者，更容易接纳新兴事物[4]。传统研究发现，女性往往具有"技术焦虑"，不太愿意接受新技术。然而，在大学生对电子书和智能手机的采纳问题中，性别这一变量并没有对采纳意愿产生影响[5]。性别因素对采纳意愿的影响在农村地区却得到了保留。对中国农村居民手机的使用、网上购物以及移动商务的采纳行为的调查均显示，男性比女性更有可能接受一种新技术[6][7]。

第二节　湖北青少年新媒体使用及其差异化分布情况

过往研究表明，地域、城乡、年龄、性别是新技术创新和采纳过程中的主要影响因素。本章以此四大变量为基础，考察湖北青少年在新媒体技术采纳和使用方面的差异化分布情况。

---

[1] 中国互联网络信息中心. 第三十三次中国互联网络发展状况调查统计报告 [R/OL].(2014-03-05) [2014-09-08].http://www.cnnic.net.cn/hlwfzyj/hlwxzbg/hlwtjbg/201403/t20140305_46240.htm.

[2] JIANG P. Consumer adoption of mobile internet services: An exploratory study [J]. Journal of Promotion Management, 2009,15(3): 418-454.

[3] ROGERS E M. Diffusion of innovations[M]. 4th ed. New York: Free Press, 1995.

[4] ONG J W, POONG WY S, NG T H. 3G services adoption among university students: Diffusion of innovation theory[J]. Communications of the IBIMA, 2008,3(16): 114-121.

[5] JUNG J, CHAN-OLMSTED S, PARK B et al. Factors affecting e-book reader awareness, interest, and intention to use [J]. New Media & Society, 2012, 14(2): 204-224.

[6] LI S. Examining the factors that influence the intentions to adopt internet shopping and cable television shopping in Taiwan[J]. New Media & Society, 2004, 6(2): 173-193.

[7] WEI L, ZHANG M. The adoption and use of mobile phone in rural China: A case study of Hubei, China [J]. Telematics & Informatics, 2008, 25(3):169-186.

一、散点式的新媒体设备使用情况

研究首先考察了一组不同类型的数码产品（含新媒体设备）的使用情况。研究列举了10类数码产品，并请青少年在他们曾经使用过的设备后打"√"。在编码统计中，如果调查对象选择了某类产品，则记为1，没有选择某类产品则记为0。

如图3.1所示，电脑是使用率最高的媒体，其比例超过了94.8%；其次为智能手机；随后是普通手机、平板电脑、影碟机、数码相机；数码摄像机和电子词典的使用率最低。数码设备的使用率与产品价格没有直接关系。例如，一般电子词典和电子学习机的价格比电脑便宜，但其使用率却大大低于电脑的使用率；再比如，智能手机通常比普通手机更昂贵，但是使用率却高于普通手机。

在调查的10类数码产品中，新媒体设备，如电脑、智能手机、普通手机、平板电脑的使用率遥遥领先。青少年对新媒体设备的使用主要包括家庭、学校、租赁（如网吧）和公共场所免费使用（公立图书馆等）等四种途径，且以家庭使用为主。因而，这一结果一定程度上表明了在诸多数码设备中，青少年及其家庭对新媒体设备的青睐。

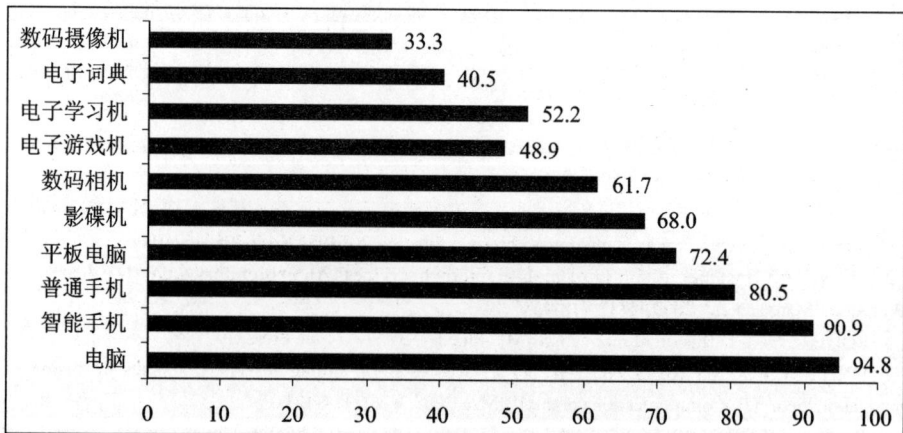

图3.1　数码产品与新媒体设备使用情况（百分比）[1]

---

[1]注：因为每个人使用过的数码产品大于或等于1，故所有产品的百分比总和大于100%。

研究通过一组phi-coefficiency test，考察不同类型的数码设备的拥有情况之间的相互关系。Phi-coefficiency是指征二元性变量的计算方法。同连续变量的r相关性指数类似，0.8-1.0为极强相关，0.6-0.8为强相关，0.4-0.6为中等程度相关，0.2-0.4为弱相关，0.0-0.2为无相关或极弱相关。

表3.1　数码产品使用情况phi-coefficiency关系表

		1	2	3	4	5	6	7	8	9
1	电脑	–								
2	智能手机	0.670	–							
3	普通手机	0.781	0.822	–						
4	平板电脑	0.231	0.192	0.092	–					
5	影碟机	0.613	0.667	0.820	0.145	–				
6	数码相机	0.657	0.534	0.837	0.347	0.676	–			
7	电子游戏机	0.094	0.144	0.116	0.233	0.280	0.141	–		
8	电子学习机	0.355	0.414	0.390	0.227	0.486	0.239	0.202	–	
9	电子词典	0.263	0.131	0.167	0.258	0.218	0.330	0.211	0.381	–
10	数码摄像机	0.090	0.133	0.131	0.282	0.197	0.460	0.218	0.247	0.319

注：所有变量的相关性显著值均为$p < 0.001$.

由于样本总量过大，所以所有的p值得都达到了"极显著"这个等级，这就需要考量phi-coefficiency的具体值。如表3.2所示，在45组相关关系中，73.3%（33组）的phi值集中在0.1~0.4这个区间，即极弱或弱相关。这表明，青少年对不同数码设备的使用并没有显著的规律性可言。

传统媒体的使用和拥有往往是渐进式的。这主要受三大因素的制约。第一，传统媒体更新换代的时间往往比较长。媒体设备的发明本身就是渐进式的，在社会上的普及因此不可避免地呈现出时序性的特点。第二，传统媒体设备普及受其价值属性的影响。20世纪80年代起，家用收音机、黑白电视机、家用收录机、彩色电视机等媒体和娱乐设备通常是逐渐进入普通家庭的，人们往往基于家庭的财力水平，逐步购买相应的设备，直到集齐"三大件"或"五大件"。第三，有些传统媒体设备的普及受技术属性的限制。例如，录像机、影碟机和家用音响等并非独立式设备，而是需要建立在先前的"硬件前提"上。如录像机和影碟机的使用需要以家庭拥有电视机为前提，家用音响的使用要以家庭具有收录机、CD 机或电视机为前提。这种设备属性特点也为传统设备的渐进式进驻提供了前提。例如，电话在美国社会的普及用了 38 年的时间，电视机用了 17 年，而互联网仅用了 7 年[1]。在中国，从 1958 年制造出第一台电视机，到 1987 年中国电视机销量超过日本成为世界第一，中国人一共花了二十九年[2]，而互联网从 1987 年 9 月钱天白教授从中国向世界发出第一封电子邮件起，到 1997 年瀛海威全国大网开通，仅用了十年[3]。

同传统媒体相比，新媒体设备具有更新快、价格亲民、功能独立性强三大新特点。从 20 世纪 90 年代末到 21 世纪的最初十年，目前市面上可见的各类数码设备在十年间呈现井喷式发展景色。新产品更新换代的周期大大低于既有产品的扩散率及周期。这就是使得尚未接受上一轮技术革新的用户有可能直接实现了对数码产品的"跨越式"拥有及使用。例如，很多家庭跳过了购买录像机的阶段，直接实现了对影碟机、电脑或数字电视的消费。再如，很多人从未使用过普通手机，而直接开始使用智能手机和平板电脑。在价格方面，技术的进步降低了数码产品单价与国民平均收入的差距。20 世纪 80 年代需要半年或一年工资才能买得起一台电视机，但如今，普通手提电脑、平板电脑和智能手机的价格往往是一到两个月的工资。这意味着在人们选择数码产品时，更多地是出自个人意愿而非受制于客观条件。最后，数码设备的独立性特征使得产品之间不存在功能上的依附关系，这进一步提高了人们对

［1］RICE R, HAYTHORNTHWAITE C. Perspectives on Internet use: Access, involvement and interaction[M.]// LIVINGSTONE L, LIVINGSTONE S. Handbook of new media: Social shaping and social consequences. Longdon: Sage, 2006: 92-113.

［2］中关村在线. 从第一台到销量第一，中国电视机发展史 [EB/OL].(2014-08-14) [2014-09-08] http:// tech.china.com/jiadian/news/11025684/20140814/18708399_1.html#photos.

［3］中国互联网协会.中国互联网发展史（大事记）[EB/OL].(2013-06-27) [2014-09-08] http://www.isc. org.cn/ihf/info.php?cid=218.

数码设备选择的独立空间。基于以上分析，本研究显示，青少年对数码产品的使用并非"累积式"的，而是"散点式"的，并且这种选择几乎没有特定的规律可循。

社会建构理论则认为，新媒体与传统媒体最大的不同之一在于其对家庭结构关系的改变方式。在一个媒体产品逐渐增多的市场上，每一个新媒体在进入家庭后通常都会经历一种空间方位的转变。它们往往会从客厅中比较显眼的位置转移到不那么显眼的位置。随着产品价格的降低和种类的增多，当家庭足以承担足够数量的媒介产品时，媒体设备往往也会经历从客厅到卧室的位置转移。这种"从焦点到边缘，从公共空间到私人空间"的变化[1]25导致了"家庭生活的分隔化"。对于这一论述，郭建斌在《独乡电视》中描述了类似场景：

"都里家里有两件家用电器，一件是那套他父亲在2001年5月份买回来的电视机、VCD，另一件是一台据说是民政救济的已经坏了录放音功能的收录机……都里和父亲是这两件家电的仅有操控者。坏了录放音功能的收录机还可以当收音机使用，都里在每天晚上有电的时候经常拨弄这玩意，像一件玩具。电视机、VCD放在另外一间专门的房间里，无论是放电视还是放影碟，都是都里和父亲两人协同完成……都里家的电视放在一个单独的小屋里，其他村民家的电视机则是摆放在火塘边的木板上。"[2]48

不论是在自己家里看电视还是去别人家"蹭"电视，"传统的以火塘为中心的生活转移到以电视为中心……电视成为这个空间里最具核心地位的东西"[2]100。类似的情况也发生在城市家庭对电脑的使用上。早期，电脑往往位于城市家庭的公共空间：客厅或书房。但很快，孩子们开始要求在自己的卧室里使用电脑。由此，同电话和电视相比，电脑和互联网便以一种更快的速度进入了私人化阶段。

---

[1] 索尼亚·利文斯通. 儿童与互联网：现实与期望的角力 [M]. 郭巧丽，译. 北京：电子工业出版社，2013：25.
[2] 郭建斌. 独乡电视：现代传媒与少数民族乡村日常生活 [M]. 济南：山东人民出版社，2005.

但更新的媒体形式几乎完全跳过了媒体中心化、公共化阶段。笔记本电脑、平板电脑和智能手机等一开始就是作为私人工具出现的，人们在生活中很少会遇到一家人挤在一起使用笔记本电脑或智能手机的情况，相反，它们往往被家庭成员中的个体单独使用。即便一家人同时都在客厅里，也可能"各自为政"，使用不同的媒介工具将自己固定在私人空间中。如此，人们在空间在场的同时实施了空间分隔。实际上，这种空间的分隔化不仅仅体现在家庭中，还几乎体现在一切社会空间中。比如，在公共交通工具上、餐厅里、旅店中，人们的相互攀谈已经被各自低头看手机而代替。新媒体使用者们倾向于以自己和手机的交流代替自己与人群的交流，从而实现对（至少物理意义上）公共空间的分隔。而且，几乎可以说，新媒体的普及性越高，对空间的割裂性就有可能越强。

在这样的前提下，我们再回头看本研究中的结论：在各类数码产品的普及率上，新媒体设备遥遥领先。青少年群体对这种具有空间分隔力的新媒体工具的青睐或许并不仅仅是"年轻一代走在技术前沿"这一积极乐观的画图，相反，家庭和社会更需要注意到新技术对空间的碎片化切割和对家庭关系的解构化威胁。

二、差异化的新设备普及

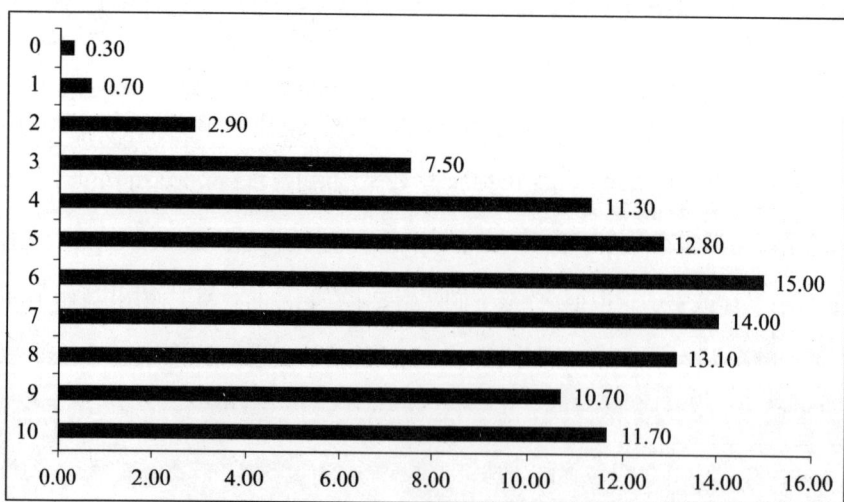

图3.2　数码产品累积使用分布图（百分比）

研究进一步将所有10类数码设备的使用情况加和，计算出数码设备的累积使用量，其中最大值为10，最小值为0。从图3.2可以看出，数码产品的累积使用量呈负偏态分布：使用过5件以上数码产品的占65%，而使用过五件和五件以下的占35%。全部产品都使用过的超过10%，而都未使用过的仅占0.3%。

这一结果与表3.1并不矛盾。图3.2表明青少年对各类数码产品的使用比较普及。超过六成的人使用过问卷所列10件数码产品的半数或半数以上，但其具体使用情况则并无规律性。对某一产品的使用与另外产品的使用之间为弱相关关系。这进一步肯定了前文的结论，即青少年数码产品的使用具有一定的随意性，受时间、价格、功能属性等的制约不大。

表3.2　数码产品累积使用数量的差异化分布情况

	累积使用数量
武汉	7.10
荆门	6.22
恩施	6.02
F	75.29***
城市	6.77
乡村	6.12
F	73.21***
小学	5.81
初中	6.39
高中	7.03
F	81.58***
男性	6.72
女性	6.23
F	39.51***

注：*p<0.05,**p<0.01,***p<0.001.

如表3.2所示，青少年人均新媒体设备的使用情况呈现出显著的地区、城乡、年龄段和性别差异。经济发达地区青少年的人均新媒体使用量显著高于欠发达地区，城市地区高于乡村地区，高年级高于低年级，男生高于女生。这表明，青少年数码产品的使用具有显著的社会性。一组单变量方差分析（Univariate analysis）显示，数码产品的累积使用情况的地区差异和城乡差异并无显著的交互影响。这意味着，在数码产品的累积使用方面，地区差异和城乡差异的影响不以另一要素为转移[1]。

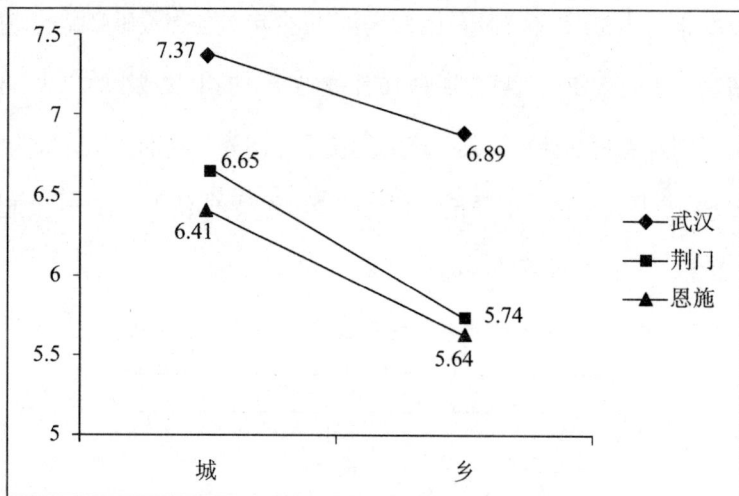

图3.3　数码产品累积使用情况的地区差异和城乡差异

这一结果反映在图3.3中：①地区差异的绝对存在：青少年数码产品的累积使用情况按地区经济水平呈现出明显的梯度；②城乡差异的绝对存在：各个区域内部城市青少年数码产品的累积使用量远远高于乡村；③发达地区的区域优势压盖城乡差异：武汉市区的均值达到了 M=7.37，武汉郊区也达到了 M=6.89，高于荆门和恩施市区，但这一压盖性优势受区域经济差异梯度的具体影响。例如，荆门乡村的使用情况就没有显著高于恩施市区；④城市的发达程度对青少年数码产品累积使用的提升是成比例的，但乡村的不发达程度对青少年数码产品累

---

[1] 年级差异没有计算。因为年级变量不仅仅包含年级分层，还混杂了年龄这一物理寿命因素。由于自变量无法分立，故不予计算。

积使用的影响则是不成比例的。除了发达地区的乡村能够感受到其所在区域的区位优势以外，中等程度和欠发达城市的乡村则几无差别。前者体现为荆门市区数码产品的累积使用数量显著高于恩施市区，后者体现为荆门乡村与恩施乡村在数码产品累积使用方面的高度近似。换言之，荆门乡村的数码产品累积使用情况并没有搭上荆门地区经济发展的快车，并没有因为所在平台的等级而呈现出高于恩施乡村的结果；⑤地区经济水平发展并不一定带来城乡差距的缩小。城乡青少年数码产品累积使用量差别最大的是荆门地区，其次是恩施地区，武汉地区最小。这意味着中等发达地区最容易出现城乡差别扩大化的趋势。

这表明，互联网的商业掘金者们所预言的"城乡一体化"是有条件的。财经作家吴晓波在 2014 年 5 月的明道大会上提出"一切流行都将城乡一体化"的观点，认为互联网改变了物流和信用支付体系，使得最发达的城市和最偏远的乡村都可以同时在互联网上了解、支付、消费和获得同一件商品。由此，偏远县城里和繁华都市里具有购买力的人们将不仅仅实现资讯的一体化，也能够实现物质的一体化。然而，本研究表明，这种"扁平化"城乡设想存在更多的是一种商业层面的理想形态。它仅仅着眼于那些"富有人士"[1]，却并未着眼于地区和乡村的均值状态。在数码产品普及这一问题上，湖北范围内不论经济相对发达还是欠发达地区，城乡差异在结构上都绝对存在；地区差异也同样存在，且与城乡差异交互作用；当地区经济水平尚未或无法惠及该地区的乡村时，城乡差别是在进一步扩大而非缩小的。

这一结论意味着，当我们去考量数码产品或新媒体的普及时，不能单纯进行地区经济水平的简单分类或城乡的二元划分。实际上，地区和城乡问题对青少年数码/新媒体产品的影响可能远远超出了简单交互关系的范畴。在发

---

[1] 曾航. 一切流行都将城乡一体化 [EB/OL] .(2014-05-30)[2014-09-08] http://www.bianews.com/news/11/n-435011.html.

达地区，区位优势的巨大带动力可能同时带动乡村地区在产品使用和技术普及方面的跃升，但随着经济发展水平的降低，这种提升作用的衰落可能并不是成比例的，而是断崖式的。一旦低于某个经济发展水平值，乡村与城市出现了脱落，乡村便从快速跃升的地区经济发展平台上跌落下来，降至更低一级的水准。当曾经相差无几的城区里，同龄人开始拥有一件又一件的新媒体设备时，跌落的乡村或许只是凭借自然形态实现数码产品或媒体技术的普及。这种"自然形态"如此地显而易见，因为它与下一个经济梯度地区的乡村几乎并无差别。

三、新旧媒介形态的更替格局

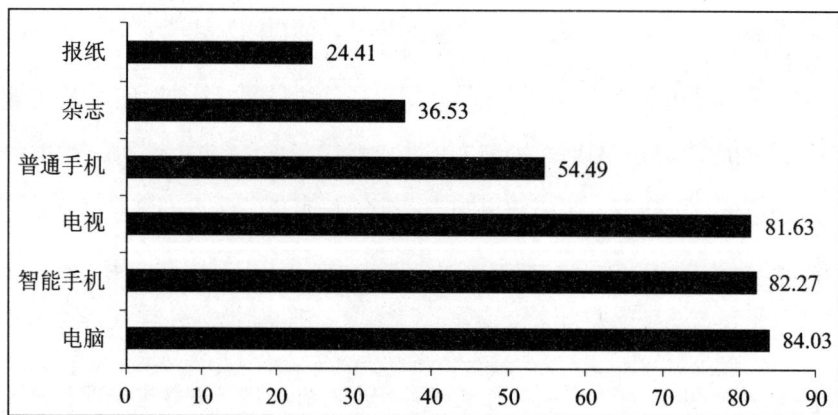

图3.4　青少年媒体使用时间分布图（分钟/天）

青少年对新旧媒体的使用时长呈现出显著的差异。如图3.4所示，报纸和杂志的使用时间最短，日均不足半小时；普通手机的使用时间约为1小时；电视、电脑和智能手机的日均使用时间均约为1.5小时。

报纸和杂志是青少年使用时间最短的媒体类型。对学校教师的访谈表明，多数青少年阅读报纸、杂志是在学校专门组织的阅读课或阅读时段进行的，属于非自主选择的媒介使用形式；另有一部分学生主动阅读的报纸和杂志是学习类刊物，比如各类辅导报、作文报等。例如，武汉市水果湖第二中学每天有20~30分钟的读报时间，而武汉市青少年报纸的平均阅读时间为28分钟。由此推断，相当大一部分学生的报纸使用都是在学校的指定时段内完成的。这可能意味着纸媒的前景堪忧。因为在"纸媒不死"的诸多主张中，阅读习惯和阅读黏度往往被视为影响因素之一。然而，本研究的结果显示，纸媒在培养青少年的阅读偏好方面显示出一定程度的劣势。如果剔除学校要求和学习动机，青少年处于信息消费需求而对纸媒的自主阅读甚至要低于30分钟/天。对这一数据的分段式研究表明，有1/3的青少年表示从来不使用报纸和/或杂志（见图3.5）。这一结果并不能直接注脚于"纸媒衰亡论"，但至少表明，用户习惯和阅读黏度对纸媒生存所起到的贡献将随着"数字原住民"一代的成长而日益式微。

在传统媒体中，电视的使用市场与电脑和智能手机持平。学者杨鹏曾认为，"由于网络媒体在'界面'形态上同报纸、期刊等印刷媒介差异较大，而更接近电视"，因此网络媒体对电视的冲击应当更大[1]。然而，本研究显示了相反的情景：电视、电脑和智能手机不仅在使用时间上十分接近，在时间分布比例上也非常相似（见图3.5）。在这三种媒介的使用时间上，有约20%的青少年为日均1小时，10%~15%的青少年为日均2小时，15%的青少年在日均3小时及以上。其中，使用时间在3小时及以上的媒体类型中，最高的是智能手机（19.1%），其次是电视（16.9%），再次是电脑（10%）和普通手机（10%）。这表明，电视有别于其他传统媒体，依旧赢得了青少年群体的广泛青睐。尽管电脑、平板电脑、智能手机等也能够播放视频或直播电视频道，但可能受费用（流量费）、画面质量、画幅大小和收视体验等影响，电视媒介在年轻一代中依然拥有巨大的市场。

---

[1] 杨鹏. 网络文化与青年 [M]. 北京：清华大学出版社，2006:57.

相较之下，普通手机的使用时间和使用比例则呈现出与报纸、杂志相似的特征。这可能意味着，在青少年群体中，普通手机已经是一种"旧媒体"了。单纯具有通话、短信、闹钟、小游戏、低像素照相等功能的普通手机已经"失宠"于青少年群体。这种说法乍听起来有些令人诧异。人们或许会说，功能手机本来就不具有智能手机的诸多优点。它们既没有大的可视化屏幕，也没有交互式界面，更无法安装一系列应用程序来供读者浏览、接收、分享信息，在属性和功能上本来就更偏于通讯工具非媒介工具。然而，如果我们追溯一下手机在中国大陆的普及历史就会发现，仅仅在十年前，业界和学界所热烈讨论的"第五媒体"的主角，恰恰是今天看起来并不具备媒体属性的普通功能手机。

2003年2月1日22时32分，美国哥伦比亚号航天飞机失事16分钟后，新浪网把这则新闻以手机短信的方式发送给万千客户，由此开创了国内手机传播新闻的先河。直到23时50分，央视一套插播了"哥伦比亚"号坠毁的新闻，比短信晚了一个多小时，而纸质媒体则在第二天才刊登此新闻。此后，以短信、彩信订阅等方式由媒体单位定时发送的"手机报"掀起了手机作为"第五媒体"的热潮，并随后衍生出手机杂志等相关业务。2009年，CNNIC首次发布的《中国手机媒体研究报告》显示，我国近四成手机用户使用过手机报，主要来自手机运营商（34.5%）和大型媒体集团（如新华网占23.4%，人民日报占13.5%）。然而，十年间，智能手机的普及迅速取代了普通手机的媒体功能。2006年，我国智能手机销售量为980万部，2009年为2200万部，2011年为7344万部[1]。自2012年起，随着我国3G网络铺建的逐渐完善和移动互联网的兴起，智能手机市场快速增长。据艾媒咨询（iiMedia Research）数据显示，2012年中国智能手机销量达1.69亿部，同比增长130.7%，智能手机用户达3.8亿人，较上年同期增长

---

[1] 艾媒市场咨询. 2006−2013年中国智能手机销售量及其增长率 [R/OL]. (2010-11-10)[2014-09-08]. http://www.iimedia.cn/13252.html.

72.7%[1]。智能手机不仅仅具有传统手机的通话、短信功能，还将普通手机的媒体功能推进到了一个新的层面。普通手机以"手机报"为主要渠道的被动式新闻获取方式而被智能手机中"新闻客户端"提供的主动式新闻搜寻所冲击。在全国手机媒体新闻传播专业委员会发布的《2012-2013中国手机媒体发展报告》中，普通手机和"手机报""手机杂志"等几年前的业界热点已经无处可循，智能手机似乎成了手机媒体唯一的代名词[2]。

但实际上，中国移动、中国联通、中国电信等三大运营商依旧通过彩信、WAP、短信等方式，向客户提供即时资讯服务，包括新闻、财经、体育、娱乐、文化、生活等内容。以湖北省为例，《湖北手机报》市州新闻版、市州惠农版、行业版共27个细分版本于2013年12月31日全新上线，标志着湖北手机报"全省一报"格局初步形成，目前全省用户数达300万[3]。与此同时，河南、湖南、江西、安徽等省也都陆续启动了类似的"全省一报"的手机报改革。这表明，尽管智能手机的市场份额节节攀升，但普通手机尚未完全被替代。对于那些普通手机用户而言，他们依旧通过"手机报"这类短信推送的方式获取新闻和资讯。

青少年群体可能更热衷于使用智能手机，但他们同样大量使用过普通手机。这种使用可能是一种伴随式使用，即他们同时使用两种手机，各自侧重于不同的功能；也可能是唯一性使用，即他们不具有使用智能手机的条件，而将普通手机作为唯一的便携式媒体设备。对数据的进一步分析表明，有70.5%的人使用过两种手机，有7.3%的人仅使用过普通手机，有4.1%的人仅使用过智能手机，还有12.8%的人不使用手机。这一定程度上表明，手机市场正处于一种新旧交替的格局之中。大多数青少年使用过两种手机设备。他们构成了一个巨大且稳定

---

[1] 艾媒市场咨询. 2012年中国智能手机市场年度研究报告 [R/OL]. (2013-03) [2014-09-08]. http://www.docin.com/p-672664370.html.

[2] 吴红晓. 2012-2013中国手机媒体发展报告 [J]. 传媒，2013, 2: 28-30.

[3] 荆楚网. 湖北手机报市州行业27版上线"全省一报"格局初步形成 [EB/OL]. (2014-01-01) [2014-09-08]. http://news.cnhubei.com/xw/wh/201401/t2803587.shtml.

的过渡性市场；少数人仅使用普通手机，他们是智能手机市场的潜在用户；还有少数人完成了向智能手机使用的完全过渡或飞跃；另外有一部分非手机用户，他们的日常媒体主要依赖于电视和电脑，其日均使用时间分别为108分钟和113分钟，远远高于整体平均值。

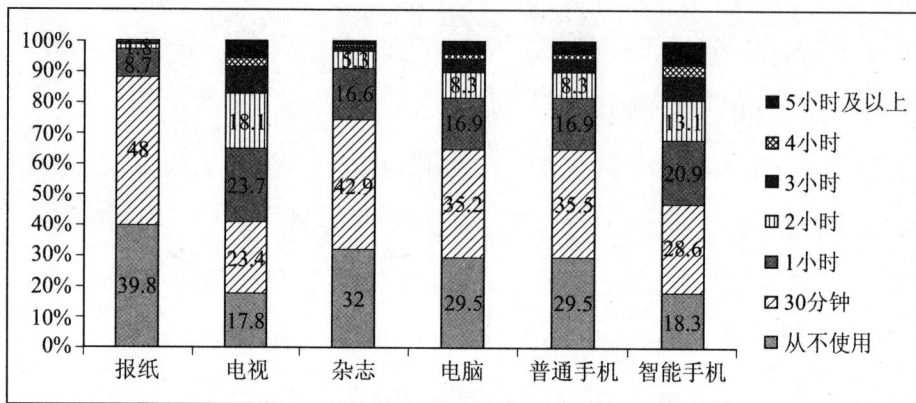

	从不使用	30分钟	1小时	2小时	3小时	4小时	>5小时
报纸	39.8	48.0	8.7	1.8	0.5	0.1	0.4
电视	17.8	23.4	23.7	18.1	8.9	2.3	5.7
杂志	32.0	42.9	16.6	5.3	1.9	0.4	1.1
电脑	29.5	35.2	16.9	8.3	4.4	1.7	3.9
普通手机	29.5	35.5	16.9	8.3	4.4	1.7	3.9
智能手机	18.3	28.6	20.9	13.1	8.0	3.8	7.3

图3.5　青少年媒体使用时间分布图（分钟）/表（百分比）

四、媒体使用与替代性途径的竞争

绝大多数媒体的使用时长如表3.3所示，呈现出显著的地区、城乡和学龄段差异；性别差异体现在报纸、电脑和智能手机的使用时长上，但仅有电脑使用时长呈现出显著的性别差异。

表3.3 媒体使用时间的地区、城乡和学龄段差异

	报纸	电视	杂志	电脑	普通手机	智能手机
武汉	28	71.88	38.51	84.14	44.27	75.25
荆门	25.25	80.77	39.47	89.58	62.14	86.64
恩施	20.09	91.82	31.63	78.55	56.43	84.72
F	15.41***	16.19***	8.59***	4.50*	15.63***	4.84**
城	22.37	63.38	34.97	72.63	41.68	63.5
乡	26.39	98.96	38.02	95	66.52	99.75
F	5.17	159.73***	3.24	55.66***	89.99***	135.96***
小学	24.07	82.4	32.55	76.62	46.1	63.82
初中	27.11	109.73	41.15	110.25	76.45	113.02
高中	21.7	48.93	35.32	61.42	37.87	64.92
F	7.27**	169.25***	9.06**	100.5***	86.48***	117.60***
男性	25.66	79.66	36.17	93.42	53.12	85.90
女性	23.14	82.59	36.67	74.29	55.31	79.13
F	4.20*	0.97	0.08	37.82***	0.64	4.26*

注：*$p<0.05$, **$p<0.01$, ***$p<0.001$.

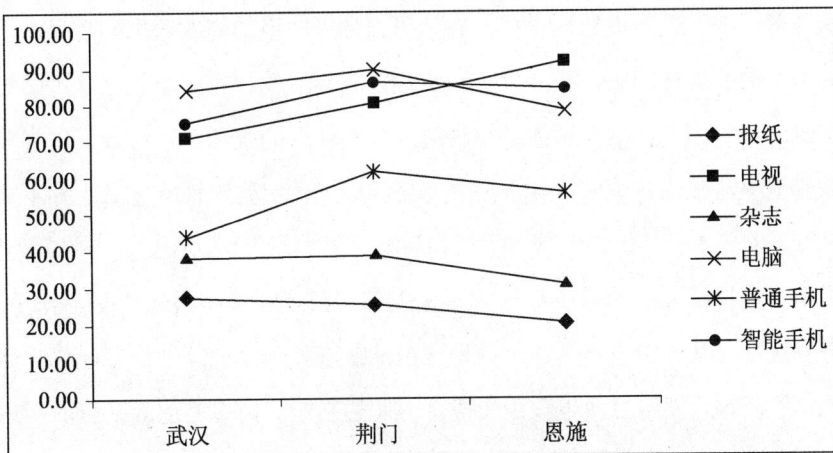

图3.6 青少年媒体使用时间的地区差异分布图

就地区差异而言，除了电脑以外，其他所有媒体的使用时间均呈现出显著的地区间差异。其中，电视使用时间的地区差异值最大，智能手机最小。图3.6更直观地显示了青少年媒体使用时间的地区差异。通常我们会认为越是经济发达地区，人们的媒体消费能力越强。但本研究表明，即便这一说法是正确的，

媒体的消费能力也并非表现在媒体的使用时间上。在各类媒体中,武汉市青少年仅有报纸和杂志的使用时间略高于其他两市。在电脑、普通手机和智能手机的使用上,荆门市青少年的总体使用时间最高,其次是恩施市,最后是武汉市。这表明,青少年对这三类媒体的使用与地区经济水平之间呈现出类倒U型相关。

这或许呼应了李文革等在《中国未成年人新媒体运用报告》中的结论,即青少年新媒体使用与地区经济水平之间并无直接关系[1]。区域经济水平对青少年新媒体使用的影响是有条件的。由于问卷没有针对这一问题做进一步的细化测试,故无法对此提供精确的解释。但倒U型关系往往意味着自变量对因变量的影响是存在临界点的。就本研究中发现的类倒U型关系,笔者认为可能有两个原因:第一,倒U型关系的确存在,经济发展水平对媒介使用的影响存在临界点。当地区经济水平低于临界点(荆门市)时,媒介使用时间与经济发展水平成正比;当地区经济发展水平高于临界点时,更多元化的休闲选择分流了青少年用于媒介使用的时间,从而呈现为负相关关系。由于本研究只抽取了三个地区,无法对这一解释提供进一步数据支持。后续研究如果能增加样本城市的数量,密集化经济水平的抽样间距,或许可进一步确定临界点的位置。第二,这可能与媒介本身的性质相关。电视媒体是一种边际成本较低的媒体。当前我国电视收视多采用卫星电视或有线付费电视模式。用户缴纳一定的收视费之后,并不需要支付额外的成本。相反,电脑、手机和智能手机的使用则往往受宽带服务类型、包月费、流量费等的影响。在这种资金限制与替代性休闲娱乐的交互作用下,经济发达程度处于中等水平的荆门地区虽然缺乏如武汉地区一样多元化的休闲方式,但在媒介消费方面也较少受资金限制的影响。而恩施地区则可能受诸多客观条件的限制,使得青少年对付费类媒体的使用显著偏低。由此,这种类倒U型关系更多的反映了媒介资费情况与经济发展水平之间的交互作用。

这种媒介资费限制与经济发展水平对媒体消费的影响在报纸和杂志的使用方面得到了侧面支持。武汉地区青少年对报纸的使用时间远远高于荆门地区,荆门

---

[1]李文革,沈杰,季伟明.中国未成年人新媒体运用报告2011~2012 [M].北京:社会科学文献出版社,2012:3.

地区又高于恩施地区。武汉和荆门两市青少年对杂志的使用时间基本持平，且都远远高于恩施地区。由于报纸和杂志的消费通常是以份数计费的，如果不考虑传阅阅读的话，单次报纸和杂志的使用都对应着单次消费支出。对这类媒体的使用与地区经济发展水平和家庭消费能力直接相关。为了验证这一推断，一组相关性（correlation）测试检测了青少年每周零花钱与各项媒体消费之间相关性关系。结果表明，青少年每周可支配的零花钱仅与报纸使用时长（$r=0.049*$）和杂志使用时长（$r=0.073**$）之间存在显著相关性。其中与报纸使用时长达到了中等程度相关，与杂志的使用时长达到了强相关。考虑到一般杂志的售价通常是报纸售价的数倍到数十倍，杂志与青少年每周零花钱的相关性更强也就在情理之中了。这也进一步反映了经济能力与付费类消耗性媒体使用之间的关系。

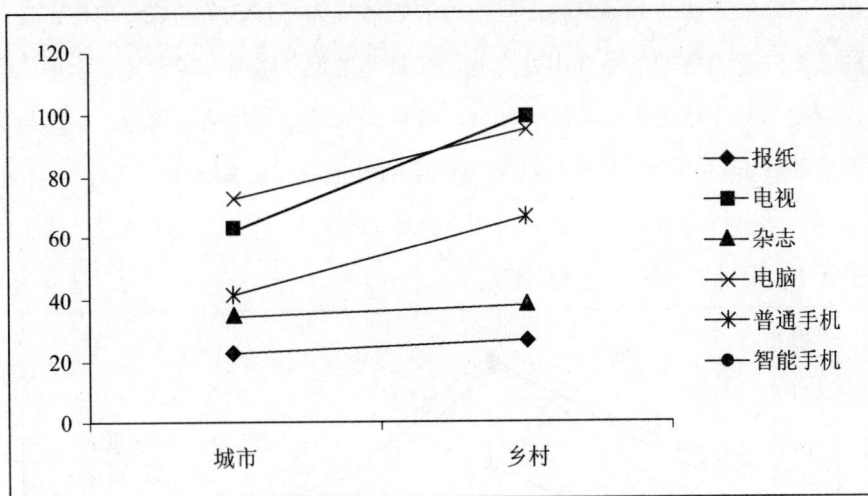

图3.7　青少年媒体使用时间的城乡差异分布图

这种负相关关系在城乡差异方面体现的尤其明显（图3.7）。对于所有的媒体类型而言，乡村青少年的使用时间都大于城市青少年。这一差异在报纸和杂志方面并不显著，但在电脑和普通手机的使用方面尤其突出。这种差异与地区经济水平之间并没有体现为交互关系：换言之，不论经济发展水平高低，所有抽样地区中，乡村青少年花在媒体上的时间都远远大于城市的同龄人。这种差异在付费类消耗性媒体（报纸、杂志）方面尤为突出，显示出青少年新媒体使用中媒介性质与媒介消费能力等因素的潜在影响。

索尼亚·列文斯通（Sonia Livingstone）观察到，英国白人中产家庭的孩子用于互联网的时间远远低于贫困移民家庭的孩子。前者仅仅是将互联网视为"沟通和下载的媒介"，而处于相对弱势地位的儿童则"希望互联网带来的机遇能弥补其他方面的不足"[1]。对于经济发达地区或来自富裕家庭的孩子而言，媒介仅仅是他们度过课外时间的诸多途径之一。他们的课外时间可以在图书馆、电影院、游乐场度过，也可以用于休闲、购物、旅游或参加兴趣班和特长班。这些替代性的休闲方式与媒体一道，分割了经济发达地区青少年的闲暇时光。相较之下，经济发展水平较低的地区，青少年或许缺乏支持其他休闲活动的资金，或许缺少多样化的替代性休闲选择，只能将大量的课外时光用于看电视、上网或者玩手机。早期的传媒研究通常将不同类型的媒体视为相互竞争的媒介单位，在有限的受众注意力资源的争夺中处于此消彼长的地位。然而，媒介社会学理论则将媒介视为整个社会大系统的一部分。各种媒体类型，包括新媒体，不仅与其他类型的媒介竞争，同时也与社会系统中的其他单位，如家庭、工作、运动、娱乐等活动进行竞争。基于这一视角，媒体消费的频率和数量应当与个体生活的多元化程度或多元化可能性负相关。

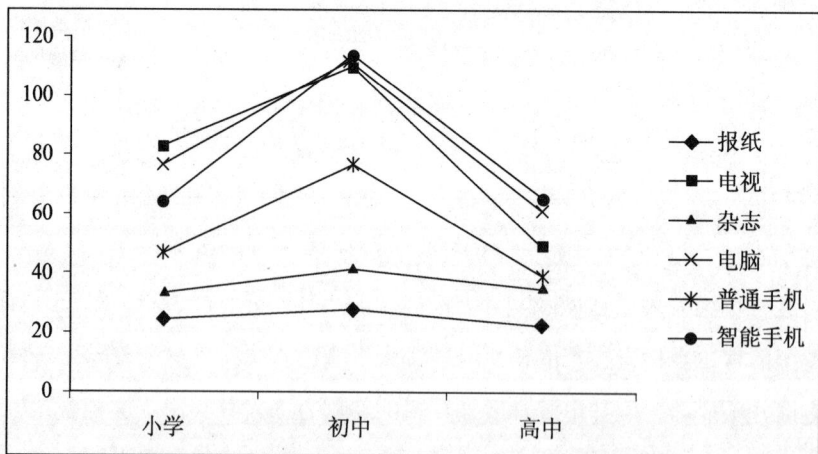

图3.8　青少年媒体使用时间的学龄段差异分布图

[1] 索尼亚·利文斯通. 儿童与互联网：现实与期望的角力 [M]. 郭巧丽，译. 北京：电子工业出版社，2013:43.

　　如图3.8所示，媒体使用时间与青少年的学龄段呈现出类似倒U型关系。这一结果与列文斯通对英国青少年的观察完全一致[1]。通常来说，小学生的智力发展水平、网龄和网络技术程度都处于比较初级的阶段。他们对网络的使用仅停留在搜索信息、打游戏、看视频、聊天等方面，仅有很少的人能够进一步从事如信息分享、社会参与、技术性创造等活动。互联网上更深度的信息和技术往往需要一定的理解水平、语言能力和技术基础，这些往往超出小学生的能力范围。此外，7~10岁的儿童往往具有多动、注意力不集中、自控力差等特点，比较难于长时间专注于某一项行为，包括游戏、娱乐和休闲。而对于高中生来说，尽管他们的媒体使用技术在三组群体中最为成熟，但他们一方面需要承担繁重的课业压力，整体的闲暇时间本来就不多；另一方面，他们通常具有更多的替代性休闲选择，用于媒体使用的平均时间较短。此外，调查中的2所高中均明令禁止学生在校期间使用手机。加之许多高中生寄宿读书，这意味着他们能够使用各类媒体的时间仅仅集中在周末，由此进一步压缩了高中生群体整体的媒介使用时间。相较之下，初中生在媒体使用技术上更娴熟，可支配的闲暇时间更多，因而在三个群体中使用媒体的时间也更长。

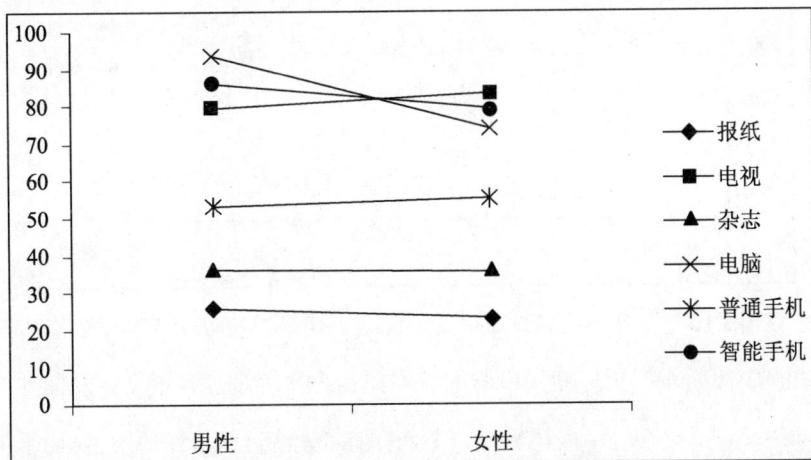

图3.9　青少年媒体使用时间的性别差异分布图

[1]索尼亚·利文斯通.儿童与互联网：现实与期望的角力[M].郭巧丽,译.北京:电子工业出版社,2013:69.

最后，性别是对青少年新媒体使用时间影响最少的因素。男性和女性在电视、杂志、普通手机的使用时间方面无显著差别；男性在报纸、智能手机的使用时间上略高于女性，在电脑的使用时间上显著高于女性。尤其是在电脑使用上，有17.5%的男性未成年人表示从不使用电脑，而在女性未成年人中，这一比例为21.4%。

然而进一步的分析表明，在使用时间上，性别与学龄段呈现出显著的交互关系。研究通过一组单变量卡方测试，在控制了数码设备拥有数量、父母文化程度和家庭经济水平的情况下，发现性别与学龄段在电脑（$F_{(2, 6566)}=5.56$，$p<0.01$）使用时间上呈现出显著的交互关系，但在普通手机（$F_{(2, 6352)}=2.79$，$p>0.05$）和智能手机（$F_{(2, 6538)}=1.57$，$p>0.05$）的使用时间上却没有体现出显著的交互影响。

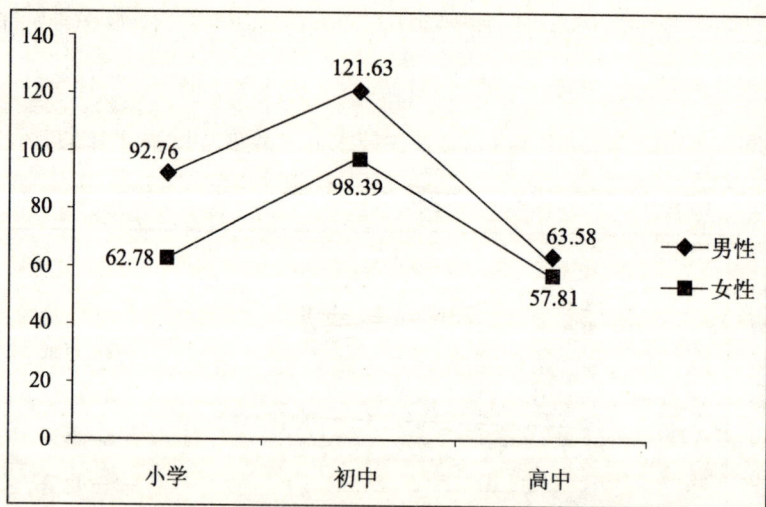

图3.10　青少年电脑使用时间的性别—学龄段交互关系示意图

如图3.10所示，男性使用电脑的时间在各个学龄段都高于女性，但其差距在不断缩小，最终在高中段达到了一个相近值（无统计显著性差别）。由于控制了数码设备拥有情况、父母文化水平和家庭经济条件等变量，这种差别可能反映了男性和女性对电脑使用的偏好性变化，即男性和女性对技术类设备的使用偏好是不同的。这种不同的起因有属性说和社会说两类，前者认为男性和女性对事物的偏好是与生俱来的，后者则认为是社会期待潜移默化影响的结果。但不论哪一种解释，人们通常可以观察到，儿童自两岁起便会对触摸和操作具体事物产生强烈的兴趣。男孩会更偏爱机械、手工和肢体运动，他们会更喜欢机器人、汽车模型，并动手拆装它们；女孩则会逐渐对柔软的、无攻击性的事物和采集性的活动感兴趣，她们更喜欢洋娃娃和毛绒玩具。这或许一定程度上解释了电脑使用时间方面性别差异的最大值为何会出现在小学学龄段。而随着年龄的增长，对电脑的使用本身培养了人们的使用偏好，性别偏好开始被技术驯化，或者新媒体使用方面的性别融合更符合社会期待。由此，人们对技术的使用时间越长，性别差异也愈发消弭。当然，鉴于本研究并没有进行相关变量的测量，这仅仅是一种可能性的推测，而这种推测或许是"故弄玄虚"的。因为电脑使用时间上性别差异的消失很可能是另外一个直观原因造成的，即高中生的课业负担较重，因此学生的闲暇时间本就有限，用于电脑使用的时间也因此大大压缩，从而使得性别差异趋于相似。一旦提供足够长的闲暇时间，性别差异或许会进一步延续、扩大，也有可能会消失乃至反转。当然，这种推测也可能是事实所在。这反映了社会对数字技术的中性化期待，以及技术使用本身对性别属性的压盖和驯化。

本章小结

第一，在各类数码设备中，新媒体类设备，如电脑、智能手机、普通手机、平板电脑的使用率遥遥领先。不同类别的数码设备的使用并没有显著的规律性可言。

第二，新媒体和传统媒体对家庭结构关系的改变方式并不相同。传统媒体在家庭空间中往往要经历从中间到边缘、从公共空间到私人空间的变化，但新媒体一开始就是作为私人工具出现的。对新媒体的使用使得人们可以在空间在场的同时实施对空间的分隔。

第三，青少年人均新媒体设备的使用情况呈现出显著的地区、城乡、学龄段和性别差异。这些差异都是主效应差异，并无显著的交互影响。在地区和城乡差异这两组变量上，地区经济发展水平对城市和乡村的影响力并不一致。城市的发达程度对青少年数码产品累积使用的提升是成比例的，但乡村的不发达程度对青少年数码产品累积使用的影响则是不成比例的。地区经济水平发展并不一定带来城乡差距的缩小，而中等发达地区最容易呈现出显著的城乡差别。这表明，技术进步对城乡差距缩小的贡献是有条件的，而且可能是分阶段的。

第四，青少年的媒体使用呈现出新旧交替的格局。电脑的使用时间最长，纸媒的使用时间最短，电视媒体受到的影响不大，普通手机和智能手机多数呈现出伴随式使用的特征。纸媒并没有培养出青少年群体的阅读偏好，这对于依赖"用户阅读习惯"宣称"纸媒不死"的论者来说是一个悲观的信号。

第五，绝大多数媒体的使用时长呈现出显著的地区、城乡和学龄段差异，性别差异并不明显。在地区和学龄段差异上，倒U型曲线一再出现，表明青少年群体的新媒体使用时间不仅仅取决于区域产品供给能力和个体使用能力，还取决于其与整个社会系统的关系。新媒体使用是青少年诸多社会行为中的一项，其他替代性社会行为，如娱乐、休闲、游戏或课程压力、作业任务等，都在竞争青少年的可支配时间。

扩散是一种社会变化，可以被定义为社会系统的结构和功能发生变化的过程。当新的方法被发明出来后，随之被传播，被接受或被拒绝，导致一定的结果。在这当中，社会发生了变化。

——埃弗雷特·罗杰斯《创新的扩散》

第四章　创新与扩散（下）：个体、家庭、社会与青少年新媒体使用

个体是否采纳一项技术是一种内化了社会影响的个体性决策。新技术的扩散既是个体行为，又是社会行为，它是个体对技术采纳结果的集合，并呈现为一定的社会性模式。与此同时，个体的技术采纳行为又与社会性要素密不可分。上一章研究结果显示了影响青少年群体新媒体技术采纳的社会系统要素和人口统计学要素，本章则致力于考察影响新媒体技术在青少年群体中扩散的个体性要素，包括个体创新性特质、创新特征感知和创新传播路径等。在本章的最后，研究综合了这两章的内容，进一步考察影响青少年新媒体使用的可能性要素，并探求各要素间的相互关系。

第一节　创新与扩散的影响要素

有关创新与扩散的最早的研究可以追溯到20世纪30年代，早期研究中最著名的是美国学者布莱斯·莱恩（Bryce Ryan）和尼尔·格罗斯（Neal Gross）对伊阿华州杂交玉米推广的研究。对创新与扩散理论的研究在20世纪50年代进入了一个高

峰期，其中代表人物是埃弗雷特·罗杰斯（Everett Rogers）。1962 年，罗杰斯在《创新的扩散》一书中系统地阐述了这一理论。罗杰斯认为，扩散是创新通过一段时间、经由特定的渠道、在某一社会团体的成员中传播的过程[1]。创新扩散模型确定了四个在扩散过程中起关键作用的因素：时间、创新、传播渠道、社会系统。

一、时间

创新与扩散理论认为，新技术在社会中的扩散是分阶段的，也是有条件的。从时间阶段性上来说，创新扩散包括五个阶段：认知、说服、决策、实施和证实[1]34。这五个阶段又受到一系列变量的影响。比如在认知阶段，决策者受社会经济地位、性格变量以及传播行为的影响，而在说服阶段则主要受技术创新本身特质的影响。

技术扩散的这种阶段性既是就个体而言的，又是就社会而言的。所谓就个体而言，是指每个个体在接受新信息、新技术或新产品的时候都会经历上述阶段，只不过每个人经历各个阶段的时间各不相同。有人或许能够迅速地获知新技术，极易被说服和做出试用决定，却迟迟不会真正进入试用期和使用期；有的人或许在购买或使用一项新产品时颇为谨慎，多方评估比较，但一旦试用之后，会很快进入使用期。

由于同一社会系统内的不同成员具有不同的采纳门槛，当跳出这些个体差异而从整个社会层面观之，技术在社会中的扩散就呈现出一条"S曲线"：扩散早期，创新采纳者很少，S形曲线上升得很慢；当采用者人数扩大到居民的10%~25%时，进展突然加快，曲线迅速上升并保持这一趋势，即"起飞期"；随着S曲线加速上升，到系统内半数成员都已经采纳时，达到最大值；然后S曲线又以相对缓慢的速度上升，因为系统里剩下越来越少的成员加入到采纳者行

---

[1] ROGERS E M. Diffusion of innovations [M]. 4th ed. New York: Free Press, 1995.

列中来[1]。当一种创新在刚起步时接受程度比较低，使用人数较少，其扩散过程也就相对迟缓；当使用者比例达到临界值后，创新扩散过程就会快速地增加[2]。

大量的观察和研究表明，5%~20%这一采纳比例是技术是否能够进入快速扩散期的关键。如果一项技术在较短的时间内能够达到5%~20%的采纳率，它将通过人际网络的影响迅速进入快速上升期。此时，创新的扩散就具有了自身的动力，这种动力来自于创新的社会人际效应[3]310。反之，如果达不到临界值，这一技术便会成为一项边缘技术被有限使用，或者被其他替代性技术挤出市场。5%~20%这个比例就被称为"临界大多数"（Critical Mass），具体是指一种创新能够自主维持采纳率的增加所需的最少使用者人数，"在某一特定过程达到临界点后，该过程有了一种自我维持的能力"[4]303。这一概念最早出现在核物理学中，表示一个核反应堆通过自维持反应"开始临界"所必需的放射性材料数量。IT行业借用了这一概念，以此喻指知识或技术积累到一定的临界点，新技术就会跟裂变反应一样爆发，并剧烈扩展。临界大多数提出的背景和条件在于个体与社会系统的相互关系。人对技术的采纳不是独立的个体行为，而是通常取决于周围人群的行为方式。当创新的过程达到临界大多数之后，整个社会系统的氛围就有利于系统内的个体成员采纳创新。

一项技术在扩散之初往往非常缓慢，需要依靠自身的技术创新特质来吸引那些早期使用者。此时，技术推广商往往需要采取一定的策略来推动人群达到临界大多数，如为早期采用者提供优惠和补贴、提供技术性服务（如技术员、客服代表等）、地区试点推广、特定人群（如意见领袖）试点推广等[4]。一旦

[1] ROGERS E M. Diffusion of innovations [M]. 4th ed. New York: Free Press, 1995:72-73.

[2] MAHLER A, ROGERS E M. The diffusion of interactive communication innovations and the critical mass: the adoption of telecommunications services by German banks [J]. Telecommunications policy, 1999, 23(10):719-740.

[3] 埃弗雷特·罗杰斯. 创新的扩散 [M]. 辛欣, 译. 北京: 中央编译出版社, 2002.

[4] ALLEN D. New telecommunications services: Network externalities and critical mass [J]. Telecommunications Policy, 1988,12: 257-271.

采纳人群达到临界大多数，技术的扩散就会转化为一种自主性行为。此时，人们采用一项技术不仅受到技术本身创新性的吸引，而且受到"与社会保持同步"的驱动。在电信产品、电子游戏、手机软件等诸多新媒体技术扩散过程中，这种"临界大多数"效应一再显现。

从横剖面来看，这条时间上的"S曲线"实际上由正态分布的几类人群构成。罗杰斯根据社会系统成员对新技术的采纳速度将其划分为5个类别：创新者、早期采用者、早期大多数、晚期大多数以及落后者。创新者通常大胆而热衷于尝试新观念，他们往往见多识广，并且拥有广泛的社会关系，这类人群通常占创新采用者总数的2.5%；早期采用者通常是社会系统内部高层次的意见领袖，他们社会地位较高，受人尊重，是技术从创新到扩散的关键性群体，通常占创新采用者总数的13.5%；创新者和早期采用者往往推动技术扩散达到临界大多数。随后，占创新采用者总数34%的早期大多数出现了，他们是社会系统中意见领袖的追随者，他们的技术采纳决定往往经过深思熟虑和深入沟通；后期大多数往往是技术扩散中的攻坚人群，他们数量众多，但对技术本身的热情并不大，通常是出于经济必要或社会关系压力而采纳某项技术，这类人群通常占创新采用者总数的34%。当一项技术的采纳率达到84%时，就基本上达到了市场饱和。社会中会有约16%的滞后者不会采用某项技术，或者会以一种相当滞后的形式采用某项技术。他们或者观念陈旧，不愿意接受新事物；或者地处偏僻，局限于地方观念；或者经济窘迫，无力购买或承担。

二、创新特质与创新感知

S曲线的坡度显示了某项创新的扩散速度：创新被采纳的速度越快，S曲线的斜率越高；创新被采纳的速度越慢，S曲线的斜率就越低越平缓[1]。每一项技术的扩散都遵循这一S曲线。但有的技术传播得更迅速，有的可能更缓慢，有的

---

[1] HORNIK R. Some reflections on diffusion theory and the role of Everett Rogers [J]. Journal of health communication, 2004,9(1): 143-148.

可能半途而废，未能推广。一些学者认为创新信息的传播是影响扩散的关键因素，据此他们提出了"传染病模型"，指出一些创新之所以比其他创新扩散得快，是由于这些创新本身的特性使得他们被"感染"的概率较高。罗杰斯将创新本身的特性分为五个要素：相对优势（Relative advantage）、兼容性（Incompatibility）、复杂性/易用性（Complexity）、可试性（Trialability）、可观察性（Observability）。相对优势是指一种创新在何种程度上被认为比其他想法更好；兼容性是创新与现有的价值观、过去的经验以及潜在的需求相一致的程度；复杂性是创新被认为难以使用或理解的程度；可试性是创新可能在一个有限的基础上进行试验的程度；可观察性是创新的成果在何种程度上可以看到。

这些技术特质是客观的指标，但人们对技术特质的感知却是主观的。因此是人们对创新特征的感知——而不是技术的客观创新性程度——影响着人们对技术的使用。罗杰斯发现，创新特征感知变量能够解释人们实际采纳行为中49%~87%的变差（variance）。研究表明，针对不同的技术或创新类型，五个属性发挥的作用也各有不同。例如，李（Lee）通过对跨度16年的82种产品创新进行研究，发现新产品变化程度和范围对扩散速度和扩散范围具有显著的影响：创新的变革越大，扩散的范围越广，而且扩散速度更快；创新范围越大，扩散速度越快[1]。吴（Wu）和王（Wang）调查了人们接受移动商务的影响因素，发现除了感知易用性以外，其他变量都对使用者的行为意向产生了重要影响，尤以兼容性的影响最大[2]。苏亚（Hsua）等学者在研究多媒体信息服务采纳的影响因素时发现，多媒体信息服务的相对优势和兼容性都对其采纳程度起到了积极作用[3]。一项对韩国20岁以上成年人电子书使用意愿的调查发现，当受

[1] LEE H, SMITH K G, GRIMM C M. The effect of new product radicality and scope on the extent and speed of innovation diffusion [J]. Journal of Management, 2003, 29(5): 753-768.

[2] WU J H, WANG S C. What drives mobile commerce?: An empirical evaluation of the revised technology acceptance model [J]. Information & management, 2005,42(5): 719-729.

[3] HSUA C L, LU H S, HSU H H. Adoption of the mobile Internet: An empirical study of multimedia message service (MMS) [J]. Omega, 2007, 35(6): 715-726.

访者认为电子书比现有的方法有优势，和现存的价值观及自身需求符合，操作较容易，可试性高，且能够很容易观察到创新结果时，他们会对其表现出很高的兴趣和使用意图[1]。此外，对移动电话的研究也发现，对其相对优势、复杂性、可观察性、可视性、相对劣势的感知是影响人们是否采用移动电话的重要因素[2]。

人们对技术的采用归根到底是一项主观性的决策行为，受个体特质左右。根据罗杰斯的模型，新技术传播和扩散中最重要的个体特质就是个人创新性[3-5]。个人创新性特质指一个人倾向去寻找新奇的事情或者善于接受新的观念，通常包括个体创新性指数（Personal Innovativeness Index）和自我效能（Self-efficacy）两个维度。个体创新性指数是指一个人接受新思想的程度，包含个体接受新知识的态度、寻找新事物的倾向、使用新技术的能力或体验新产品的偏好等；自我效能则是指个人对自己执行一项行为的能力的评估，包括自己对新技术相关资讯、内容和操作等能力的自信程度。当人们认为自己有信心、有能力能够处理好一项新技术且乐意追求新产品时，就会对该产品显示出更高的使用兴趣和意愿。对大学生网上购物和网络在线游戏使用意愿的研究也都发现，个人创新性特质在影响行为的实施方面起了很大的作用[6]。

除了创新的特征，扩散中还存在一种"技术集群"（Dechnology Cluster）的

［1］JUNG J, CHAN-OLMSTED S, PARK B et al. Factors affecting e-book reader awareness, interest and intention to use [J]. New Media & Society, 2012, 14(2): 204-224.

［2］WEI L, ZHANG M. The adoption and use of mobile phone in rural China: A case study of Hubei, China [J]. Telematics & Informatics, 2008, 25(3): 169-186.

［3］BYENG-HEE C, SEUNG-EUN L, BYOUNG-SUN K. Exploring factors affecting the adoption and continuance of online games among college students in South Korea: Integrating uses and gratification and diffusion of innovation approaches [J]. New Media & Society, 2006, 8(2): 295-319.

［4］PASHUPATI K, KENDRICK A. Advertising Practitioner Perceptions of HDTV Advertising: A Diffusion of Innovations Perspective [J]. The International Journal on Media Management, 2008, 10(4): 158-178.

［5］YANG K C. Exploring factors affecting the adoption of mobile commerce in Singapore [J]. Telematics & Informatics, 2005, 22(3): 257-277.

［6］LI S. Examining the factors that influence the intentions to adopt internet shopping and cable television shopping in Taiwan [J]. New Media & Society, 2004: 6(2), 173-193.

现象[1]，即个体的创新采纳经历会影响其对相同技术集群的创新采纳的态度。换言之，采纳者之前的一项使用技术的经历会影响他对类似技术的感知，进而影响他采纳创新技术的意愿。现有很多研究都验证了这一现象。例如，对网络购物和电视购物的研究发现，那些拥有更多的通信功能和娱乐功能为主的科技产品的人更愿意进行网上购物，而更愿意采用电视购物的人则仅与之前使用的娱乐为主的产品有关[2]；有线电视和互联网的使用者更有可能使用互动电视，因为互动电视提供的服务和有线电视和互联网所提供的功能很类似[3]。

三、传播途径

新技术需要通过传播为人所知。创新信息的传播途径不同，对创新的采纳也会有所不同。在创新和扩散的过程中，大众媒体渠道在认知阶段扮演着更重要的角色，而人际传播渠道在态度和行为层面具有显著影响。

在创新向社会推广和扩散的过程中，大众媒介能够有效地提供相关的知识和信息。尤其是在认知阶段，大众传播能够使作为潜在接受者的受众获知一项创新信息，使少数人的知识被大多数人接受。在博客信息的扩散过程中，媒体能够促进潜在的采用者去了解博客中的创新信息，这一点在创新决策过程中的了解阶段十分重要[4]。大众媒介的作用也可能是分阶段的。在扩散的不同阶段，大众媒介的作用也不同。例如，李（Li）发现，在2000年，台湾地区用户使用网上购物的只有6.5%，采纳这一行为的意愿和大众媒介的使用基本没有联系。但当两年后网络购物的人数增长了10%时，采纳意愿便和使用收音机、杂志、

———————————

[1]ROGERS E M. Diffusion of innovations [M]. 4th ed. New York: Free Press, 1995:95.

[2]YANG K C. Exploring factors affecting the adoption of mobile commerce in Singapore [J]. Telematics & Informatics, 2005, 22(3): 257-277.

[3]LEUNG L, WEI R. Who are the mobile phone have-nots?: Influences and consequences [J]. New Media & Society, 1999, 7(2): 209-226.

[4]HOGG N, LOMICKY C S, HOSSAIN S A. Blogs in the media conversation: A content analysis of the knowledge stage in the diffusion of an innovation [J]. Web Journal of Mass Communication Research, 2008, 12: 1-15.

电影这类大众媒介显著相关[1]。

除了大众媒介渠道，在扩散的过程当中，人们需要很多信息来减少对一项创新的不确定性，这些信息包括事实和态度两方面。先前研究表明，在扩散的说服阶段，人际传播更为直接有效。对加利福尼亚禁烟活动的研究验证了这方面的假说。尽管大众媒体的消息提高了人们对新想法和做法的注意，但人际互动却是促进个体采纳行为的必须要素[2]。尤其是当渠道中的个体具有相似的社会经济地位、教育程度时，人际传播在技术扩散中的劝服效果就更加明显。例如，韦（Wei）和张（Zhang）发现，对于乡村地区的人们来说，他们的社会交往越广泛，便越会更早地使用手机[3]。

四、社会系统

扩散发生在一个社会系统中。一个社会系统中人的价值观、信仰、生活经验等都会对扩散产生影响。宏观方面，社会系统的特性对创新的采纳有一定影响。不同地区的社会系统，对创新的扩散有不同的影响。高创新地区社会的特性表现为更愿意向专业组织学习、听从他们首要政府利益相关者的命令、不与其他地方政府竞争、对用户的需要有很大反应。而低创新地区则更多的受内部因素和当地压力的影响[4]。农村地区大多是创新性较低的地域，在涉及农村地区时，政治和机构对创新扩散的影响更大。例如，农村地区互联网的扩散就不是个人选择的问题，因为农民既没有财力也没有直接需求去使用互联网。在这种情况下，

---

［1］YANG K C. Exploring factors affecting the adoption of mobile commerce in Singapore [J]. Telematics & Informatics, 2005, 22(3): 257-277.

［2］SCHUSTER D V, VALENTE T W, SKARA S. Intermedia processes in the adoption of tobacco control activities among opinion leaders in California [J]. Communication Theory, 2006, 16 :91-117.

［3］WEI L, ZHANG M. The adoption and use of mobile phone in rural China: A case study of Hubei, China [J]. Telematics & Informatics, 2008, 25(3): 169-186.

［4］WALKER R M, AVELLANEDA C N, BERRY F S. Exploring the diffusion of innovation among high and low innovative localities: a test of the Berry and Berry Model [J]. Public Management Review, 2011, 13(1): 95-125.

互联网的扩散只能作为机构或组织努力的结果而发生[1]。第三章中地区经济差异和城乡差异对青少年新媒体采纳的影响印证了社会系统要素在技术创新扩散中的作用。

第二节　湖北青少年新媒体创新与扩散的影响要素

一、个体创新性指数、自我效能和感知创新特征

本节在既往研究的基础上，考察三个创新性变量——个体创新性指数、自我效能和感知创新特征——在传播路径层面、人口统计学层面（性别、学龄段）和社会系统层面（地区、城乡）的差异化情况。每个变量包含一系列陈述性问题。青少年被要求在对应的李克特量表上标明相应陈述的准确程度。其中1代表最不准确，5代表最准确。

个体创新性指数由三个问题组成，包括"我喜欢新知识、新想法和新经历""我对有关新发明和新发现的报道非常感兴趣""我喜欢比别人更早一步体验新产品和新服务"。自我效能由三个问题组成，包括"我对新媒体技术之类的问题非常感兴趣""我操作新媒体设备毫无困难""我觉得使用新媒体内容或程序很容易"。感知创新特征包括三个维度：相对优势、易用性和兼容性。相对优势指标由三个问题组成，包括"新媒体技术更加方便""新媒体技术让我的生活更丰富""新媒体设备更好玩"。易用性指标由三个问题组成，包括"我觉得掌握和使用新媒体非常简单""我能够熟练地使用新媒体""用新媒体设备寻找、阅读、操作信息比较容易"。兼容性指标由三个问题组成，包括"新媒体与我现在使用的媒体工具能够兼容""我能在新媒体设备上找到我需要的软件""我能够比较方便地

---

[1] ZHAO J Q, HAO X M, BANERJEE I.The diffusion of the Internet and rural development [J]. Convergence: The International Journal of Research into New Media Technologies, 2006, 12(3):293-305.

接入无线网（WiFi）"。三类变量的15个子题项的KMO=0.770，Bartlett球型检验=3827.231，p<0.001。这表明，该指标的各个子题项具有较好的内部一致性，并且可以析出为综合指标。

表4.1 青少年创新性变量的差异化分布

	个体创新性指数	自我效能	感知创新特征		
			相对优势	易用性	兼容性
武汉	3.90	3.46	4.04	4.25	3.72
荆门	3.94	3.32	4.14	4.16	3.69
恩施	3.93	3.21	4.17	4.12	3.62
F	0.41	13.12***	3.78*	3.76*	4.20*
城市	4.04	3.42	4.15	4.21	3.76
乡村	3.83	3.24	4.09	4.16	3.64
F	33.89***	20.12***	2.68	1.96	5.98
小学	3.81	3.23	3.83	3.88	3.46
初中	3.85	3.34	4.13	4.21	3.63
高中	4.12	3.40	4.36	4.41	3.96
F	29.63***	6.66***	55.97***	59.32***	35.04***
男性	4.00	3.51	4.14	4.17	3.81
女性	3.88	3.16	4.11	4.19	3.63
F	10.61**	81.28***	0.64	0.30	11.61**
无师自通	3.99	3.47	4.22	4.27	3.87
父母指导	3.88	3.16	4.01	4.10	3.49
同学指导	3.81	3.12	4.14	4.11	3.53
F	5.15**	28.10***	10.69***	8.06***	23.28***

注：*p<0.05,**p<0.01,***p<0.001.

个体创新性指数、自我效能和感知创新特征三个变量都属于主观性感知变量。个体创新性指数和自我效能两个变量是个体对自我的评价，前者是一种普遍性的自我评价指标，衡量个体认为自己对新技术、新产品、新经历等的关注、兴趣和尝试意愿；后者是一种特指性的自我评价指标，主要考察青少年对特定产品（新媒体）的使用能力和使用信心的评估。感知创新特征是个体对使用对象的评价，这是一种以客观对象为基础的主观性评价。尽管个体对同一个对象的感知和评价属于一种主观行为，但终究建立在技术的客观创新特征的基础之上。

如表 4.1 所示，自我效能、易用性和兼容性三个指标与地区经济水平正相关，相对优势感知与地区经济水平负相关，个体创新性指数没有体现出明显的地区差异。这表明，不同地区的青少年对新媒体技术具有相似的创新性使用倾向。他们使用新产品、关注新发明、探索新经历的兴趣和意愿并没有显著差别。然而，处于经济较发达地区的青少年认为新媒体技术更好操作，与自己既有的其他设备的兼容性更强，对自己使用新媒体设备的信心也更强，处于经济欠发达地区的青少年则正好相反。在相对优势方面，经济发达地区的青少年对新媒体设备在生活便利性、丰富性、趣味性等方面的评价低于经济欠发达地区青少年。这意味着对发达地区的青少年而言，新媒体对他们生活品质的提高幅度低于欠发达地区。结合第三章的数据可以看出，发达地区青少年在各类数码产品的拥有量上显著高于欠发达地区青少年。基于这个原因，那些较新的媒体形态对发达地区青少年而言是一种渐进式的创新。因而，他们对新媒体设备的相对优势感知更低。与此同时，他们已经能够娴熟地使用众多的数码产品，并从中积累了丰富的经验和较强的能力，因而对易用性感知更高。此外，数码产品的累积式使用往往意味着产品的循序更新。先前的产品使用经历和拥有情况累积了一定的软件和硬件基础，从而提高了对新产品兼容性感知。但需要注意的是，地区差别对创新特征感知的影响程度并不大，统计学显著性也不高。这表明，在对新媒体产品的感知层面，地区差异并不是主要因素。当其他变量，如个体差异、过往经历、传播路径等因素共同考量时，地区差异的影响可能减弱或消弭。

城乡差异仅仅体现在个体创新性指数和自我效能两个方面，对感知创新特征的影响并不显著。与乡村地区相比，城市地区的青少年对各类新产品和新事物具有更强的兴趣和使用意愿，并且认为自己对新媒体产品的使用能力更强，自信心更足。城乡差别对新媒体的感知创新特征的影响并不显著。城市和乡村地区的青少年对新媒体设备本身的感知创新特征评价并无差别。

人口统计学方面的两个维度——学龄段和性别对青少年创新性变量的影响力也并不统一。创新性变量的各个要素都与学龄段正相关。年龄越大、年级越高，青少年对新产品、新经历、新技术的兴趣和使用意愿就越强，使用能力和使用自信就越高，对产品本身的创新性评估就越高。尽管第三章中，新媒体使用时间、频率与年龄之间为倒U型关系，即初中生的新媒体使用时间和频率最高，高中生与小学生相当，但高中生的创新性指标并没有受使用时间和频率劣势的影响。这表明，与创新性相关的诸要素是随年龄增长而提高的。这可能对应着心智水平的增长和能力素质的提高。日常生活中，人们可能感叹小学生使用新媒体越来越娴熟，在其他各类新事物的使用上也常常令人刮目相看。但是，这类赞叹的参照系往往是观者自己的童年表现，是一种历时性的比较。从共时性的角度出发，个体的创新性特质——不论是偏于主观的个体创新指数和自我效能，还是偏于客观的感知创新特征——都没有超越普遍的智力成长发育规律。小学生的各类创新性特质显著低于初中生，初中生则显著低于高中生。

男生的个人创新指数和自我效能都高于女生，并且对新媒体设备的兼容性评估高于女生，但在相对优势和易用性感知两个层面则没有体现出显著优势。这种性别差异在先前的许多研究中都曾经观察到，并且不仅限于新媒体，还包括如公共服务设施的使用、公共体制革新、电子商务和在线支付等诸多领域。这表明，新媒体设备的使用并不是一个特殊的领域。其他领域的新技术扩散所呈现的性别差异同样体现在新媒体领域。

最后，传播路径与全部创新性变量显著相关。那些具有更高的自我创新指数、更强的自我效能和更高的新技术创新特征感知的青少年会通过自我摸索，主动学习使用新媒体。这部分人群既有充足的个体兴趣，又有强烈的个体自信，并且对新技术的创新特征具有较强的敏感性，因此，往往构成了扩散过程中的早期采用者。他们在技术扩散过程中还有可能是人际传播中的意见领袖，向那些寻求同学指导的人提供帮助。

依赖父母指导的人，在自我创新指数和自我效能方面高于依赖同学指导的人，但在新技术创新特征感知方面则低于那些依赖同学指导的人。这可能表明，家庭和同辈群体对青少年创新性变量的影响方式是不同的，甚至是互补的。与那些接受同学指导的青少年相比，通过父母指导习得新媒体使用的青少年，可能对新技术的普遍兴趣更高，对新媒体的使用信心更强，但是对新媒体本身的创新性感知并不高，他们可能是技术的被动使用者。因此，他们既不积极自我探索，也不主动求助于同学，而是依赖父母指导完成对新媒体设备的使用。相比之下，那些接受同学指导的青少年，或许对新技术的普遍兴趣和对新媒体的使用信心和能力最低，但却能够意识到新媒体技术的创新性优势。他们或许没有能力如各项创新性指标最高的同龄人那样积极探索，主动学习使用新媒体，也没有来自家长的引领和指导，但他们能够通过向同学求助的方式弥补主观创新能力方面的劣势。这部分人往往构成技术扩散过程中的早期大多数。他们不需要主动摸索，而只需要向早期采用者学习。

二、新媒体使用的影响要素

表 4.2　青少年过往使用行为、新媒体传播路径与个体创新性指标的相关性分析

		1	2	3	4	5	6	7	8	9	10
1	报纸使用频率	—									
2	电视使用频率	0.032	—								
3	杂志使用频率	0.370**	0.036	—							
4	父母使用	−0.036*	0.022	−0.088**	—						
5	老师使用	0.047**	0.039*	−0.059**	0.401**	—					
6	同学使用	0.041*	0.051**	−0.028	0.278**	0.325**	—				
7	个体创新指数	−0.068**	0.082**	−0.090**	0.135**	0.155**	0.148**	—			
8	自我效能	−0.059**	−0.008	−0.112**	0.196**	0.227**	0.189**	0.413**	—		
9	相对优势	0.011	0.029	−0.066**	0.175**	0.259	0.212**	0.406**	0.442**	—	
10	易用性	−0.013	0.048**	−0.049**	0.152**	0.230	0.228**	0.335**	0.405**	0.576**	—
11	兼容性	−0.018	−0.108**	−0.075**	0.128**	0.165**	0.070	0.322**	0.204**	0.303**	0.333**

注：*$p<0.05$，**$p<0.01$，***$p<0.001$.

表4.2显示，报纸和杂志的使用频率具有中等程度的相关性；这两种纸媒与电视的使用频率之间则没有相关性。这表明，青少年对传统媒体的使用并不是一体性的。纸媒的使用或许构成了一种媒体使用偏好——那些频繁读报纸的人也是频繁使用杂志的人，但纸媒的使用偏好并没有延续到电视媒体上。尽管父母、老师、同学这三类群体的人口统计学特征可能差异很大，但新媒体技术在这三类人群中的扩散程度却显著相关。这表明，新媒体的传播是一种社会性行为。它在每一类群体中的普及程度或许不同，但不同群体对新技术的接收却彼此相关。由于技术扩散受人际传播路径的显著影响，因此，青少年的新媒体使用情况也会与周边人群的新媒体使用情况密切相关。创新性的五个相关指标之间均显示出中等程度的相关性。这表明，作为一种主观性评价，个体不同维度的感知创新特征之间不是割裂的。那些对新事物普遍感兴趣的人，对新媒体的自我效能更强，对新媒体技术的各项创新性特征的评价也越高。这呼应了上一节青少年个体创新性要素与媒体习得路径之间的关系。

人口统计学要素、过往使用经历和感知创新特征是对四类新媒体使用行为都具有显著影响的要素单元。总的来说，过往使用经历的影响最大，人口统计学因素次之，个体感知创新特征的差异最小。

首先，人口统计学要素显著影响新媒体技术在青少年群体中的扩散。这表明，技术扩散不是任意的，也不是均质化的，相反，它是一种有规律的社会性行为，随人口统计学要素的不同而呈现出鲜明的特征。性别差异影响青少年群体对平板电脑和普通手机的采纳，但对电脑和智能手机的使用与否并无影响。这表明，性别对青少年新媒体技术的影响是非系统性的。其中，男性对平板电脑的采纳高于女性，而对普通手机的使用低于女性。这与先前的诸多研究结果相一致。创新与扩散理论框架下的大部分研究都表明，新技术在男性群体中的普及率更高，但随着技术的普及，性别差异将逐渐缩小。对于平板电脑这种最新的媒体形态而言，男性用户的采纳率更高。这呼应了2011年艾媒咨询的一项调查结果。

据艾媒咨询《2011年中国网民平板电脑用户调研报告》显示，2011年中国网民平板电脑用户的男女比例为64.3%：35.7%，性别比例的绝对差距为28.6%。报告

表4.3　新媒体使用情况影响因素的回归分析

	电脑使用		平板电脑使用		普通手机使用		智能手机使用	
	β	R^2更改	β	R^2更改	β	R^2更改	β	R^2更改
人口统计学要素		0.020***		0.047***		0.012***		0.024***
性别	-0.129		0.225*		0.272*		-0.003	
年龄	0.355*		0.131		0.168*		0.103	
父母文化水平	0.137		0.302***		-0.208**		-0.288*	
家庭经济水平	0.002		0.003*		0.001		0.006**	
社会系统要素		0.023***		0.024***		0.003		0.001
地区	-0.557***		-0.340***		0.121		0.116	
城乡	-1.517***		-0.494***		-0.233		-0.089	
过往使用经历		.007***		0.106***		0.073***		0.037***
数码产品使用	0.229**		0.491***		0.495***		0.463***	
传播途径		0.001		0.009***		0.004*		0.001
父母使用	0.106		0.115**		-0.102*		-0.007	
同学使用	-0.031		0.076		-0.024		-0.014	
老师使用	-0.028		-0.063		-0.073		-0.034	
个体特质		0.001		.008***		0.002		0.002
个体创新性指数	0.005		-0.054		0.001		-0.093	
自我效能	-0.051		0.108**		-0.077		0.057	
创新特征感知		0.005**		0.016***		0.007**		0.013***
相对优势	0.075		0.116*		-0.002		0.140	
易用性	0.034		-0.118*		0.053		0.002	
兼容性	0.219**		0.232***		0.171***		0.259***	
整体R^2	R^2=0.056**		R^2=0.211***		R^2=0.102**		R^2=0.077***	
F	χ^2=11.88**		χ^2=43.98***		χ^2=16.10**		χ^2=28.71***	

注：①电脑、平板电脑、手机、智能手机的影响因素采用逻辑回归算法；②性别、地区、城乡及电脑、平板电脑、手机、智能手机的使用均为哑变量；③父母文化水平为父亲和母亲文化水平的均值；④*p<0.05，**p<0.01，***p<0.001.

认为，由于男性对新兴电子产品的偏爱远超过女性，而平板电脑正式上市才一年多，因此这一用户性别差异现象十分明显。但随着平板电脑市场的不断发展成熟，男女用户比例差距会逐渐变小，整个性别比也会逐步趋向均衡[1]。这一预测符合基础扩散的基本规律。在本研究中，男性对平板电脑这一最新的媒体技术的采纳率显著高于女性，但在电脑和智能手机上则没有显著的性别优势，而在普通手机的采纳上，性别比出现了反转。这表明，在替代性技术关系中（即智能手机对普通手机的技术替代），男性不仅是新技术的率先采用者，而且同时是旧技术的更早放弃者。相反，女性对"旧"技术形态更为留恋，这可能进一步阻碍她们对新技术的接纳。

年龄直接影响电脑和普通手机的使用，却与平板电脑和智能手机的使用无关。普通手机和电脑在中国社会开始普及始于20世纪90年代中期。现今的高中生多数出生在这个时期，见证了电脑和手机在中国社会的普及。而智能手机和平板电脑的出现则是在2007年以后，出生在2000年以后的小学生和初中生们与智能手机和平板电脑共同成长。他们还不需要利用电脑进行学习和办公，并且，对互联网的大部分需求，如搜索、查询、社交、娱乐等，几乎都可以由智能手机和平板电脑完成。参考第三章可以看出，有过电脑和平板电脑使用经历的青少年分别为94.8%和72.4%。这两组人群的比例极大，本应该大量重合，却仅显示出$r=0.231$的弱相关性。这表明，大量平板电脑的用户跳过了一般电脑的使用阶段。对于电脑和普通手机而言，与它们共同成长的用户多数已经进入高中和大学；而对于最近出现的平板电脑和智能手机来说，它们向不同年龄段的人同时开放。并且，由于新媒体对阅读水平和识字能力并没有绝对的要求，使得即使三五岁的幼儿也能在平板电脑或智能手机上像模像样地看视频或打游戏，技术扩散的年龄门槛几乎消弭。于是，我们便看到了新媒体技术向不同年龄段的无规律扩散这样一幅图景。

---

[1] 艾瑞网. 2011年中国网民平板电脑用户调研报告 [R/OL]. (2011-09-21) [2014-09-08] http://report.iresearch.cn/1618.html.

由于青少年并没有经济能力，他们能不能使用或拥有新媒体设备很大程度上取决于各自的家庭。但家庭经济水平仅影响平板电脑和智能手机的使用；父母文化水平与平板电脑使用正相关，与普通手机使用负相关。经济水平这一变量对新媒体使用的影响方式比较容易理解。一般情况下，家庭经济水平的影响力应当与新媒体设备的价格相关，太过昂贵的设备可能受家庭经济条件的制约。目前，一般普通手机的售价多数已经在数百元左右，多数家庭完全可以负担；电脑虽然售价在千元以上，但普及率已接近95%（见图3.1），况且，青少年还可以通过其他途径，如学校、网吧等接触和使用电脑，这就使得电脑的使用进一步与家庭经济水平脱钩。而对于出现较晚、售价较为昂贵且缺乏公共使用途径的平板电脑和智能手机而言，家庭经济水平直接影响了家庭的购买力，也相应地影响了青少年群体的使用情况。

需要指出的是，父母是否使用新媒体与父母文化水平没有直接关系（$F(4, 5646)=1.76$，$p>0.05$），却与家庭经济水平显著相关（$F(4, 5136)=10.44$，$p<0.001$）。进一步分析显示，家庭经济水平是父母文化程度和父母使用新媒体情况的调节变量。换言之，不是说父母文化程度越高，父母就越有可能使用平板电脑和智能手机，而是说，文化水平更高的家长更有可能为家庭创造更好的经济条件，从而有能力更多地使用新媒体。这并不是说，由于父母使用新媒体，所以孩子有更多的机会使用新媒体——从表4.3可以看出，这一关系仅存在于平板电脑和普通手机的使用上——而是应当表述为，文化水平更高的家长更有可能为家庭创造更好的经济条件，从而给孩子提供更多的新媒体（电脑、平板电脑、智能手机）使用机会。父母文化水平对青少年新媒体使用的影响是间接的。在经济承受能力足够的前提下，技术扩散通常是一个态度和意愿问题。但对新媒体技术而言，其扩散的关键已经不是父辈的认可，而是家庭的财力水平。这从一个侧面证明，新媒体技术的扩散已经越过了认知和说服阶段，成为一个购买力的问题，而不是接受观念的问题。

其次，过往使用经历显著影响新媒体技术在青少年群体中的扩散，由此支持了先前研究中的"技术集群"现象，即个体的创新采纳经历显著影响了他们对相同技术集群的创新采纳的态度。青少年对其他类型的数码产品使用得越多，他们采纳新媒体技术的可能性就越大。过往使用经历是平板电脑、普通手机和智能手机使用最大的解释变量，是电脑使用的第二大解释变量。这表明，青少年对数码产品集群的喜好不是割裂的。新媒体设备与其他数码产品拥有相似的技术基础。这些相关产品的使用一定程度上培养了使用者对这类技术的使用偏好，进而影响了他们对新媒体技术的采纳意愿。

当然，青少年既有的数码产品使用经历还与家庭经济体水平有关（$F(1, 6232)=123.84$, $p<0.001$）。家庭经济水平越高，对数码产品的购买力就越强，孩子对数码产品的使用经历就越丰富。此外，既有数码产品的使用经历还与青少年对新媒体的易用性（$F(1, 6928)=80.94$, $p<0.001$）和兼容性（$F(1, 6946)=143.99$, $p<0.001$）感知有关。因为电脑和手机等新媒体设备在技术上属于数码设备的一类，并且与其他数码产品，如数码相机、数码摄像机、打印机等，在使用上具有一定的相通性，在技术支持方面也具有一定的兼容性。因此，青少年累积使用过的数码产品越多，对新媒体产品的易用性和兼容性感知就越高。

再次，感知创新特征对四类新媒体设备的使用均有显著影响，而个体创新特质——并且仅仅是其中的自我效能维度——仅影响平板电脑的采纳。如前所述，个体创新性特质和感知创新特征都属于主观性指标，只不过后者是对技术本身的评估，因而具有一定的客观性偏向。本研究表明，青少年对各类新媒体设备的采纳与否依旧基于自己对新媒体技术创新性的评估。他们各自对新技术的普遍兴趣和使用意愿或许有高有低，对自己使用新媒体技术的能力评价也许各不相同，但这些都不足以决定他们是否使用某项新媒体技术。真正的决定性因素还是在于技术本身，即技术是否足够吸引人。然而在技术特质的诸多维度中，相对优势和易用性仅仅体现在对平板电脑的扩散采纳中，兼容性则对四类新媒体技术的使用都具有显著影响。对数据的描述性分析表明，青少年对新媒体工具相对优势（M=4.12，SD=1.38）和易用性（M=4.18，SD=1.34）的评价普遍比较高，而分化度较低（方差较小）。分别有75%和78%的人对这两个指标的评价大于中间值（5点李克特量表的中间值为3）。相反，对兼容性的评价则略低（M=3.70，SD=2.15），分化度也较大，有13.8%的人表示新媒体的使用与自己现有的设备使用完全不兼容；有38%的人对兼容度的评价低于中间值；62%的人高于中间值。这表明，青少年对新媒体技术的相对优势和易用性已经达成了共识，因此，影响新媒体技术在青少年群体中扩散的主要因素就是技术的兼容性。这种兼容性问题包括新媒体技术能否与青少年当前使用的媒体工具对接、能否提供在其他媒体设备上使用的软件、能否比较方便地接入无线网等。对于新媒体技术的推广者而言，这无疑是一个好消息。因为青少年群体对新媒体技术已经具有了较高程度的认可，基本上已经完成了劝服层面的转变，一旦兼容性条件具备，他们便会迅速成为实际的采纳者、购买者和使用者。这种兼容性的实现一方面有待于新媒体技术的进一步改善，如降低对既有技术的依附，研发与先前数码设备相匹配的硬件支持和软件更新等；另一方面有待于使用群体本身的改变，如购买家用路由器为家庭提供方便的WiFi接入，具备更强的经济实力支持对3G业务的使用等。

地区经济水平和城乡差异影响电脑和平板电脑的使用，却没有影响普通手机和智能手机的使用。这种差别可能与四类新媒体的价格和技术属性有关。一方面，电脑和平板电脑的价格一般较为昂贵，而普通手机和智能手机则相对低廉，使得经济发达地区、城市地区能够具备更强的购买力，从而为青少年提供更多的电脑使用机会。而普通手机和智能手机的价格相对较低，普通手机的价格一般在几百元左右，智能手机市场也不乏千元以下的低端机，所以，手机产品相对低廉的价格使其较少受经济购买力的限制；另一方面，对家庭而言，电脑和平板电脑主要是为满足休闲需要（有的家庭成员可能使用电脑办公），因此，对电脑和平板电脑的需求并不迫切。相比之下，手机的主要功能依旧是通讯。家长为了保持与孩子——尤其是寄宿制学校的学生——的联系，往往会主动为孩子配备手机。手机与电脑不同的社会功用可能是社会系统要素不同作用方式的原因之一。

尽管青少年周边人群都在不同程度地使用新媒体，但唯有父母的使用情况直接影响了孩子的使用情况。这种影响也仅仅体现在平板电脑和普通手机上。其中，父母对新媒体的使用越多，孩子使用平板电脑的可能性就越大，使用普通手机的可能性就越小。青少年通常没有自主经济来源，因而，他们对新技术采纳与否并不主要取决于主观意愿，还强烈依赖家庭的支持。家庭经济情况决定了家庭购买力，而父母支持与否则决定了家庭的购买意愿。那些积极使用新媒体的父母对新技术的采纳意愿也比较强。他们对青少年使用新媒体的影响方式可能是主动的，即那些使用新媒体的父母会让孩子使用自己的新媒体设备，或给孩子购买新媒体设备，或积极指导孩子使用新媒体设备，培养其对新媒体设备的兴趣；他们对青少年使用新媒体的影响方式也可能是被动的，即当孩子从其他渠道获得有关新媒体的讯息并提出使用要求时，他们能够予以积极的回应。反之，那些自己不使用新媒体设备的家长，或许没有足够的购买力，或许没有对新技术的采纳意愿，都会不同程度地限制孩子对新媒体的使用。

鉴于平板电脑和普通手机出现时间的早晚和技术发达程度的高低处于目前可见的各类新媒体设备的两端，它们可以约略地代表新媒体家族中的"新技术"和"旧技术"。在表4.3中，同时影响青少年群体平板电脑和普通手机使用的子变量共五类，其中父母文化水平和父母使用与否两类要素对平板电脑和普通手机使用的影响模式是截然相反的。这一定程度上表明，人们对"新技术"的采纳和"旧技术"的抛弃有一个互补式的一体化过程。那些促使人们积极靠近"新技术"的要素，也同时使得人们尽快地淘汰"旧技术"。在这种更替中，媒体产业的格局已经悄然改写。

本章小结

本章在创新与扩散理论的框架之下，考察了青少年对新媒体技术采纳和使用方面的三类指标以及这些指标在地区、城乡、年龄、性别、习得路径等方面的差异化分布状况。在此基础上，研究进一步考察了青少年对四类新媒体设备使用情况的影响要素和影响模式。

第一，社会系统要素的两个维度——地区差异和城乡差异对各个青少年创新性变量的影响力有所不同。新媒体技术扩散在城乡层面的差异并不存在或者（过去存在，但在本研究进行时）已经消失，地区层面的差异依旧存在但并不显著。这可能表明，新媒体技术在当前湖北的扩散是以区域为单位进行的，并且以经济发展水平为标准梯级推进。而在同一个地区内，城乡青少年对新媒体技术的使用几乎是同步的，或者差异已经消失。他们对新媒体技术的相对优势、可用性、兼容性的感知已无差别，但一些个体特质性的创新指标，如个体创新性指数和自我效能，还依旧保留了地区和城乡差异这两类社会系统性要素的影响。

第二，人口统计学方面的两个维度——年龄和性别对青少年创新性变量的影响力也并不统一。创新性变量的各个要素都与年龄正相关；在个人创新指数、自我效能和新媒体设备兼容性三个指标上，男生显著高于女生。这一结果与许多其他类别的新技术扩散研究相一致。这表明，新媒体技术并不具有特殊性，其传播扩散在人口统计学层面遵循着一般的创新扩散规律。尤其需要指出的是，先前研究中往往将青少年作为一个年龄整体来看待，将他们视为成年人和老年人的对比组。但本研究表明，青少年并不是一个均质化的群体，相反，这个群体存在着明显的分层现象。并且，这种在人口统计学特征上的分化直接影响了青少年的个体创新性特质及实际的创新采纳行为。

第三，传播路径与青少年个体创新性指标密切相关。先前多数研究只是区分了大众传播和人际传播在认知和劝服层面的差异，本研究则进一步区分了不同的人际传播路径与青少年新媒体使用特征之间的关系。那些具有更高的自我创新指数、自我效能和新技术创新特征感知的青少年会成为新技术的主动习得者，在创新扩散过程中扮演着早期采用者甚至意见领袖的角色；那些对技术创新特征感知较低的人则更依赖于父母指导，成为创新的被动使用者；那些能够意识到技术创新性特征，但个体创新性兴趣、意愿和能力较低的人则会积极寻求同学的支持，以此弥补主观创新能力方面的差异，或将成为技术扩散过程中的早期大多数。

第四，就家庭对青少年新媒体使用的影响而言，父母文化程度的影响是间接的，而家庭经济水平的影响却是直接的。这表明，新媒体技术在青少年群体中扩散的关键已经不是父辈的认可，而是家庭的财力水平。可见，新媒体技术已经完成了在观念层面的劝服，一旦售卖价格进一步下降或青少年购买力进一步提高，新媒体技术在青少年群体中的进一步扩散将会迅速实现。

第五，新媒体技术在青少年群体中的扩散呈现出"技术集群"现象。个体过往的创新采纳经历直接影响了他们对相同技术集群的创新采纳态度。这表明，个体对创新性事物的使用是具有延续性的，而相同的技术基础有利于培养这种连续使用倾向，使得过往用户更有可能成为当前用户，且当前用户可能继续成为未来技术的潜在用户。

第六，决定青少年是否使用一项新媒体技术的主要因素是技术本身的创新性特征。其中，青少年对新媒体技术的相对优势和易用性已经达成了普遍性共识，新技术与既有设备或既有条件的兼容性问题成为新媒体技术在青少年群体中扩散的主要因素。这再一次表明，新媒体技术已经基本完成对青少年群体的态度劝服。一旦兼容性条件具备，新媒体技术在该群体中的扩散便会迅速实现。

第七，人们对"新技术"的采纳和"旧技术"的抛弃不是割裂的。尤其是对于替代性技术而言，人们或许会经历一段时期的伴随式使用，逐渐实现对旧技术的放弃和对新技术的采纳，但技术的更替不论在个体层面还是社会层面都是一个互补式的一体化过程。那些促使人们积极靠近"新技术"的要素，也是使得人们尽快淘汰"旧技术"的要素。

从长远来看，童年的概念一定会成为当今科技发展的牺牲品。电的发明搅乱了童年产生并得到培育的信息环境。但是，失去童年，并不等于我们要失去一切。归根到底，印刷术粉碎了世界宗教团体的团结，摧毁了口语传播传统的亲密无间和诗意，削弱了区域的忠诚，并创造了极其没有人性的工业体系。但是，西方文明中的一些人道价值依然完好无损地保存了下来，并且还能创造出一些新的价值。

——尼尔·波兹曼《童年的消逝》

第五章　新媒体的习得与使用：一种偏重家庭的视角

第一节　作为文化概念的儿童

一、儿童的诞生和变迁

儿童并不是一个纯粹由生物学所决定的自然或普遍的范畴，也不是具有某种固定意义的事物[1]。尼尔·波兹曼（Neil Postman）在一定程度上既承袭了英尼斯技术决定论的观点，又继承了福柯"知识型"的观念。在《童年的消逝》一书中，她将儿童的产生视为印刷文明的结果。在识字文化诞生之前，儿童和成年人生活在同样的口语世界中。在中世纪，儿童只是微型的成人，他们和成年人穿同样的衣服，说同样的语言，做同样的事。但"印刷创造了一个

---

[1]大卫·帕金翰.童年之死：在电视媒体时代成长的儿童[M].张建中,译.北京:华夏出版社,2005:4.

新的成年的定义，即成年是指有阅读能力的人；相对地便有了一个新的童年的定义，即儿童是指没有阅读能力的人"[1]。自此，成年变成了一个象征性的成就，而不仅是生物意义上的成长阶段。未成年人必须通过学习识字才能进入成人世界。文字区隔了未成年人和成年人的界限，并将他们隔离在成人世界的秘密之外。

"儿童"诞生之后，在社会中的地位几经变迁。美国社会历史学家约翰·迪摩斯（John Demos）认为，西方社会中的儿童形象经历了一个逐渐人本化的过程[2]。在19世纪80年代以前，儿童、尤其是穷人家的孩子，是家庭经济来源的重要贡献者。他们从十二三岁起便以童工或学徒的形式直接进入劳动力市场。在20世纪之前的戏剧、文学和绘画中，儿童从事体力劳动为家庭贡献财力支持是最常见的场景之一。20世纪以后的文学中，对工业革命期间童工悲惨遭遇的描写也屡见不鲜。后工业时代的来临将儿童从社会经济贡献者转变为社会成果享有者。一方面，机器大生产的进步取代了大量的劳动力，青壮年在劳动力市场上供过于求，转而将童工挤出雇佣市场；另一方面，后工业时代对技术工种的要求超过了对纯劳动力工种和简单手工艺工种的需求。通过学校教育培养大批量的合格的生产工人成为资本市场的需求。伴随着就业结构调整、教育体系建设、性别关系转化、城市化发展等过程，20世纪早期见证了儿童角色在家庭和社会角色中的快速转换。首先，儿童从经济贡献者转为经济消费者。他们进入劳动力市场的时间被一再延迟，而接受抚育和教育的时间则一再延长[3-4]。与此同时，稳定、富裕而数量庞大的中产阶级诞生了，他们有多余的钱投资房产、车马和服装，也有能力"把孩子当做炫耀性消费的对

[1] 尼尔·波兹曼. 童年的消逝 [M]. 吴燕莛，译. 桂林：广西师范大学出版社,2004:26.

[2] DEMOS J. A Little Commonwealth: Family Life in Plymouth Colony [M]. New York, 1970.

[3] CUNNINGHAN M. Children and childhood in Western society since 1500 [M]. London: Longman, 1995.

[4] CUNNINGHAN M. The invention of childhood [M]. London: BBC books, 2006.

象"[1]。20世纪20到70年代，欧美家庭的规模也在变小，家庭中孩子的平均数量从七个缩减为两个，由此对应着儿童地位从家庭边缘到家庭中心的转移。第三，随着行为主义心理学影响的衰退和精神心理学的盛行，西格蒙德·弗洛伊德（Sigmund Freud）的儿童精神心理学在欧美社会盛极一时。人们突然意识到童年的脆弱性以及可能对人的一生带来的决定性影响。于是，儿童的心理健康甚至超越了身体健康，成为儿童抚育的核心问题[2]。

伴随着上述变化，一个"延长的青年期"出现了[3]。成年人的法定年龄先是规定为16岁，随后在很多欧洲国家改为18岁。青少年在家庭中停留的时间被拉长，对父母的经济依赖和精神依赖的时间也相应增长。这种延长的青年期重新挑战了西方文明中传承已久的关于儿童与成人的种种论述。父辈与子辈之间的传承、延续、冲突、和解、叛逃、回归……成为二十世纪早期社会学和社会心理学的核心议题。

二、文化传承形态的变迁

1970年，美国文化人类学家玛格丽特·米德（Margaret Mead）在《代沟》一书中将人类社会的文化传承模式分为后喻文化（Postfigurative Culture）、互喻文化（Cofigurative Culture）和前喻文化（Prefigurative Culture）三种类型。在后喻文化社会里，社会变化极其缓慢，生活方式一成不变，年轻人一复一日地重复着先人的模式，"成年人的过去就是每个新生一代的未来，他们早已为新生一代的生活定下了基调。孩子们的祖先度过童年期后的生活，就是孩子们长大后

---

[1] CUNNINGHAN M. Children and childhood in Western society since 1500 [M]. London: Longman, 1995:66.

[2] ALEXANDER V D. The image of children in magazine advertisements from 1905 to 1990 [J]. Communication Research, 1994, 21(6): 742-765.

[3] 索尼亚·利文斯通. 儿童与互联网：现实与期望的角力 [M]. 郭巧丽，译. 北京:电子工业出版社，2013:6.

将要体验的生活；孩子们的未来就是如此造就的"[1]20-21。在这种社会中，经验随寿命而积累，年长者凭借阅历和经验就足以指导年轻人应付社会中的各种问题。这种社会结构具有强大的稳定性。

互喻文化是以向同辈人互相学习的模式为主要特征的文化。它往往与其他文化传播形式并存，并且这种文化模式的保存时间通常不超过几代人。互喻文化往往发生于突然经受冲击或面临转型的社会，新生一代和父辈们所经历的完全不同，父母的过往经验无法为孩子提供指导，原来的文化也难以作出适当回应。此时，社会成员的主要模式是同代人的行为。然而，互喻文化中的个体依旧受到父辈权威的规范和制约。长辈允许年轻人在主流形式内搞一些小花样。"不管在哪种情况下，少女们都知道将来将走老祖母的道路，等她们成为祖母之后也会赶赶时髦或让年轻人去试试，在时髦观念下则潜伏着连续性观念"[1]43。这保证了互喻社会的连续性。

前喻文化则是年轻人代表未来的一种文化，是长辈向晚辈学习以适应社会生活的一种文化[1]84。在这一文化中，代表未来的是晚辈，而不再是他们的父辈和祖辈。1970年，米德在《代沟》一书写成时就认为，美国当时就已经处于前喻文化时代。她指出："我们现在已经进入到一个历史上前所未有的新时代，年轻人凭借对这一尚无法预测的未来的前喻性领悟而成为新的权威"[1]1。现代世界的特征，就是接受代际之间的冲突，接受由于不断的技术化，每一代的生活经历都将与他们的上一代有所不同的信念。

如今，互联网对社会结构的颠覆已经超出了1970年的米德之所预见。年轻一代在各类数码设备的习得和使用方面都有许多令父辈们惊叹不已的表现。社会的迅速发展使众多家长面临着这样一个问题：他们和孩子共同面对着一个迅速变化着的、全新的环境。在道德、社会和家庭生活的时间和空间架构上，

---

[1]玛格丽特·米德.代沟[M].曾胡,译.北京:光明出版社,1988.

家长们不可能再依赖自己的童年经验来为孩子提供指导[1]。建立在时间传承性上的权威消失了。家长们在玻璃球、《十万个为什么》和《西游记》中所积累起来的童年经验已经无法指导每天专注于"魔兽世界"、《十万个冷笑话》和《古剑奇谭》的孩子们。传统社会中凭寿命积累的经验已经失去了权威感——在我国，86.5%的家长认为应当对孩子上网"给予必要的指导"，但79.5%的家长却缺乏监控措施，主要是因为"不是很懂上网方面的知识"（23.4%）[2]。对此，英国社会学家安东尼·吉登斯（Anthony Giddens）指出，在这种后现代的去传统化社会中，家长和孩子应当"在连续的基础上以一种开放的姿态建立起具有灵活性的关系"[3]。传统家庭以地位等级为基础，伴随着权威、义务、辛勤工作和保障的价值观需要逐渐转变为"民主家庭"中重视自我满足、个人权利和协商对话的新价值观。

这种去权威化和去传统化的新家庭结构在新媒体的使用上体现得尤其明显。青少年往往自我摸索新媒体的使用方式，并将这种学习称为"无师自通"。他们有时候还能够为父母提供指导，学者周晓红将这种现象称为"文化反哺"[4]。当家长的经验和权威不能适用于数字时代时，青少年开始更多地依赖同辈人。这种从垂直关系（代际之间）到平行关系（同辈之间）的转变导致了"垂直关系的整体贬值"[5]。

本章致力于考察青少年的新媒体习得路径以及青少年周边人群在其新媒体

[1] GADLIN H. Child discipline and the pursuit of self: An historical interpretation [M]//REESE H W, LIPSITT L P, Advances in children development and behavior, New York: Academic Press, 1978, 231-261.

[2] 李文革, 沈杰, 季为民. 中国未成年人新媒体运用报告（2011~2012）[M]. 北京:社会科学文献出版社, 2012:10.

[3] GIDDENS A. The transformation of intimacy: Sexuality, love and eroticism in modern societies [M]. Cambridge: Polity, 1993: 91.

[4] 周晓虹. 文化反哺：变迁社会中亲子传承[M]// 周晓虹, 周怡. 大过渡时代的中国青年. 南京:南京大学出版社, 2000: 434.

[5] GERGEN K. The challenge of absent presence[M]// KATZ J E, AAKUS M. Perceptual contact: Mobile communication, private talk, public performance, Cambridge: Cambridge University Press, 2002, 227-241.

习得方面的作用。其中，来自父母和老师/学校的指导代表了来自父辈的垂直性指导关系，来自同学的指导代表了来自同辈的平行性互动关系，而自我习得则体现出青少年在一种非先验性的全新文化模式中的自我探索。

第二节　湖北青少年新媒体习得路径及其差异化分布

一、"无师自通"的媒体自我习得能力

研究请青少年分别选择他们对六类媒体的习得路径，这六类媒体包括三类传统媒体（报纸、电视、杂志）和三类新媒体（电脑、普通手机、智能手机）。习得路径包括"无师自通"、"父母家人"、"同学朋友"、"学校课程"、"大众媒体"、"其他"、"记不清"七种。调查对象被要求回忆他们首次学习使用相应媒体的方式，并在每类媒体下对应选择一种习得路径。在最后的编码过程中，由于选择"记不清"的数量太少，最终将其合并入"其他"选项中。

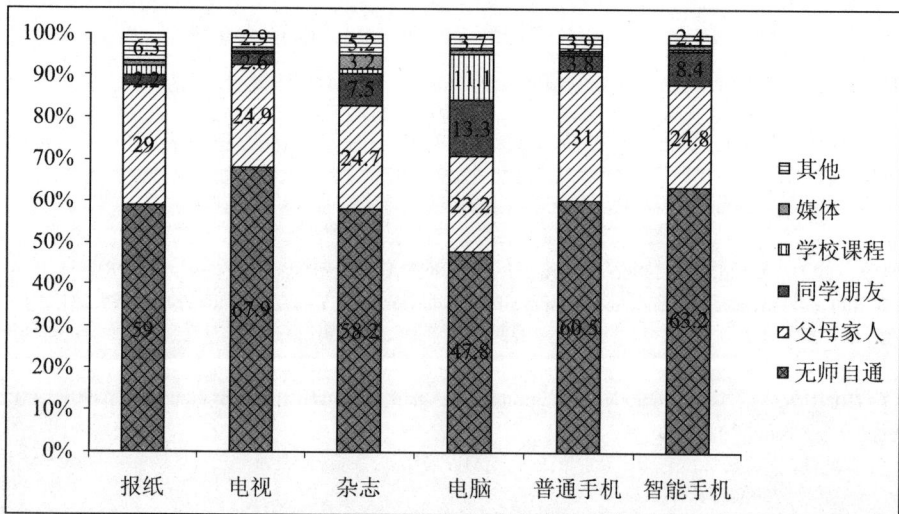

图5.1　青少年媒体使用习得路径分布图

如图5.1所示，在所调查的六类媒体中，对于报纸、杂志、电视、普通手机和智能手机而言，60%的青少年认为自己的习得路径是"无师自通"，而对于电脑而言，这一比例为50%。在对调查对象的随机访谈中，很多孩子表示自己就是"随便弄一弄"，或者"只是到处按一按"就学会如何使用电视和手机了。约有25%的青少年认为，父母家人帮助自己学习使用电视、杂志、电脑和智能手机，对于报纸和普通手机而言，这一比例上升为约30%。

学校课程在电脑的学习使用中占据了较为可观的比例，约为10%。需要特别指出的是，在各类媒体形式中，电脑习得路径的分布情况相对而言最为均衡。无师自通、父母家人、学校课程大约为5：2：1的比例，这可能与我国中小学电脑课程设置有关。从2000年起，教育部开始以分步推进的方式，在全国中小学实施"校校通"工程，计划用5~10年时间，使全国90%左右的独立建制的中小学校能够上网，使中小学师生都能共享网上教育资源[1]。这一工程不仅包括电脑、通信光缆、卫星宽带联网等硬件设施建设，还包括教学内容开发、资源共享和师资培训，从而使得学校不仅能够为青少年学习电脑和网络提供硬件支持，而且能够提供来自教师层面的指导。

由于本研究没有采用田野调查法来验证青少年对于自己媒体习得路径的评价，因此，无法断言不同类型的媒体习得方式的实际效果。但一些国外研究显示，青少年可能会夸大自己在媒体使用方面的能力。例如，列文斯通和鲍勃（Bober）对英国青少年网络使用的研究表明，青少年比成年人具有更高的网络效能，其中，37%的人认为自己是"高手"或"专家"，而只有15%的家长这样认为[2]。实际观察表明，多数青少年并不能够很好地使用网络搜索、发掘、创造信息。"他

---

[1] 教育部关于在中小学实施"校校通"工程的通知 [EB/OL]. (2000-11-14) [2014-09-08] http://www.edu.cn/20020327/3023655.shtml.

[2] LIVINGSTONE S, BOBER M. UK children go online: Surveying the experiences of young people and their parents [R]. London: London School of Economics and Political Science. http://eprints.lse.ac.uk/395/.

们有时候是因为自己无法拼写或者没有复制正确的网址而造成失误……或许他们只会把四五个网站记在心里。有些人永远只访问一个网站"。他们往往只看前10个搜索结果，有的不知道"书签"和"收藏夹"为何物；有的由于拼写错误无法在搜索引擎上找到自己想要的信息[1]。在我国，中小学生对互联网的应用深度也不高，仅即时通信、博客、网络音乐、网络视频四种应用的渗透率略高于我国网民平均值，而在电子邮件、论坛/BBS、网络游戏、网络购物、网上支付、网上教育等方面排名垫底，仅略高于农村外出务工人员[2]。这表明，青少年群体对互联网的使用广度和深度都比较有限，并不像他们自己或社会期待的那样卓越。

这一观察似乎与普伦斯基对"数字原住民"的推崇截然相反。实际上，普伦斯基所描绘的"数字原住民"是一种理想状态的完成式。出生于网络时代的个体在全新的数字化环境中会最终形成与上一辈截然不同的信息处理模式和行为方式。但个体的成长是过程态的，不论在身体上还是思维上，个体都需要遵循一般的人类个体成长规律。按照皮亚杰的认知发展理论，个体将在七至二十一岁期间完成具体运算和形式运算两个阶段，循序渐进地具备具象逻辑思维能力、抽象逻辑思维能力和假设—演绎推理能力[3]。直接经验的获得和间接知识的习得是个体认知的两种途径。数字时代改变的只是信息在这两种路径中的传递方式，进而间接影响青少年的信息处理方式和处理结构。在个体成长的整个过程中，"数字原住民"们会表现出与"数字移民"们某些截然不同的侧面，但其作为人类个体成长的共性仍在。五六岁的儿童受认知发展阶段和心智水平

[1] 索尼亚•利文斯通. 儿童与互联网：现实与期望的角力 [M]. 郭巧丽，译. 北京：电子工业出版社，2013:63-64.
[2] 中国互联网络信息中心. 第二十二次中国互联网络发展状况调查统计报告 [R/OL]. (2008-07-19) [2014-09-08]. http://www.cnnic.net.cn/hlwfzyj/hlwxzbg/hlwtjbg/201206/t20120612_26713.htm.
[3] PIAGET J. Main Trends in Psychology [M]. London: George Allen & Unwin, 1973:36.

的影响，可能凭借自我摸索学会开机关机，但往往需要通过观察和指导才能知道电脑上哪个程序可以打开网页，哪个程序可以登录聊天。至于更复杂的行为，如账号注册、程序下载、软件安装等，往往需要更多的使用经验和更高的心智水平。家长们或许最终无法像自己的孩子那样拥有纯粹的"数字原住民"式的思维方式，但以此为借口缺席青少年在新媒体使用方面的教育和培养显然是不负责任的。

在习得路径方面，通常来说，读写能力都首先是由家庭和学校教育培养的。孩童在幼年时往往需要经历"枕边读物"的阶段。这是家庭教导儿童使用纸质媒体的开始。但是，当被问及报纸和杂志的习得路径时，约六成青少年选择了"无师自通"。他们可能将报纸、杂志与童话书、故事书等区别开来，认为父母或学校并没有以逐字逐句教习的方式帮助他们使用报纸和杂志等媒体，故而认为自己是"无师自通"地学会了对报纸和杂志的使用。这一定程度地显示了我国青少年在媒体使用方面较高的自我效能。与英国的同龄人一样，他们也倾向于夸大在媒体习得和使用方面个人能力的作用。

在承认青少年对自我习得可能具有夸大性的前提下，我们也必须肯定，青少年群体中的相当一部分人通过自我摸索而非求教于父母的形式学习和掌握了对各类媒体的使用方法。这种摸索通常以"试错"的形式进行。他们摆弄着电脑、电视或手机，通过交互式界面中简单的文字提示不断地进行尝试。列文斯通观察到，青少年很少先阅读说明书或操作指南，将规则了然于心后再进行操作。相反，他们更喜欢乱试一气，靠误打误撞和直觉来慢慢地摸索方法[1]。

---

[1] 索尼亚·利文斯通. 儿童与互联网：现实与期望的角力[M]. 郭巧丽，译. 北京：电子工业出版社，2013:88.

表 5.1　各类媒体"无师自通"习得路径的差异化分布情况

	报纸	电视	杂志	电脑	普通手机	智能手机
武汉	55.2%	68.9%	57.0%	52.0%	59.2%	61.4%
荆门	50.2%	62.3%	47.0%	44.9%	58.8%	59.3%
恩施	44.0%	60.1%	44.3%	44.3%	59.5%	61.2%
χ^2	28.89***	18.79***	41.10***	16.83***	3.45	1.29
城	50.1%	69.5%	52.5%	49.7%	57.7%	62.2%
乡	49.4%	64.8%	46.4%	44.5%	57.9%	59.1%
χ^2	0.20	9.00**	13.00***	9.55**	0.02	3.41*
小学	38.2%	59.6%	36.0%	41.7%	47.9%	31.2%
初中	44.5%	65.3%	43.0%	50.1%	59.1%	34.5%
高中	64.0%	75.2%	66.4%	58.2%	64.6%	36.7%
χ^2	179.77***	63.40***	227.72***	17.11***	63.46***	70.43***
男	52.2%	68.9%	51.3%	50.8%	59.6%	63.8%
女	48.1%	65.7%	48.1%	43.6%	56.3%	58.7%
χ^2	5.33*	3.88*	3.41*	6.80***	3.81*	9.20**

注：*$p<0.05$，**$p<0.01$，***$p<0.001$.

表 5.1 显示了各类媒体"无师自通"习得路径的地区、城乡、学龄段和性别差异情况。结果中有一些符合人们的日常认知。"无师自通"式的自主习得随地区经济水平的提高而增加，随青少年学龄段的提高而增长，并且，城市高于农村，男性高于女性。就卡方值（Chi-square score）判断，性别差异和城乡差异的程度最低，学龄段差异最高。

这一结果表明，青少年并非无差别的均质群体。尽管他们被笼统地称为"互联网一代"或者"数字原住民"，他们对各类媒体的自主性习得依旧呈现出较为明显的地区、城乡、学龄段和性别差异。不同的个体并不会因为出生于同一时期（如90后、00后）而天然共享某些属性。相反，个体无法超越那些更宏大的因素加诸在他们身上的影响。这些因素包括与地区经济水平和城乡差异密切相关的基础设施、教育水平、媒体环境，也包括青少年智力发育的客观自然规律和性别角色所带来的社会属性差异。就地区和城乡差别而言，这进一步提醒了一个现实，即现存的阶层差距已经在青少年群体的媒介自我习得能力方面体现出来。尽管从总体上而言，家长们已经越来越无法沿袭自己的童年经验来指导孩子，但家庭所处的经济区位和城乡分野还是悄然无声地影响着孩子的媒体自我习得能力。在本章的后半部分我们还会发现，所谓的"家长缺乏指导子女使用媒体的能力和经验"这一说法也是武断而笼统的。实际上，家长不但能够提供指导，而且其指导能力和指导水平也存在显著的阶层分化现象。

在正视青少年媒体自我习得能力存在明显分层的前提下，研究需要特别指出，在普通手机和智能手机两项新媒体设备中，"无师自通"这一习得路径的比例已经没有地区差异，其城乡差异和男女差异值也很低。这一结果或许意味着鸿沟的缩短，即处于不同经济区位的青少年在最新的媒体设备使用方面具有相似的自我习得能力。这从一个侧面反映出技术使用对青少年技术能力的培养。新技术的普及正在"抹平"既有的地区差异。不同经济区位的青少年具有相似的媒体习得能力，从而可以共享技术进步带来的福利。如果不考虑媒体习得能力与媒体使用能力的差别，这一结果或可作为技术进步推动社会平权化的福音。

二、垂直型与平行型的媒体习得关系

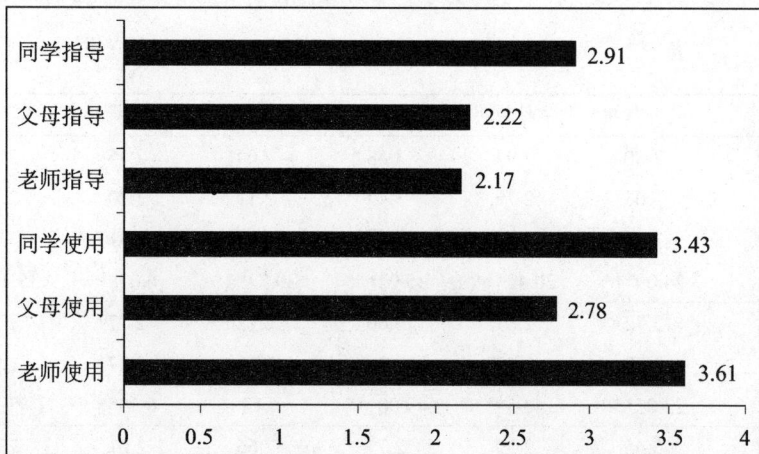

图5.2　周边人群媒体使用和媒体指导情况分布图

研究要求调查对象在 5 点李克特量表上标明他们认为父母、老师、同学的新媒体的使用情况以及他们对自己使用新媒体的指导情况。结果显示，在新媒体使用方面，父母的使用率最低（低于中间值 3），老师和同学则较高；在新媒体指导方面，青少年从同学处获得的指导最多，而来自父母和老师的指导都比较少。如图 5.2 所示，同学的使用和指导情况为"双高"，父母的使用和指导情况为"双低"。这一结果一定程度上呼应了本章最开头的论述：家长的童年经验已经无法为孩子的当下活动提供指导；青少年倾向于以同辈间的"平行关系"取代与家长的"垂直关系"。

老师的使用率最高而指导率最低，一定程度上表明学校教育在青少年新媒体使用指导上的缺席。老师们的使用情况最高，表明教师群体能够有意识地追随技术进步，却并未将他们对技术的追逐和使用传递给学生。一方面，广大中小学通常认为新媒体使用（电脑上网、玩手机等）不利于学习，因而，多数不支持或明令禁止学生在学校使用新媒体设备，更遑论教育指导；另一方面，便携式新媒体设备，如手机、平板电脑等，具有一定的私人性。同报纸、杂志、电视、电脑等具备一定公共性的媒体相比，手机和平板电脑并不适合作为集体教学的对象。这在一定程度上可以为学校对学生新媒体指导方面的缺席提供解释。

表 5.2　周边人群新媒体使用和媒体指导的差异化分布

	老师使用	父母使用	同学使用	老师指导	父母指导	同学指导
武汉	3.80	2.97	3.68	2.04	2.15	2.74
荆门	3.64	2.75	3.43	2.11	2.20	2.85
恩施	3.40	2.61	3.17	2.34	2.31	3.15
F	24.09***	20.42***	35.02***	20.72***	6.07**	35.92***
城	3.72	2.87	3.60	2.12	2.17	2.88
乡	3.50	2.69	3.26	2.21	2.27	2.95
F	23.02***	14.95***	49.00***	6.12*	6.30**	3.28
小学	3.45	2.59	2.77	2.66	2.61	2.64
初中	3.43	2.75	3.53	2.08	2.18	2.94
高中	3.95	2.97	3.89	1.84	1.94	3.11

（续表）

	老师使用	父母使用	同学使用	老师指导	父母指导	同学指导
F	53.76***	22.26***	177.76***	156.41***	100.85***	42.98***
男	3.58	2.78	3.45	2.11	2.16	2.98
女	3.65	2.80	3.44	2.19	2.29	2.85
F	2.63	0.11	0.04	3.24	10.82**	9.25**

注：*p<0.05，**p<0.01，***p<0.001.

表 5.2 和图 5.3~5.7 显示了青少年周边人群新媒体使用和指导情况的差异化分布情况。就使用情况来说，青少年周边人群的新媒体使用情况与地区经济发展水平正相关，与学龄段负相关，且城市大于乡村。性别并不影响青少年周边人群的新媒体使用情况。然而，周边人群对青少年新媒体的指导方面则呈现出与新媒体使用几乎完全相反的规律。越是经济发达地区的青少年，接受周边人群的指导越少；城市地区青少年接受周边人群指导的比例低于乡村地区；男性接受指导的比例低于女性。就学龄段而言，越是高年级的学生接受家长和老师的指导越少，接受同学和朋友的帮助越多。这一结论呼应了上一节的内容，表明经济发达地区、城市、高年级和男性学生具备更高的媒体自我习得能力，更少接受来自家庭、学校和同学朋友的指导。

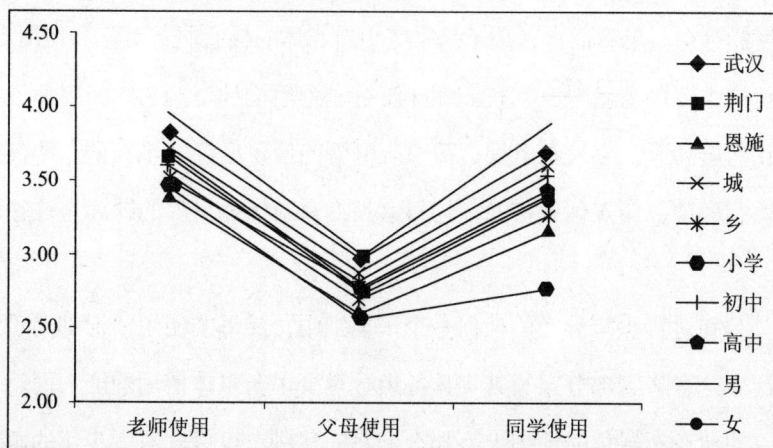

图 5.3　周边人群新媒体使用的地区、城乡、学龄段、性别差异情况

　　如图5.3所示，不论对青少年如何分类，父母对新媒体使用率都是最低的。这种毫无二致的结果传达了一个事实：即青少年的父母在新媒体使用方面的确落后于他们的老师、同学和他们自己。90后和00后的父母多数出生于20世纪60至70年代，目前在30~50岁之间，平均年龄在40岁前后。本研究中，60%左右的家长学历为高中或高中以下，20%左右具有大学学历，研究生及以上学历的不足5%。另一方面，中小学教师则在不断地年轻化和高学历化。创新与扩散理论认为，越是学历高、年纪轻的人越容易接受新事物。从这一点上说，青少年周边人群中，教师群体对新媒体的高比例使用也就在情理之中了。

　　同学使用新媒体的比例远远超出家长的现象表明，青少年与其父辈之间的新媒体使用出现了显著的"断层"。就普遍情况而言，青少年认为自己同伴的新媒体使用率高于自己的父母，当我们将个体抽离出来时，这种"别人家孩子"与"自己家父母"的比较，就在整个社会层面上成为青少年群体与父母群体的比较。这意味着父母对青少年群体的新媒体使用投入要高于对其自身的投入。这一推论所反映出的现实是，青少年是家庭中新媒体设备的优先使用者。对于电脑、平板电脑、手机或智能手机等新媒体设备而言，家庭中孩子的使用时间更长，熟练程度更高，优先级更强。上述诸种情形不一定是并发的，但在不同家庭中不同程度的存在。总体而言，孩子是家庭中新媒体的核心服务对象和使用专家。家庭经济的主要创造者——家长们却并没有成为他们斥资购买的新媒体设备的主要使用者。如今，家长看电视、孩子玩电脑的情景已经并不新鲜。即便在同一个家庭空间中，新媒体设备的在场与家长们对新媒体世界的缺席也往往同时存在。

　　此外，在对青少年分类的任何一个子类别中，父母的使用情况都高于父母指导情况。这意味着部分家长其实具备指导青少年新媒体使用的能力而没有付诸实践。即便在新媒体的使用上不那么娴熟的父母，也可以对青少年的新媒体接触时间、使用方式、内容阐释等方面做出指导。新媒体的使用并不能简单地等同于硬件设备的提供。对于青少年的父辈而言，他们并不是没有与孩子一道搭乘新媒体快车的条件，而只是缺乏意愿或未能付诸实践。

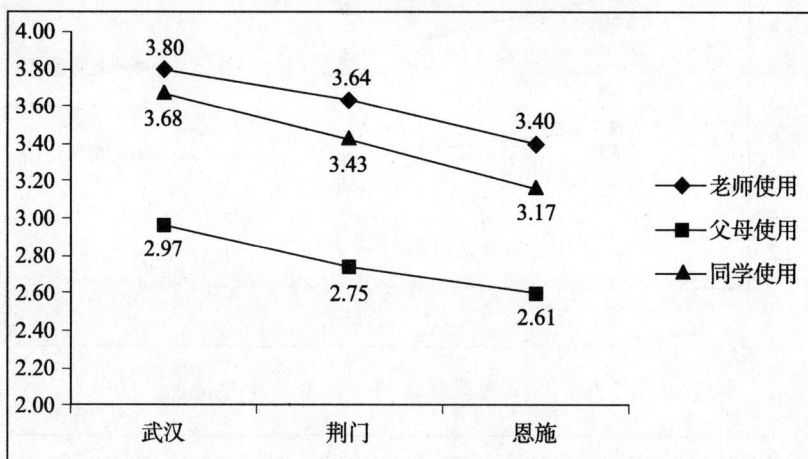

图 5.4a　周边人群新媒体使用的地区差异情况

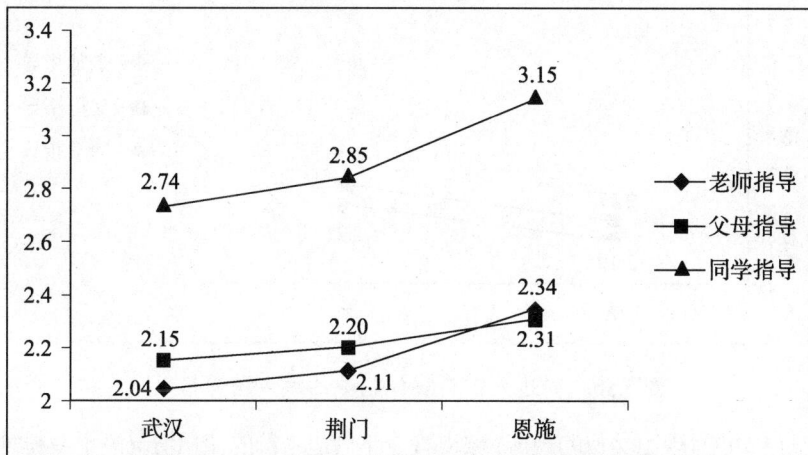

图 5.4b　周边人群新媒体指导的地区差异情况

图 5.4 表明，青少年周边人群的使用情况与地区经济水平正相关，而受周边人群的指导情况则与地区经济水平负相关。其中，在使用情况上，武汉地区最高，而恩施地区最低；而在指导情况上，武汉地区最低，而恩施地区最高。

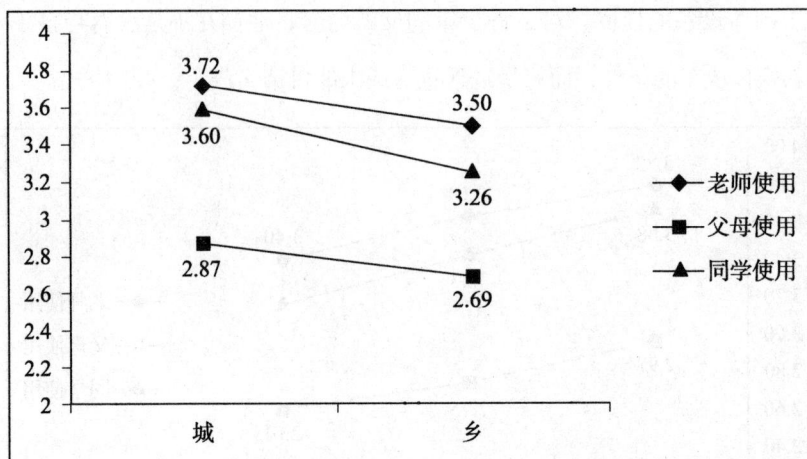

图 5.5a　周边人群媒体使用的城乡差异情况

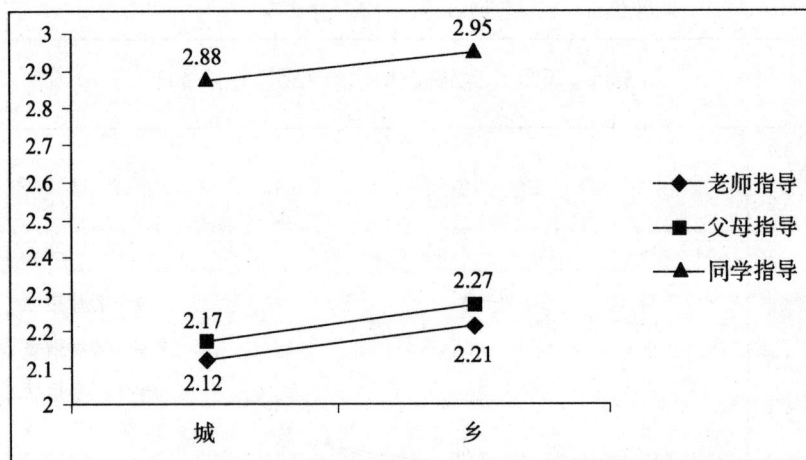

图 5.5b　周边人群新媒体指导的城乡差异情况

　　图 5.5 也呈现出类似的规律：城市青少年周边人群的使用情况高于乡村地区，而受周边人群的指导情况则低于乡村地区。但城乡差异的程度并不大，且同学指导的城乡差异并不具备统计学显著性。

　　这两组对比数据显示，青少年周边人群的新媒体使用与社会系统要素（即地区和城乡）密切相关。经济发达程度越高，周边人群的新媒体使用程度越高，这一定程度上肯定了地区经济水平在新媒体扩散、接受、使用等方面的作用。

这一结果同时呼应了本章第一节的结论，即发达地区、城市地区的青少年媒体自我习得能力更突出。自我习得意味着青少年较少借助外部之力，而主要依靠个体探索来掌握新媒体。在上文中，我们指出了这一现象的积极方面，即新技术的普及可能"抹平"既有的地区差异，从而推动社会平权化和去极化。这一节详细考察了青少年媒体自我习得的反面——青少年新媒体使用过程中的辅助性和指导性要素，即面对由复杂技术支持的新媒体时，青少年可以借助的外在资源有哪些？

研究显示，地区经济红利并没有对应转化为新媒体习得和使用的助力。不论地区、城乡，来自家长和老师的指导都比较少。所有的值都在中间值以下，并且地区差异和城乡差异的F值都不大。地区红利的消弭意味着青少年无法享受其所处的区位优势而只能依赖个体能力和同辈互动来实现对新媒体的摸索式使用。这些个体相似的年龄、智力水平、技术能力等无差别的特征促进了鸿沟的缩小，这其实是一种向下的"抹平"而不是向上的"靠拢"。发达地区、城市地区青少年由于没有享受到地区红利，而对欠发达地区、乡村地区的"向下"靠拢，而非欠发达地区、乡村地区青少年由于技术推广、教育投入、家庭支持等原因而实现的"向上"提升。这意味着，发达地区的区位优势并没有在青少年新媒体习得这一问题上发挥出来。相反，他们与其他经济发展水平地区的同龄人一样，需要凭借个人能力，以简单的、原始的、试错的方式，来面对日新月异的科技进步。

在这个无据可依的前喻文化时代，青少年需要通过个体探索和同辈互动共同摸索使用新媒体。不论青少年如何"技术娴熟"，在他们进入成年期之前，其智力水平、媒介经验、技术能力等总体上低于专业教师群体，甚至是家长群体。此外，在对媒介内容的甄别、判断、理解等方面，青少年通常也低于成年人。由于同龄人之间的新媒体使用技术往往"半斤八两"，这种相互指导很难实现十分显著的提升。青少年新媒体习得、使用、掌握等一系列能力可能存在鸿沟。这种鸿沟的消弭应当以提升欠发达地区、乡村地区青少年的媒体综合能力的方式来实现，而不应当以放弃地区红利、听凭青少年个体由于能力的相似性构成"上限效应"来实现。我们应当承认建立在地区红利基础上的青少年群体阶层分化的合理性，更应当呼吁社会各方面、尤其是家长和学校的力量来提升青少年整个群体的新媒体使用能力，从而实现阶层差异的"向上"合拢。

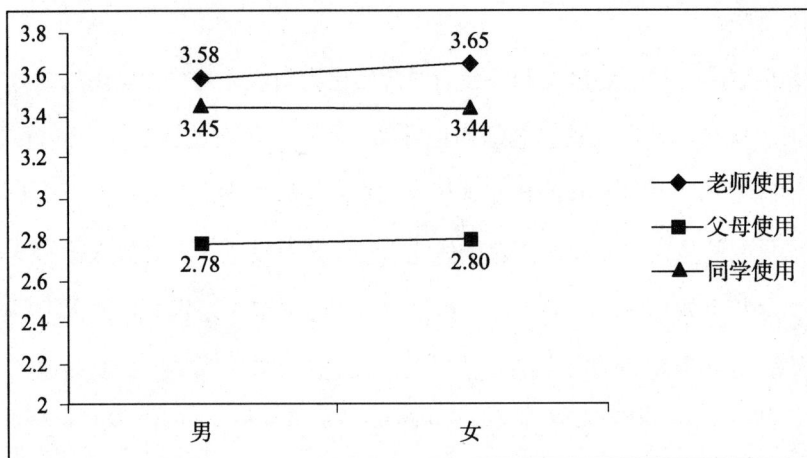

图 5.6a　周边人群新媒体使用的性别差异情况

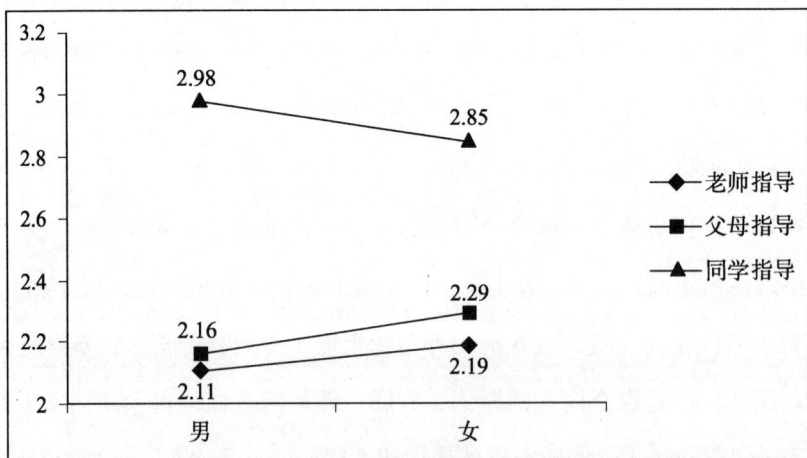

图 5.6b　周边人群新媒体指导的性别差异情况

男生和女生对周边群体新媒体使用情况的汇报并无显著差异，受教师群体的指导情况也没有显著差异。因为新媒体使用是一种感知性的事实描述，即受访对象认为其周边人群的新媒体使用情况如何。本研究中，男生和女生对周边人群的现实感知十分一致，这从侧面肯定了数据的可靠性。

男生和女生在新媒体指导方面的差别体现出性别对社交模式的影响。二者在接受老师指导方面没有差别，且均值最低，从侧面再次证明学校教育在青少年新媒体指导方面的缺席。与男生相比，女生更愿意求教于父母，而不太愿意求助于同辈人。这在发展心理学上印证了爱利克·埃里克森的观点。

美国发展心理学家埃里克森在《儿童和社会》一书中提出了人格渐成论（Epegenetic Principle），把个体自我意识的形成与发展划分为八个相互联系的阶段[1]。其中，青春期儿童正处于第五个阶段——获得同一感而克服同一性混乱时期。在这一阶段，青少年开始逐渐疏远自己的父母，转而更重视与同伴的关系和同伴眼中的自我形象。尽管女性的青春期一般比男性早一到两年，但男性的独立意识和反叛精神通常表现得更为强烈。他们会有意识地逃避对父母的依赖，主动加强与同辈人的互动，积极尝试以自我建构的群体身份取代基于血缘关系的家庭身份。而女性独立化的意识则往往以相对缓和的方式进行，她们对父母和家庭的反抗与依赖是并存的。她们同样会有自己的私密同辈群体，但与此同时，她们与父母的关系通常要比男孩与父母的关系亲密得多。即便这样，女生向同学求助的程度只是相对低于男生向同学求助的程度，但仍绝对高于她们向父母求助的程度。这表明，女生也更加侧重于同辈互动而非依赖长辈指导。

---

[1] ERIK H E. Childhood and Society [M]. New York: Norton.1958.
埃里克森认为，个体自我意识的形成与发展包括八个阶段（1）获得基本信任感克服基本不信任感（Trust vs. Mistrust）；（2）获得自主感而避免怀疑感与羞耻感（Autonomy vs. Shame, Doubt）；（3）获得主动感而克服内疚感 (Inititative vs. Guilt)；（4）获得勤奋感而避免自卑感 (Industry vs. Inferiority)；（5）获得同一感而克服同一性混乱（Identity vs. Role Confusion）；（6）获得亲密感而避免孤独感（Intimacy vs. Isolation）；（7）获得创造力感而避免"自我专注"（Generativity vs. Stagnation）；（8）获得完美感而避免失望感（Integrity vs. Despair）。

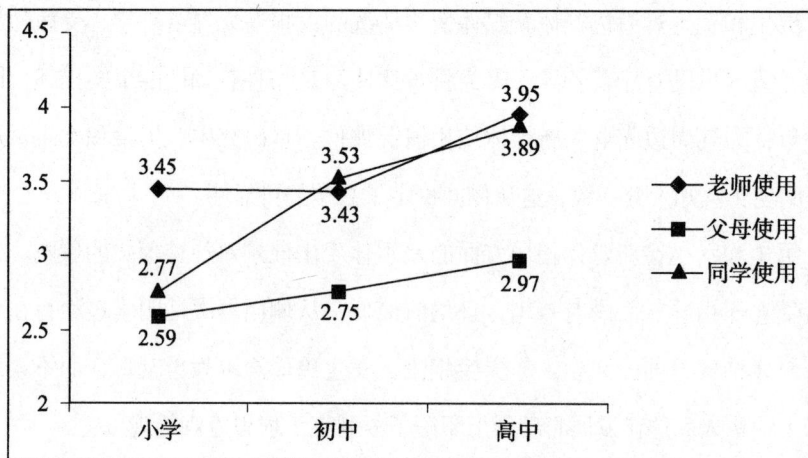

图 5.7a　周边人群新媒体使用的学龄段差异

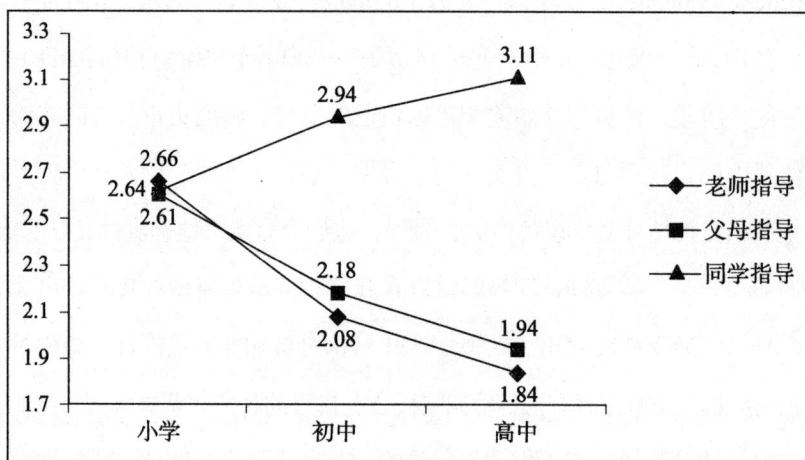

图 5.7b　周边人群新媒体指导的学龄段差异

　　青少年周边人群新媒体使用和指导的年龄段差异则相对复杂。在新媒体指导方面，小学阶段家长、老师、同学的指导程度十分接近。但随着学龄段的增长，来自家长和老师的指导迅速下降，而来自同学的指导则直线上升。这可能是因为随着学龄段的增长，青少年越来越不愿意求助父母和老师，而更喜欢同辈间互动。他们或者认为自己使用新媒体的能力强于父母，或者不愿意求教于父母而倾向于自我探索或同辈交流。这表明，青少年在成长中将会逐渐以平行性关系取代垂直性关系，更喜欢与同辈而非长辈交流。

研究没有专门测度家长和老师的新媒体使用能力，而从其使用情况作为替代性指标。如图5.7a所示，在新媒体使用方面，父母的使用情况依旧最低，但老师和同学的使用情况则与学龄段出现了交互效果。按三个学龄段来看，父母的使用情况以一个较低的幅度稳定增长。中小学教师的使用情况基本类似，但高中教师的使用情况则大幅度提升。同学新媒体使用情况的变化最显著，增幅也最明显。小学生的新媒体使用情况略高于父母，但远远低于老师，但初中生和高中生的使用率则与老师持平。青少年新媒体使用情况最大的跃升期出现在初中阶段。

父母的使用情况与父母的年龄呈正相关关系，这其实并不符合人们的认知。由于计划生育政策的限制，大多数90后和00后是独生子女。因此，父母的年龄一般与孩子的学龄正相关，也就说，高中生的家长一般比初中生的家长年纪大，初中生家长也比小学生家长年纪大。按照创新与扩散理论，年轻人比年长者更容易接受新科技和新产品。因此，小学生的家长应当使用率更高。本研究则显示了相反的结果，这可能表明：①青年、壮年、中年群体在新媒体使用方面也并非均质化群体，他们也可能存在诸多分层；②不排除家庭中青少年的新媒体使用对家长使用偏好的反向影响作用，即可能是由于高中生比小学生对新媒体的消费要求更高，从而对父母的新媒体使用产生了影响；③年龄并非影响青少年家长们新媒体使用的唯一决定因素，其他要素或许具备更强的解释力。这一点将在下文予以解释。

青少年同龄人的新媒体使用与学龄段成正比。学龄段越高，其使用情况也越普遍。可以预见的是，随着与新媒体共同成长的这一代青少年迈入成年期，他们从小所培养出来的新媒体使用偏好，将促使他们对新媒体技术乃至其他新技术的持续使用和关注。上一章曾指出，由于青少年并不具有纸媒阅读偏好，这或许会加剧"纸媒衰落"的步伐。而本节研究则表明，生于新媒体时代并与之共同成长的这一代人将会成为数字技术的忠实拥趸。新的技术形态或许会代替目前看起来尚先进时髦的平板电脑和智能手机，但数字技术对这一代人在新事物接受和使用方面的培养，意味着一个更长久、更稳定的技术消费市场。

最后，在教师使用层面，中小学教师的使用水平基本持平，但高中老师的使用水平则大幅度提升。通常来说，高中教师的收入和文化水平要高于中小学老师，这可能意味着文化和收入是影响成年人使用新媒体的重要因素。由于教师的使用新媒体情况并不是本研究的目标，因此，对这些指标并未加以统计。

研究考察了青少年父母的文化程度。如图5.8所示，湖北省青少年家长的文化程度以高中和初中文化为主，其次为大学文化程度，小学文化与大学以上文化程度的比例都比较低。还有15%左右的青少年"不清楚"家长的文化水平。由于各文化程度段的比例分布差别较大，违反了正态分布，故将家长的文化程度重新划归为三类：初中及以下（接受完九年义务教育），高中，大学及以上（接受过高等教育）。

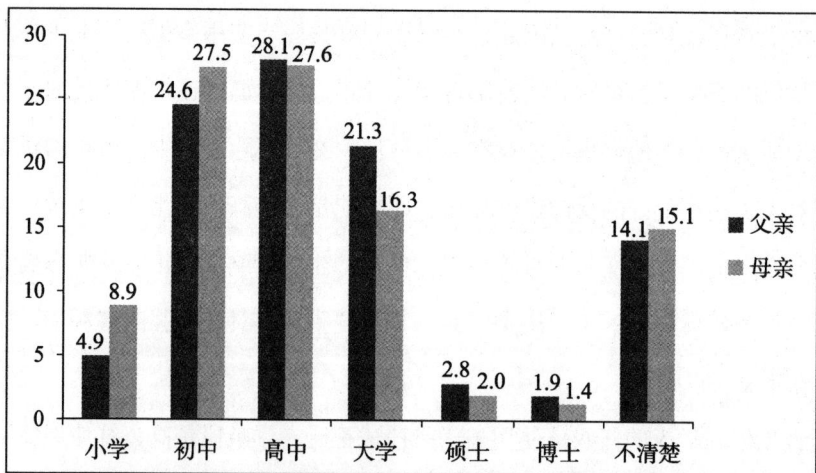

图5.8 青少年父母文化程度分布图

一组卡方测试检验了父母文化程度与父母使用情况、父母指导情况和同学指导情况之间的关系。如表5.3所示，父母文化程度对父母使用情况的影响不大，但对父母指导和同学指导两项指标均具有显著影响。其中，父母文化程度越高，对孩子的指导就越多。相应的，孩子向同学求教的程度就越少。

表 5.3　父母文化程度与父母使用、父母指导和同学指导之间的关系

	父母使用	父母指导	同学指导
父亲文化程度			
初中及以下	2.77	2.04	3.03
高中	2.84	2.29	2.95
大学及以上	2.79	2.42	2.87
F	0.50	29.11***	4.30*
母亲文化程度			
初中及以下	2.72	2.07	3.05
高中	2.94	2.31	2.93
大学及以上	2.79	2.47	2.89
F	0.49	30.96***	4.26*

注:父母文化程度对老师指导没有影响，故未予列出；*p<0.05，***p<0.001.

研究考察了家庭经济水平对新媒体使用相关要素的影响。由于青少年往往不了解父母的经济收入情况，研究将青少年每周的零花钱作为家庭经济水平的替代性指标。小学和初中文化程度的父母给孩子的每周零花钱为75.00元，高中文化程度的父母给孩子的每周零花钱为106.00元，大学及以上文化程度的父母给孩子的每周零花钱为119.39元。如果以青少年每周可支配零花钱作为家庭收入指标的话，则表明父母的文化程度与其收入水平正相关。

回归测试显示，父母的收入情况与新媒体使用情况（$F(1, 6214)=18.80$，$p<0.001$，$R^2=0.078$）和新媒体指导情况（$F(1, 6194)=17.91$，$p<0.001$，$R^2=0.076$）正相关。换言之，父母收入水平越高，对新媒体的使用程度越高，对孩子的指导也就越多。但是，由于F值和R值并不大，收入情况对父母新媒体使用和指导的影响力并不大。

表5.3表明，尽管青少年更喜欢以同辈互动代替与父母的互动，但家庭的

影响依然存在。教育背景良好的父母在日常工作中使用新媒体的机会更多，能力更强，更可能在家庭中为孩子提供指导。相应的，他们通常具有更高的收入，有能力为孩子购买各类新产品（青少年数码设备的使用总量随父亲（$F_{(2, 5679)}=56.51$，$p<0.001$）和母亲（$F_{(2, 5793)}=45.76$，$p<0.001$）的文化程度的不同呈现出显著差异，意味着父母文化程度越高，孩子使用过的数码设备种类越多），使孩子始终跟紧技术更新的脚步，从而具有更扎实的新媒体使用经验。这表明，中产阶级家庭在积极保持着他们的优势地位，通过为孩子提供设备支持和技术指导的方式来使孩子和家庭在社会资本的再生产过程中始终走在前列。

此外，来自家长的指导越多，青少年诉诸于同学的程度越低。这一方面表明，家长的指导能够密切亲子关系，使青少年与父母的交流更紧密；另一方面，父母文化程度比较低的孩子更倾向于接受同学指导，而父母文化程度比较高的孩子则较少接受同学指导。由于指导和被指导的过程是相互的，这表明，那些受到更多父母指导的青少年有可能具有更高的技术使用能力。在同辈关系中，他们更可能是新媒体技术指导的提供者而不是索取者。相应地，他们的新媒体能力可能更强，在同学当中更活跃，威望更高，更容易成为团体的核心。这一推测中的部分变量将在下一章予以验证。

本章小结

本章主要研究了三个变量：青少年新媒体习得路径、周边人群新媒体使用情况和周边人群对青少年新媒体习得的指导情况。总体而言，这三个变量都体现出比较显著的地区、城乡、学龄段和性别差异。其中，地区差异和城乡差异属于断面式的阶层分化差异；学龄段和性别差异则与青少年认知成长阶段和社会化过程相关。

第一，地区差异和城乡差异的存在表明，青少年新媒体的习得、使用和指导确实存在阶层分化，因而我们应当正视地区/城乡红利的合理性。通常来说，发达地区/城市地区的经济水平、文化氛围、师资力量、家长教育水平等都高于欠发达地区/乡村地区。因此，应当促进这种地区红利惠及青少年群体，尤其需要推动家长对青少年新媒体使用问题的重视。家长切忌夸大孩子的新媒体能力，不能因为自己觉得"孩子比我强"，就不再对青少年新媒体行为加以指导和引导。如果仅仅只提供设备，让孩子能够拥有、接触和使用新媒体，那么，凡是具有购买能力的家长，不论地区、不论城乡、不论文化程度高低，都能做到这一点。如果家长们止步于此，那么，孩子们相当于没有享受到父辈所积累而来的区位优势。

第二，尽管家长使用和指导的地区和城乡差异不明显，但文化程度和收入水平还是与家长指导程度产生了显著的联系。这表明，父辈的文化积累和财富积累还是以间接的方式影响了下一代，并且能够被他们所感知。这一结果表明，仅仅在家庭中购置新媒体设备并不意味着阶层差距的消失。对新媒体工具的拥有并不等同于新媒体的使用水平和使用技能，新媒体设备的普及也并不代表新媒体能力的普及。父辈们文化和经济水平的阶层差异已经在下一代身上延续，分化依旧存在，并且家庭在这一分化过程中也将持续发挥作用。

第三，地区和家庭造成的青少年阶层分化趋势需要依赖社会公共资源来缓解，尤其应当强化学校在消弭社会阶层分化中的重要作用。教育在促进社会平权化、缩减阶层差距、推动公民平等方面始终扮演着重要角色，不惟新媒体时代如此，几乎一切时代皆然。尤其是对于弱势群体而言，如果没有正式教育的介入，他们的弱势地位将会持续而非逆转。这并不是说，单凭学校就可以扭转社会差距、填平阶层鸿沟，但学校至少提供了一种公共政策性工具来使教育平等、阶层流动、差距削减。然而，本研究却表明，各层级学校似乎都缺席了对青少年新媒体使用的指导。尽管教师的使用情况遥遥领先，但教师在媒体使用方面的优势却并未转化为教育优势或指导优势传递给学生。学生依旧需要靠与同龄人的交流来学习如何使用新媒体，这使得他们的新媒体能力只能停留在青少年个体所能摸索到的水平。他们的媒体使用能力因父母的文化程度和经济水平而分化，学校教育则没有为弥补这一分化作出贡献，这一定程度上有失教育应有的社会功能。

第四，学龄段和性别差异在青少年的新媒体习得和使用方面依然存在，表明青少年对新媒体的习得依旧遵循一般的知识习得规律：随着年龄的增长和知识文化水平的提高，青少年的新媒体自我习得能力更强，更倾向于以同辈互动取代与长辈的互动。并且，男性的媒体自我习得能力更强，与同辈的互动更多。这与埃里克森的"人格渐成"阶段理论相一致：青少年在十一岁到十八岁前后会逐渐习得自己的社会化角色，包括性别角色。男性对独立性的要求更高，对父母的依赖更少，而女性对家长权威的服从和依赖往往会持续更长的时间。这些特点在青少年新媒体使用方面得到了验证。这表明，科技的发展没有改变人的自然成长形态。新媒体技术只是人类众多发明中的一个，即便它现在或未来会彻底改写人类历史的进程，但就本研究看来，这种改写或许在物质形态方面会立竿见影，但却无法改写人的生物性和社会性成长规律。

今天学生的生活，极富有幻想也有其深度。但是，他们在学校里的学习环境，是靠分类信息组织起来的。课程之间没有联系，课程是根据一个蓝图构想出来的。学生无法参与课程的构想，也不能发现教育场景与"神秘"世界的联系。

——马歇尔·麦克卢汉《理解媒介：论人的延伸》

第六章　新媒体的使用与效果：一种侧重学校的视角

第一节　传统教育与新媒体时代

一、教育的应然状态

对于教育的应然意义，可谓"前人之述备矣"。

在西方，从苏格拉底、亚里士多德开始，直到文艺复兴和启蒙运动，德育和智育都是一体的，且德育的重要性都重于智育。苏格拉底提出"知识即道德"的论断，将智慧与品德统一起来，而哲学的目的就是教导人怎样过道德的生活。亚里士多德则认为，"应当有一种教育，以此教育公民的子女，既不立足于实用，也不立足于必需，而是为了自由而高尚的情操"[1]。在《教育漫话》中，约翰·洛克（John Locke）将"绅士教育"分为健康教育、道德教育和知识与技能教育三个部分，后来逐渐演变为我们所熟悉的体育、德育和智育教育[2]。洛克认为，学习的根本目的不是要使年轻人精通任何学问，而是开启心智，装备心灵，使其

---

[1] 亚里士多德. 政治学 [M] // 童年二十讲. 天津：天津人们出版社，2008: 34.
[2] 约翰·洛克. 教育漫话 [M]. 徐诚，杨汉麟，译. 石家庄：河北人民出版社，2001.

获得独立思考的理性。而在主张"自然教育"的卢梭（Jean-Jacques Rousseau）看来，孩童的成长有其自然的顺序，如果教育打乱了这个次序，过早地培养理性或者灌输知识，便会扭曲人的天性。"随着科学与艺术的光芒在我们的天边升起，德行也就消失了"[1]。他的这种"天性论"为杜威和罗素（Bertrand Russell）所继承，代表了对教育应然状态的一种描述和期待。

我国的传统教育观由孔子而始，自"罢黜百家，独尊儒术"之后，其教育思想因因相循，一脉相承。孔子的教育内容主要包括德育和智育两方面。《论语·述而》有曰，子以四教：文、行、忠、信。行、忠、信皆属德育，文即文化典籍，亦即诗、书、礼、乐、易、春秋等六经，属智育。德育的地位重于智育。《论语·学而》中强调"君子务本，本立而道生"；"弟子入则孝，出则悌，谨而信，泛爱众，而亲仁。行有余力，则以学文"。换言之，学生学习的首要目的是培养品德，在德行入道的基础上学习知识和技艺。在儒家学说基础上延伸出的纲常教化、道业伦常，其首要目的也是培养符合当时的社会伦理道德要求的人，并且以此作为拔擢人才的标准。历史学家余英时在评述中国科举制度时曾指出，中国传统政治理论中有一个基本假定，即"士"是精神修养和经典教育的产品，只有他们才能提供政治秩序所必需的道德操守和知识技能[2]。它假定教育对德育和智育的培养是一体的，但这种假定本身就是理想化的。当"士"的选拔逐渐单一化为科举制时，这种标准化的考试制度很大程度上只能衡量智育的成果，而对德育水平的遴选只能依赖于德智一体的假定。如此，目的和手段出现了倒置。

以此因因相承，当前我国以考试为主要衡量手段的教育制度已经与孔子所谓"本立而道生"或苏格拉底所说的"知识即道德"相去甚远。当现代教育体系承担了"术"层面的教习时，"道"之传承反而因为难于考量而成为学校教育的末节。人们往往会把"学校"与"教育"等同起来，而学校，尤其是中国当

---

[1]让·雅克·卢梭.论科学与艺术[M].何兆武,译.上海：商务印书馆，1959:7.
[2]余英时.试说科举在中国史上的功能与意义[J].二十一世纪,2005(6):4-18.

下教育体制采用的考核标准，最终都与学习成绩直接相连。因而，"教育＝学校教育＝成绩排名"这一逻辑被大多数人所接受。对于家长而言，将教育等同于学校教育可以大幅度推卸他们本应承当的教育责任；对于学校而言，将知识的习得等同于成绩的高低，可以使学校的管理、操作、评估、考核更为系统。然而，人们所忽略的是，"管理"、"操作"、"评估"、"考核"这些词汇原本的对象是机械化设备的效率。它们原本就不应当被援引来评测人的行为。

二、传统教育体制与新媒体工具

文化变迁时代中，年青一代往往处于变化的中心。他们"或为变化的承受者，或为起因。他们也是最容易受这些变化伤害的人……所有这些变化最终导致了严重的代际迁移，使得向成人的过渡越来越非仪式化"[1]。对于作为学生的大多数的青少年而言，他们面临着一种新的矛盾：一方面，是数字技术推动下的社会变革一日千里；另一方面，是传统体制规约下的教育衡量标准始终如一。当家长们的童年经验已经无法为孩子提供指导时，传统教育体制还在忠实地践行着它培育、考核、选拔人才的职责。

对于家长和老师们来说，新媒体工具让他们的教育政策不得不变得具有变通性。此前，多数的媒体工具都是功能单一化的产品。长辈们更喜欢那些简单功能的产品因为它们易于分类，如电子词典、电子学习机是"对学习有益的"，电子游戏机、影碟机等是"影响学习的"。这些单一功能的产品能够通过简单手段来控制——买或者不买，允许或者不允许使用，如此而已。但能够接入互联网的新媒体则是一种多功能体。一方面，家长和老师们担心，过分使用新媒体的游戏、娱乐、聊天类功能会转移孩子的注意力，因而常常限制孩子对这类功能的使用；另一方面，对于知识、资讯、在线培训等"有益"学习的功能，家

---

[1] PAIS J M. Transitions and youth cultures: Forms and performances. [J]. International Social Science Journal, 2004, 164, 224-225.

长们又希望孩子能够充分利用。然而，游戏和娱乐是孩童的天性，"而书本学习是'不自然的'，因为它要求儿童、青少年精神高度集中和镇定，而这些恰好跟他们的本性背道而驰"[1]。

孩子与家长们因此陷入战争，或者是永无休止的捉迷藏。微软MSN的一项调查显示，14岁至18岁青少年中，17%的人每次都删除浏览历史记录；14%的人经常清除浏览历史；36%的人曾经但不是很频繁地删除过上网历史记录。也就是说，接近七成的青少年会在上网之后清除他们的浏览记录以及密码等缓存，以防止父母查看其网上活动[2]。另据McAfee的一项调查显示，美国青少年有十种以上的方式来向父母隐藏自己的上网行为，包括清除浏览记录（53%）、当父母推门进来的时候最小化窗口（46%）、删除缓存或视频（34%）、虚报或瞒报自己究竟用互联网做了什么（23%）、使用父母不会检查的（私人）电脑（23%）、使用移动设备上网（21%）、设置父母对自己个人网页的访问权限（20%）、使用隐私模式浏览网页（20%）、使用父母不知道的私人邮箱（15%）、使用多个或假的社交网站资料（以防止父母搜索到）（9%）[3]。对此，家长们也采取了各种应对措施。中国青少年网络协会的一项调查显示，16.3%的家长对小学生上网"不加任何限制"；51.7%的家长对小学生上网的态度是"给予正确引导，随时了解沟通"；30.6%的家长对孩子上网采取严厉措施，包括"随时严密监控"（17.8%）和"禁止其上网"（12.8%）。家长控制孩子上网行为的手段主要分"控制上网时间"（62.0%）和"限制上网内容"（44.5%）两类。他们明确区分了互联网中值得支持的行为（如学习、写日记博客、创建个人网页、逛网络社区等）和应当严格限制的行为（如玩游戏、购物、聊天/交友、看动漫/电影/下载音乐等）。值得注意的是，学习成绩影响父母对孩子使用互联网的态度，孩子成绩越好，家长

［1］尼尔•波兹曼. 童年的消逝 [M]. 吴燕莛, 译. 桂林：广西师范大学出版社, 2004: 68.

［2］驱动之家. 微软: 67%的青少年会删除浏览历史 [EB/OL]. (2011-02-09) [2014-09-08] http://news.mydrivers.com/1/185/185877.htm.

［3］MCAFEE. The digital divide: How the online behavior of teens is getting past parents [R/OL]. (2012-06) [2014-09-08].http://www2.cnrs.fr/sites/en/fichier/rapport_english.pdf.

对孩子的上网政策就越宽松[1]。

家长们不希望自己的孩子落后于这个技术迅速更新换代的时代。他们不断购置"有益"学习的设备，同时对鱼龙混杂的网络世界又爱又恨。他们希望孩子能够只从互联网中"受益"，而不要分散精力或者消磨时光。与此相对应，政府也投入了大量资金，将电脑设备引进学校，将互联网使用课程列为正式教学内容。美国公立中小学的互联网普及率在2001年就达到了99%[2]；英国中小学的互联网普及率在2009年超过了90%，其中74%的小学和88%的中学都有无线网络覆盖[3]；而韩国则在2013年达到了100%的校园互联网普及[4]。截止到2013年，中国大陆地区中小学互联网普及率已经达到了75%。各国的校园网普及项目都由行政力量推动，表明各国政府对青少年互联网使用能力的重视。各国政府一方面依托既有的教育系统为青少年提供基础网络教育；另一方面也试图将互联网及新技术应用到既有的教学体系中去。

然而，大量研究却一再表明，新媒体技术在学校的使用仅有中等程度的收益[5]。2007年，一项来自美国国会的报告对比了在课堂上使用阅读和数学软件的学生和接受传统授课方法的学生在成绩上的差别。结果显示，新媒体技术确实起到了作用，但作用的形式并不规律。对于10~11岁的孩子而言，使用新技术提高了语文水平，却没有提高数学和科学成绩；13~14岁的孩子仅提高了科学成绩；而

[1] 中国青少年网络协会. 小学生互联网使用行为调研报告 [R/OL]. (2009-08-19) [2014-09-08] http://mfiles.sohu.com/chinaren/xiaoxueshenghulianwangshujubaogao.doc.

[2] NATIONAL CENTER FOR EDUCATION STATISTICS. Internet access in U.S. public schools and classrooms: 1994-2001 [R/OL]. (2002-09) [2014-09-08].http://nces.ed.gov/pubs2007/2007020.pdf.

[3] BRITISH EDUCATIONAL SUPPLIER ASSOCIATION. ICT provision & use in 2009/10. (2009-09) [2014-09-08].http://resources.eun.org/insight/BESA_ICT2009_Summary.pdf.

[4] KATIE L. Korea vs U.S. education: New report examines key differences [EB/OL]. (2013-05-31) [2014-09-08] http://www.edudemic.com/south-korea-vs-u-s-education-new-report-examines-key-differences/.

[5] 索尼亚·利文斯通. 儿童与互联网：现实与期望的角力 [M]. 郭巧丽，译. 北京:电子工业出版社,2013:99.

对于15~16岁的孩子而言，其科学和设计/技术水准有所提高[1]。在加拿大，15岁青少年使用信息通信技术开展教育越多，其阅读成绩就越能提高，但这种提高是有上限的，一旦超过这个上限，再多的使用只会导致更差的分数[2]。因而，单纯增加信息技术的使用量并不会提高学业，新媒体技术的关键不仅在于频率，更在于质量。

高质量的新媒体使用能力不能以考试打分制的办法来衡量，相反，能力是多元化、综合性的概念。希望新媒体的使用能够服务于旧的教育目标，犹如削足适履，将新媒体对"人"的发展的无限可能强行禁锢于19、20世纪的填鸭式教育理念之中。因此，大卫·帕金翰（David Buckingham）指出，数字时代中，教育的当务之急不只是要改变儿童、教师和家庭的学习方法，更是要从整个教育机构，以及它与家庭、国家和私人机构之间的关系来进行转变[3]。

有鉴于此，美国媒介和文化研究学者亨利·詹金斯（Henry Jenkins）提出了信息技术"软实力"的概念。这些软实力包括：

① 玩耍：能够体验个人周边环境，并作为解决问题的一种方式；

② 表现：能够为了即兴表演和有所探索而展示不同身份的能力；

③ 模仿：能够理解和建构真实世界过程中动态模式的能力；

④ 合理使用：能够有意义地提取媒体内容更新的样本，并且能够对其进行重新整合的能力；

⑤ 多任务：能够审视自己的环境，如果有需要，将关注点应用到更突出的细节上去；

⑥ 认知分配能力：能够与开发智力的工作进行有意义的互动；

---

[1] DYNARSKI M, AGODINI R, HEAVISIDE S, et al. Effectiveness of reading and mathematics software products: Findings from the first student cohort [R]. US Department of Education: Institute of Education Science, 2007:97.

[2] THIESSEN V, DIANNE L E. Digital divides and capital conversion: The optimal use of information and communication technology for youth reading achievement [J]. Information, Community and Society, 2007, 10(2):159-180.

[3] BUCKINGHAM D. Beyond technology: Children's learning in the age of digital culture. Cambridge: Polity, 2007.

⑦ 集体智慧：能够共享知识，与同伴进行对比；

⑧ 判断力：能够对不同信息来源的可靠性和可信度进行对比；

⑨ 跨媒体导航：能够在多种形态中紧跟故事的发生和信息的流动；

⑩ 网络化：能够搜索、合成和传播信息；

⑪ 协商能力：能够穿行于不同的社区之间，具有一定的分辨视角，抓住而不是跟随非主流的标准[1]。

这些全新的分类挑战了19世纪以来"学习"和"教育"的理念，却与古老的教育主张遥相呼应。传统学习强调教育的权威性，要求学生之间相互竞争以达到人为设立的某个进度或标准；但信息技术"软实力"则主张从"人"的发展的角度，关照人的娱乐放松的休闲性、观察思考的逻辑性、探索发现的创新性、互动共享的社会性等多方面的需要和能力。詹金斯主张说，如果学校能够将过去个人填鸭式的学习方式进行改变，同时也对师生之间的阶级性关系和对教学成果狭隘的评论方式做出改变的话，这些素质中的每一个方面，都能够通过采用信息通信技术而得到积极的支持[1]3。

三、数字时代中的传统教育

由此看来，并不是新技术无法良好地服务于当前的教育体系，而是旧有的教育理念已行将过时。普伦斯基在《数字原住民，数字移民》的开篇就写道：今天的学生与过去的学生之间发生了断层式的改变。当前的教育系统并不是为今天的学生设计的[2]。它根植于历史悠久的印刷文化传统，并且由成长于印刷时代的"数字移民"们所设计。他们所熟知的，是一种被詹姆斯·乔伊斯（James Joyce）戏称为"ABC式"的思维习惯。这是一种与印刷时代的排版结构相似的意识结构，它强调线性、逻辑性、清晰性、权威性。

---

[1] JENKINS H. Confronting the challenges of participatory culture: Media education for the 21st century [R]. Chicago: The John D and Catherine T Macarthur foundation, 2006.

[2] PRENSKY M. Digital natives, digital immigrants part 1 [J]. Horizon, 2001, 9(5): 1-6.

数字原住民的出生、成长和社会化都是在与其父辈截然不同的环境中完成的。数字时代传播方式的革新改变了他们的思维习惯和行为方式，甚至——根据最新的脑神经学研究结果——能够改变人们大脑的信息处理方式和处理结构。年青一代更习惯于平行思维或多任务操作，而非按部就班一件一件的完成任务；他们对图形的敏锐性强于对文字的阅读理解，喜欢可视化信息胜过枯燥的文本；他们习惯于超链接提供的非线性跳转和延伸阅读，而非书籍或报纸中刻板规整的线性书写模式；他们喜欢"阅后即焚"的即时信息、迅速直接的奖励机制、轻松有趣的生活态度。这一切都与父辈们的成长经历和社会化经历截然不同。

技术变革区分开了旧的和新的时代。随之而来的问题是，出生于前数字时代的"数字移民"们尚且操着古旧时代的口音，遗留着过时的思维方式，在数字时代磕磕绊绊地探索，他们有能力教育这些在数字时代出生、成长并如鱼得水的"数字原住民"吗？

实际上，当数字原住民们进入传统的教育体系时，矛盾出现了。数字时代来临了，但教育体制依旧停留在前数字时代。它要求规则、秩序和标准答案。对于年轻的数字原住民们来说，这甚至造成了一种矛盾的社会化。他们通过互联网和新媒体技术习得和培养的是一种思维方式，但在学校被教育和要求的是另一种思维模式。这使得他们的社会化过程在两种不同的模式中摇摆着行进。普伦斯基指出，很多中小学教师都发现，孩子们在阅读和思维方面暴露出的"问题"越来越多。这可能并不仅仅是孩子学习态度的问题，而是由于数字原住民们的思维方式不能符合传统教育体制的要求[1]。再比如，父母和老师往往认为，孩子一边听音乐、一边聊天、一边写作业肯定精力不集中、效率低下，因为他们自己做不到。但实际上，这对于那些习惯了多任务环境的数字原住民们来说，这或许不过是小菜一碟。从这一意义上说，技术进步对教育体系和教育观念的

---

[1] PRENSKY M. Digital natives, digital immigrants part 1 [J]. Horizon, 2001, 9(5): 1-6.

挑战远远大于对教育手段和教育工具的贡献。

有学者主张说，若不能清晰地表现出使用信息通信技术的有益性，其局限性更多的原因可能在于教育者的期望而非技术的潜力[1]。印刷术的出现将人类社会从口语传播时代引入印刷传播时代，同时也改变了知识的传承模式和社会的结构方式。"书面文本具有单一性和排他性，它只有单向的信息输出和唯一的标准答案"[2]。这种传播介质的特性也一定程度上构筑了传统教育中权威化的教育体制和阶级化的师生关系。而互联网的出现则意味着教育体系必将出现一个转型：互联网在教育体系中起到转换作用而不仅仅是支持作用。互联网用超文本代替或补充线性媒体，对传统的知识权威发起了挑战。超文本让儿童从"书面语单一、排他及特别的关注中解放出来，致力于全面发展人的各种潜能"[3]。这种种潜能呼应了詹金斯对信息技术"软实力"的定义和期待。从这个意义上说，新技术或许意味着向教育本质的再次回归。

第二节　湖北青少年学习成绩与新媒体使用的相关分析

一、新媒体使用与传统教育标准

问卷请学生汇报了他们的年级排名情况，并随后划分为前25%、25%~50%、50%~75%和后75%四类，其比例约为2∶3∶3∶2，符合正态分布要求。

研究首先考察了前两章中的八个变量——数码产品的总体使用数量、三类媒体的使用时长、自我习得路径、周边人群使用与指导情况，父母文化程度，

---

[1] 索尼亚•利文斯通. 儿童与互联网：现实与期望的角力 [M]. 郭巧丽，译. 北京：电子工业出版社，2013:104.

[2] KRESS G. Visual and verbal models of representation on electronically mediated communication: The potentials of new forms of text [M]. //SNYDER I. Page to screen: Taking literacy into electronic era, London : Routledge: 1998: 53-79.

[3] 同上.

家庭经济水平等与学习成绩之间的关系。在八大类22个子变量中，仅有三个子变量与学习成绩显著相关，分别为电脑、普通手机和智能手机的使用时长。

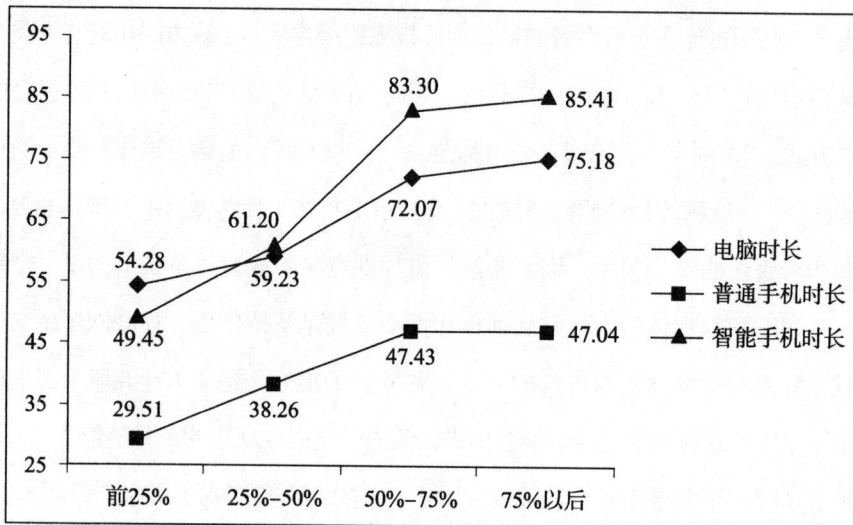

图 6.1　新媒体设备使用时长与学习成绩的相互关系

如图 6.1所示，青少年每天平均使用电脑的时间约为60分钟，使用智能手机的时间约为70分钟，使用普通手机的时间约为40分钟。成绩越好的学生，使用新媒体的时间越短。排名后25%的学生比前25%的学生每日各种设备的使用时间平均多30分钟左右。由于研究并没有直接考察青少年用于学习和非学习活动（媒体、娱乐、休闲、特长班）等的时间，因而无法断言，青少年的学习成绩与学习时间正相关。但托马斯（Thomas）和卢德格尔（Ludger）的一项研究表明，在学校偶尔使用电脑或互联网的人比从不使用他们的人表现好，但是，那些经常使用互联网的人表现更差；在家庭中使用互联网则只会让青少年"从有效的学习中分心"[1]。

图 6.1的结果重复了 Thomas 和 Ludger（2004）的论断，并且将其推广到手

---

[1] THOMAS F, LUDGER W. Computers and student learning: Bivariate and multivariate evidence on the availability and use of computers at home and at school [R]. Munich: IFO Institute for Economic Research, 2004:1.

机和智能手机的使用层面。研究无法横向比较不同地域、不同区域、不同学校背景之间学生学习成绩的绝对差异（例如，无法比较发达地区城市重点中学与欠发达地区乡村普通中学前15%的学生之间成绩的相对优异程度），仅就同一学校内部而言，青少年新媒体使用时间与其学习成绩之间存在显著负相关关系。但本研究数据不足以支持因果关系的验证。即研究只能表明，学习好的孩子使用新媒体设备的时间少，但这并不足以反推因果，得出"因为孩子使用新媒体设备少，所以成绩好"的结论。一方面，我们应当承认，未成年人的自我控制能力比较低，会由于过度使用互联网耽误本应用于学习的时间和精力。从这一角度来说，家长和老师们对孩子的新媒体使用行为进行适当的干预和限制是必要的；但另一方面，这一结果又是令人迷惑的。这似乎表明，父母们如果花费重金为孩子购买新媒体产品，指望这些投入能提高孩子的学习成绩的话，无疑是适得其反的。相反，他们应当严格控制青少年的新媒体使用时间，使他们尽量从事学习或与学习有关的活动，如此，才能辅助孩子成为传统教育标准下的成功者。如果互联网的使用与孩子的学习成绩是对立的，那么，是不是将互联网驱逐出校园才是保证学习成绩的正确手段？

这一问题或许理论上尚有争论，但实际上，调查中的学校都出现了类似"将互联网驱逐出校园"的现象，所不同的只不过是程度高低问题。在对中小学校长的访谈中，大部分学校都原则上禁止学生在校期间使用手机，一经发现将予以没收并通告家长。这一规定在各个高中执行得尤其严格。在寄宿制高中，由于学生往往离家时间较长，父母有和孩子保持联系的需要，因此，多数会主动为孩子配备手机。但多数高中不允许学生将手机带入课堂，而仅允许学生在宿舍内使用；有的高中为了防止学生晚间在宿舍内长时间使用手机，或组织教师专门巡夜，或完全不允许学生携带手机。调查涉及的所有36个学校无一向学生提供无线网接入。这并不是一个需要指责或值得大做文章的现象，相反，这是一个值得思考和讨论的现象。这实际上表明，政府花费大量财政资金用于购置电脑、架设宽带、培训师资的"校校通"工程在学校层面的作用仅止于每周几节的电脑课（初中和高中的毕业班都取消了这门课程以及其他许多"与学习无关"的课程）。在课程之外使用互联网是被限制乃至禁止的，因为就现行教育体系的衡量标准而言，它们的确对考试和升学并无帮助。

一方面是新媒体技术对学生的课业成绩提升有限；另一方面则是过度的新媒体使用影响青少年的身心健康，于是，在各国大力推广校园网络覆盖的同时，一些矛盾性的举措出现了。欧盟委员在2008年和2009年分别以522：16和559：22票通过决议，督促欧盟各成员国教育部门出台措施，限制校园互联网使用。决议指出，鉴于无线技术（手机、WiFi/WiMAX、蓝牙、无线电话）的电磁辐射可能对人体健康所带来的负面影响，尤其是对大脑尚处于发育中的青少年所可能带来的影响，委员会督促各成员国对弱势群体的无线网使用予以特殊保护和限制[1]。日本政府2009年专门出台了禁止在校园内使用手机的指导意见。2009年，日本崎玉县96%的公立初中明令禁止学生在校期间使用手机[2]；同年，石川县议会通过一项法令，禁止辖区内中小学生拥有手机[3]。2014年4月1日，日本刈谷市通过了一项强制性动议，禁止该市15至16岁学生在二十一点以后使用手机，同时要求家长必须在二十一点以后没收孩子的手机，并监督其上网行为[4]。这从一个侧面反映了教育立法者的无奈。新媒体时代的技术趋势和传统教育体制的固有标准并不相容，使得新媒体技术的政府推广和政府规制呈现出这样一幅冲突中的场景，而且，这种冲突也并非一线教育工作者们所能解决。

［1］IS WUFU SAFE FOR CHILDREN? [EB/OL].(2014-03-30) [2014-09-08].http://www.safeinschool.org/.

［2］TREEHUGER, Schools in Japan to ban cell phones [EB/OL]. (2008-12-18) [2014-09-08] http://www.treehugger.com/gadgets/schools-in-Japan-to-ban-cell-phones.html.

［3］GLOBALVOICE. Japan: Law banning cell phones for kids passed in Ishikawa [EB/OL]. (2009-08-15) [2014-09-08] https://www.google.com/search?q=Ishikawa+Children+Comprehensive+Act%E2%80%9D&rlz=1C1CHRZ_enCN583CN583&oq=Ishikawa+Children+Comprehensive+Act%E2%80%9D&aqs=chrome..69i57.342j0&sourceid=chrome&ie=UTF-8.

［4］DANIELLE D. The Telegraph [EB/OL]. (2014-03-24)[2014-09-08]. http://www.telegraph.co.uk/news/worldnews/asia/japan/10718254/Children-in-Japanese-city-banned-from-using-smartphones-after-9pm.html.

二、新媒体能力及其差异化分布

本节引用詹金斯"软实力"的概念，结合利文斯通在《儿童与互联网》一书中的操作化定义，将青少年的新媒体能力归纳为三类，分别为：自主学习的能力、创造创新的能力、交流分享的能力。自主学习能力主要考察青少年"通过搜索引擎搜索与学习有关的信息"和"在线练习教师课堂上所教的内容"的能力。创造创新的能力主要考察青少年"创造原创性内容（照片、视频、日志）"和"创造原创性平台（个人网页、个人空间）"的能力。交流分享的能力主要考察青少年"个体互动的能力（即时通讯工具、邮件、聊天室）"和"公共参与的

表 6.1　青少年新媒体使用能力的差异化分布

	自主学习能力	创造创新能力	参与分享能力
武汉	2.52	2.01	1.92
荆门	2.41	2.04	1.89
恩施	2.32	2.03	1.85
F	11.59***	.18	1.34
城市	2.44	2.19	1.97
乡村	2.40	1.86	1.81
F	0.26	81.88***	18.89**
小学	2.61	1.82	1.71
初中	2.69	2.35	2.19
高中	2.62	1.88	1.73
F	106.06***	89.42***	79.55***
男性	2.47	2.02	1.93
女性	2.38	2.06	1.86
F	5.78*	1.12	3.31
前25%	2.01	1.77	1.64
25%-50%	2.09	1.92	1.72
50%-75%	2.16	1.98	1.82
75%以后	2.21	2.04	1.91
F	3.14*	5.90**	4.36**

注：*p<.05，**p<.01，***p<.001.

能力（贴吧、论坛的讨论与分享）"。三类能力指标的6个子题项均通过5级量表测量，其KMO=0.733，Bartlett球型检验=2527.33，p<0.001，表明该指标的各个子题项具有较好的内部一致性，并且可以析出为综合指标。

如表6.1所示，青少年的新媒体能力呈现出一种社会差异（地区、城乡）和个体差异（学龄段、性别、学习成绩）共同作用的样态。总体而言，青少年群体的自主学习能力最高，创造创新能力次之，交流分享能力最低。其中，地区差异仅影响自主学习能力。地区经济水平越高，青少年通过互联网进行自主学习的能力越强，但其他两项能力的地区差别则不显著。这或许表明，发达地区的青少年利用电脑进行与课业相关的活动比较多，因而自主学习的能力比较强。但在另外两项指标上，地区红利已经消失。发达地区的孩子在新媒体的创造创新能力和交流分享能力方面同其他地区孩子相比差别很小。

其次，城乡差异不影响自主学习能力，却与创造创新能力和交流分享能力相关。与日常认知相反，乡村地区青少年的创造创新能力和交流分享能力略高于城市地区。这个差别并不显著，却令人困惑。城市区位优势不但没有积极影响青少年对新媒体的创造性使用和交流式共享，反而起到了相反的作用，一个可能性的解释是，城市地区青少年的替代性活动比较多。其新媒体使用时间远远低于乡村地区青少年，导致他们在这两项能力上稍逊一筹。这种"城乡倒挂"的绝对差异值并不大，却具有一定的警示作用。这表明，青少年新媒体能力的地区红利已经消失，城乡区位红利则出现了倒置。尽管城市地区青少年的新媒体使用数量更多，但设备拥有的优势并未对等转换为获得能力的优势。

再次，青少年的新媒体能力与学龄段呈现倒U型关系。当然，这一关系不排除调查方法的局限性。由于自填式问卷依赖于调查对象的自我评价，故不排除不同学龄段对自我新媒体能力的评估标准不同而对结果造成的影响。如果这一误差确实存在的话，那么，后续研究当使用实地观察法或控制实验法加以测试。鉴于至今尚没有学界研究证明，青少年的自我评估具有年龄差异，因此，本节中这一倒U型曲线可能是智力水平与使用时间共同作用的结果。一方面，由于青少年的智力水平随年龄增长，故而小学生对新媒体技术的使用和掌握低于初中生，初中生低于高中生；另一方面，如第三章所示，青少年新媒体使用时间与学龄段之间同样呈现出倒U型曲线，所以，尽管高中生的智力水平高于初中生，但由于其课业负担增加，无暇过多使用新媒体设备，从而在使用能力上也相应低于初中生。这是倒U型关系的一种可能性的解释。在三种新媒体能力中，利用新媒体进行自我学习的能力值得特别注意。自我学习能力在三种能力中的均值最高，表明青少年一旦使用新媒体，利用其进行与学习有关的活动的能力还是略高于其他能力。

学习成绩与新媒体使用能力负相关，即成绩越好的学生，三种新媒体能力越低。随之而来的问题是，如果新媒体使用与学习成绩负向相关，那么，这是否意味着新媒体能力不被当前的教育衡量标准所需要，抑或是当下的教育体系不与新媒体时代相适应？这两个问题隐含了一个假设，即新媒体的个体使用能力与新媒体的社会效果是相适应的。这一隐含假设在下一节得到了支持（见表6.2）。

三、新媒体使用的社会效果及其差异化分布

本节进一步测试了与新媒体使用相关的三种社会融合效果，分别为：家庭融合性、同辈融合性和社会融合性。家庭融合性和同辈融合性主要考察青少年使用新媒体所感知的与家人和朋友/同学交流的"容易程度"和"融洽程度"；社会融合性则以"去社会孤立化"指数考察。研究首先测量了青少年使用新媒体后感知的"孤独感"和"疏离感"，并将这一指标进行了反转编码。三类能力指标的6个子题项均通过李克特5级量表测量，其KMO=0.726，Bartlett球型检验=1932.85，p<0.001，表明该指标的各个子题项具有较好的内部一致性，并且可以析出为综合指标。

表6.2 青少年新媒体使用社会化效果的差异化分布

	家庭融合性	同辈融合性	社会融合性
武汉	3.41	3.34	3.08
荆门	3.79	3.58	3.32
恩施	3.91	3.46	3.23
F	43.06***	11.92***	7.59**
城市	3.69	3.43	3.11
乡村	3.72	3.49	3.31
F	0.33	2.37	15.21***
小学	3.84	3.26	3.06
初中	3.65	3.59	3.39
高中	3.66	3.49	3.14
F	6.21**	23.33***	15.17***
男性	3.70	3.55	3.36
女性	3.73	3.39	3.05
F	0.36	14.86***	35.77***
前25%	3.59	3.40	3.03
25%-50%	3.63	3.45	3.05
50%-75%	3.74	3.69	3.33
75%以后	3.75	3.50	3.30
F	0.97	3.94**	3.21*

注：*p<0.05，**p<0.01，***p<0.001.

如表 6.2所示，家庭融合性仅与地区和学龄段相关，且均为负相关关系。新媒体使用影响了青少年与家人交流的容易程度和融洽程度。就地区变量而言，恩施地区最高，荆门地区次之，武汉地区最低；就学龄段变量而言，小学生高于初中生和高中生。这表明不同地区、不同学龄段的家庭对青少年新媒体使用的态度。青少年的年级越高，使用新媒体对家庭融洽度的积极影响越少。小学生使用新媒体设备或许还是释放精力的途径之一，他们或许还会因为对新媒体设备的娴熟使用而令父母心生骄傲。但是，随着年级的提高，学习和成绩逐渐成为孩子的"主业"，玩电脑、玩手机便成为需要约束和限制的行为。孩子与家长之间关于新媒体使用的博弈大战往往会随着年龄的增长越发激烈。这或许是家庭融合性与学龄段分布负相关的原因。同理，在越发达的地区，家长对青少年新媒体使用的态度越严格。在欠发达地区，孩子们对新媒体工具的熟练使用或许会令家长生出"雏凤清于老凤声"的自豪感。发达地区青少年除了学习成绩这一"主业"之外，还有诸如补习班、特长班、兴趣班之类林林总总的"正业"，玩电脑、玩手机这类"不务正业"的行为在发达地区儿童家庭中所引发的矛盾也总体上大于欠发达地区。这或许是家庭融合性与地区经济水平负相关的原因。

如表 6.2 显示，青少年的同辈融合性和社会融合性在地区、学龄段和学习成绩三个变量上均呈现为倒 U 曲线，且男性高于女性。在城乡差异方面，同辈融合度无显著区别，但乡村地区青少年的社会融合度显著高于城市地区。本章之前的诸多变量与地区、城乡、学龄段、性别等要素之间的关系均呈现出某种一致化的模式（同为正相关、负相关或倒 U 型相关），但新媒体使用的社会化效果的三个指标与因变量之间却呈现出不同的模式。这表明了青少年社会融合度的复杂性。它受包括新媒体使用在内的多种因素的影响，并且因为不同因素在地区、城乡、学龄段、性别、学习成绩等要素的不同分布和交互影响而呈现出不同的相互作用样态。

如果不考虑其他因素的影响，青少年新媒体使用的同辈融合度和社会融合度与年级排名相关，其中，中下游群体（50%~75%）和下游群体（75%以后）是新媒体使用社会化效果最大的收益群体。这一群体的学生认为，使用新媒体使自己与同学的相处更为容易和融洽，并且对减轻自己的孤独感和疏离感也很有帮助；中上游群体（25%~50%）的收益次之；上游群体（25%）的收益最低。这可能意味着中游以下的学生会更多地通过同辈之间的新媒体使用、指导和交流来增进同辈融合度和社会融合度。需要强调指出的是，这一结果并不能说明，上游学生的社会融合度较低，只是表明，上游学生通过使用新媒体获得的社会融合度收益低于其他学生。这也同时表明，青少年群体在新媒体技术使用中获得的社会化收益与当前的教育衡量标准之间并不相符。

个体总是属于一定群体的，而每一个群体的人都对事物有自己的读解和阐释。同一群体的人们通过对某一媒体的使用，以相似的方式接触内容，理解互动，进而采取相似的反应行为，由此进一步强化自己的群体身份。青少年对同样的媒介工具、社交软件、网络游戏等的在线交流能够积极推动其在线身份的构建，强化其在线群体的归属感。与此同时，由于青少年大部分的在线活动(聊天、社区、游戏)都是在熟人群体之间进行的，对于"数字原住民"们而言，或许并不存在现实与虚拟、在线与离线的区别。虚拟世界是现实世界的一部分，在线社交是离线社交的延伸。在线交流活动的影响不仅限于在线群体，而是得以延伸到现实当中，成为现实生活中人际互动和身份建构的另外一条渠道。然而，这种积极效果与学习成绩之间却呈现出倒置关系，表明传统教育体制中的"好学生"在使用新媒体工具实现个体社会化方面并不突出。他们或许有其他途径实现同辈融合和社会融合，但却未能充分利用新媒体工具所提供的便利。

四、新媒体使用能力和社会化效果的可能性模式

本节结合前面几章的内容，探索青少年个体属性（人口统计学要素）、新媒体使用时间、习得路径（无师自通、父母指导、同学指导）、新媒体能力（自主学习能力、创造创新能力、交流分享能力）、新媒体使用社会效果（家庭融合性、同辈融合性、社会融合性）和传统教育成绩（年级排名）等要素之间的可能性关系。

研究首先通过一组相关测试考察各要素的相关性关系。如表6.3所示，习得路径的三个子路径间仅具有弱相关性；新媒体使用能力和新媒体使用社会效果这两个指标的三个子项之间则具有中等程度的相关性，表明不同能力类型和不同社会融合度类型之间是相互关联的。媒体能力的获得和社会化效果的实现不是孤立的，而是统一的，且统一整合为个体能力和个体社会化效果的一部分；年级排名与其他要素之间的关联度最低，表明传统教育衡量标准与新媒体习得、能力、效果关联较弱。

表 6.3 新媒体习得路径、新媒体能力与社会化效果的相关性分析

		1	2	3	4	5	6	7	8	9	10
1	使用时间	--									
2	自主习得*	0.116**	--								
3	父母指导	0.024	-0.106**	--							
4	同学指导	0.094**	-0.044*	0.253**	--						
5	自主学习能力	0.186**	0.041*	0.204**	0.075**	--					
6	创新创造能力	0.369**	0.086**	0.086**	0.135**	0.371**	--				
7	交流分享能力	0.327**	0.113**	0.131**	0.128**	0.412**	0.645**	--			
8	家庭融合性	0.084**	0.019	0.129**	0.103**	0.104**	0.155**	0.119**	--		
9	同辈融合性	0.196**	0.113**	0.093**	0.234**	0.131**	0.259**	0.235**	0.489**	--	
10	社会融合性	0.233**	0.101**	0.043**	0.124**	0.127**	0.245**	0.230**	0.329**	0.518*	--
11	年级排名	0.147**	-0.007	-0.013	0.009	0.091**	0.124**	0.104**	0.048	0.074*	.088**

注：① *"自主习得"为电脑、手机、普通手机无师自通情况的均值；② *p<0.05,**p<0.01.

在三类社会融合度指标中，父母指导与家庭融合度之间的正相关关系最高（r=.129, p<.01），但鉴于r值并不大，仅为弱相关关系，说明还有其他要素对家庭融合度产生影响。由于表 6.3 中考察的其他新媒体相关要素与家庭融合度都仅有弱相关关系，这表明，家庭融合度更重要的影响变量或与新媒体使用无关，但在所考察的诸多新媒体使用要素中，父母指导是比较重要的因素。在三类社会融合度指标中，同辈指导与同辈融合度之间的正相关关系最高（r=0.234, p<0.01）。尽管依旧为弱相关关系，但r值略大于父母指导与家庭融合性之间的相关度。这可能是由于同辈关系较家庭关系更为简单，相关要素更少，故而同辈指导这一习得路径的影响更明显。指导路径和相应社会化效果之间的对应关系表明，青少年的社会化不仅是一个结果/效果的问题，更是一个过程态的问题。不同的习得路径不仅仅通过影响青少年的习得能力而间接影响其社会化，同时以其本身直接影响青少年社会化的不同侧面。家长如果能对青少年的新媒体使用提供积极指导，便能够直接提高青少年的家庭融合度；那些积极寻求同辈指导的孩子，也会与同学和朋友发展出良好的同辈关系。此外，青少年的社会化不是割裂的，某一维度上融合度的提高会正面影响他们在其他维度的融合性，

从而在整体上促进青少年社会化的过程和效果。

表 6.4　新媒体使用社会化效果影响因素的回归分析

	家庭融合性		同辈融合性		社会融合性	
	β	R^2更改	β	R^2更改	β	R^2更改
人口统计学要素		0.012		0.027**		0.009
性别	-0.049		-0.055		-0.007	
年龄	-0.021		-0.123		-0.141	
父母文化水平	0.148*		0.195**		0.225**	
家庭经济水平	0.005		0.001		0.001	
社会系统要素		0.020**		0.003		0.010*
地区	0.212***		0.040		0.053	
城乡	-0.006		0.097		0.200	
使用时间	-0.061	0.001	0.034	0.038	0.040	0.004
习得路径		0.032***		0.045**		0.013*
自主习得	0.165		0.160		0.185	
父母指导	0.133***		0.080		0.020	
同学指导	0.097		0.128***		0.107*	
新媒体使用能力		0.009		0.028**		0.035***
自主学习能力	0.035		-0.003		0.089	
创新创造能力	0.094		0.170***		0.209**	
交流分享能力	-0.008		-0.009*		0.001	
年级排名	0.034	0.006	0.037	0.002	0.045	0.005
整体R^2	R^2=0.073		R^2=0.096		R^2=0.068	
F	F(11,6778)=4.68***		F(11,6778)=6.25***		F(11,6778)=4.29***	

注：①性别、城乡均转化为哑变量；②父母文化水平为父亲和母亲文化水平的均值；③使用时间为电脑、普通手机、智能手机三类设备的日均使用时间；④年级排名使用原始5级类别数据，视为定序数据列入回归分析；⑤*p<0.05，**p<0.01，***p<0.001.

如表 6.4 所示，习得路径是唯一对三类社会化效果都起到显著影响的要素单元，其次为新媒体使用能力和社会系统要素；人口统计学要素中，仅有父母文化水平对青少年社会化效果产生了显著影响；而使用时间和年级排名对新媒体使用的社会化效果没有显著影响。

父母文化水平是唯一一个对三类社会化效果都起到显著影响的子要素。父母的文化水平越高，青少年通过使用新媒体获得家庭、同辈、社会融合度就越高，这体现出家庭背景在青少年社会化方面的积极作用。通常来说，父母的文化水平越高，对新技术的敏感性就越强，其接纳能力、使用水平也越高，对孩子的新媒体使用也越开明。第五章的研究表明，父母文化水平越高，家庭的经济水平也通常越好，因此也有能力为孩子购买并更新数字设备；他们同时也会给孩子提供更多的直接指导。这使得父母在教育水平方面的优势能够延续下来，使其子女能够从新媒体使用中获得更高的社会化收益。

城乡差异仅仅体现在家庭融合度方面。这意味着在其他要素相同的情况下，乡村地区青少年会在新媒体使用中获得更好的家庭关系，这或许与青少年的替代性行为路径有关。城市地区的青少年或许有着更多的课业负担和非课业压力，在新媒体使用和培养"有用"的特长方面，家长们或许会更支持后者；而乡村地区或者出于文化氛围，或者出于社会条件，对孩子在课业之外的要求相对较低。相比之下，新媒体使用或许是一种值得支持的行为。

习得路径是唯一一个对三类社会化效果都起到显著影响的要素单元，但其子元素的作用方式却并不统一，自主习得路径并不影响青少年的社会融合度。这是一个合理的缺席，因为社会化涉及人与人的交流和互动，而依靠自主习得的青少年则多数依赖于自我探索。他们或许具备更强的技术能力，但却并未直接转化为社会化效果，相反，父母指导和同学指导则直接作用于家庭、同辈和社会融合性。习得路径与社会化效果之间的这种对应性的作用关系表明，新媒体使用已经成为青少年社会化的有效介质。这种介质甚至是定向的，来自特定群体的指导将会直接提高青少年与该群体的融合度。就父母指导而言，父母对孩子的新媒体使用指导越多，通常表明父母对其新媒体使用的态度越开明、越支持，孩子们也越会认为，新媒体使用增进了自己与家人交流的容易度和融洽度。在这种融洽的家庭新媒体使用氛围中，孩子会更多地求助父母，同时也会更好地接受父母的指导和引导。接受同学指导的程度积极影响了青少年从新媒体使用中获得的同辈融合度和社会融合度收益。接受同学指导往往意味着同辈之间有更多的共同话题、更频繁的交流互动、更紧密的相互依赖。这本身就是同辈融合性和社会融合性的实现方式，只是在数字时代，其介质转换成了新媒体工具而已。

青少年的新媒体使用能力唯独不影响家庭融合度，却在同辈融合与社会融合方面大放异彩，这意味着亲子关系与同辈关系和社会关系有所不同。当青少年对新媒体习得和使用已经能积极作用于同辈关系和社会关系时，亲子关系似乎依旧停留在"古老"的层面上，亲子关系或许与孩子的性格、交流能力或学习成绩有关，但却尚未与孩子的新媒体使用能力挂钩。而在家庭以外，青少年的社会化却已经与新媒体使用能力——尤其是创造创新能力——相接轨。那些拥有更高水平的新媒体能力的青少年或许是硬件设备最早的采纳者，或许是同辈习得关系中的指导者，或许是游戏中的领袖。不论是哪一种角色，青少年社会关系的建构模式已经发生了变化。

使用时间并未影响青少年的社会效果。那些使用时间更长的孩子并未拥有更差的家庭关系，或由于更长时间的在线而拥有更好的同辈关系。这表明，单纯的使用新媒体，而不发展相应的能力，或不进行相应的新媒体创造、交流、互动活动，或许有助于知识的增长和技能的提高，但无助于从中获得社会化收益。

最后，年级排名与新媒体社会化效果毫无关系，表明传统教育体系衡量标准与新媒体社会化成效的脱节。需要重申的是，这里衡量的只是青少年从新媒体使用中获得的社会化收益，因此，这并不意味着不同成绩的学生在社会化程度上是无差别的，而仅表明他们从新媒体使用中获得的社会化收益是相近的。在现有的教育衡量标准中，好学生和待进生可以用考试成绩和年级排名来区隔，但是，当脱离这种考核体制之时，该体制中的佼佼者并没能延续其优势。传统考核体系造成的区隔消散了，技术带来的社会化效果并没有对传统教育体系中的领先者青睐。

本章小结

本章考察了新媒体使用能力、新媒体使用社会化效果与传统教育体制的衡量标准——学习成绩以及其他要素之间的相互关系。研究的主要结论如下：

第一，学习成绩与新媒体使用时间密切相关。成绩好的学生使用的时间更短，但二者之间孰为因果，本研究并无相关证据支持。

第二，新媒体使用能力的地区红利消失，城乡"倒挂"现象出现。地区差异仅影响自主学习能力，地区经济水平越高，青少年通过互联网进行自主学习的能力越强。创造创新能力和交流分享能力的地区差别不明显，但乡村地区却明显高于城市地区。尽管上一章的研究表明，青少年新媒体的自我习得、使用时长和指导路径体现出一定的区位优势、城市优势和家庭优势，但这种优势并未延续到媒介能力获取方面。换言之，新媒体设备的拥有优势并未转换为能力获得的优势。

第三，地区、城乡、学龄段等变量对青少年新媒体使用的社会化收益有所影响，但其影响方式却并不统一。区位优势、学龄段优势在青少年社会化过程中的作用正在被其他要素稀释；城乡差别、性别差别也在不同的社会化效果中表征为不同的影响方式。在过去，地区、城乡、家庭背景等曾经造成过青少年社会化效果的阶层分化。由于没有历时性的参照标准，研究无法断言，当前这种分化的消弭是由于弱势区位的向上靠拢，还是强势区位的优势消散。但可以确定的是，青少年从新媒体中获得的社会化收益开始更多地基于个体性而非社会性要素。

第四，家庭背景对青少年新媒体使用的社会化效果具有积极影响，这种影响主要来自父母的文化水平，但影响范围却遍及三类社会化效果。这体现了父辈的阶层分化在青少年社会化方面的延续。

第五，新媒体使用能力与同辈融合度和社会融合度挂钩，却与家庭融合度脱钩。这表明青少年社会关系的建构已经有新媒体的一席之地，而亲子关系则依旧停留在前新媒体时代。

第六，传统教育衡量标准与数字社会发展趋势脱节。学生的成绩排名与新媒体使用能力和新媒体社会化效果均呈倒U型关系。这意味着当下教育体制中的优秀学生的新媒体能力以及从新媒体中获得的社会化收益，均不及那些"不优秀"的学生。在数字技术和新媒体革命已成趋势的今天，这种脱节当引起警醒。

其实，本章能够解决的问题远远少于带来的困惑。业界和学界一直不遗余力地宣扬数字通讯技术和新媒体产业对社会带来的和将会带来的巨大改变。既然如此，为什么未来社会的发展趋势与当前教育的衡量标准之间是不一致的？为什么成绩较差的孩子反而拥有更好的新媒体使用能力和更好的新媒体社会化收益？我们能不能把这种能力一概称为"不务正业"？或者，从另一角度来说，新媒体技术的习得难度是不是低于传统教育中基础学科的习得难度？如果的确如此，那么，孩子现在不接触或者少接触新媒体，等到他们成为现存教育体系的成功者（如考上好大学）之后，再补上新媒体使用这一课是否可行？

如果答案是肯定的，是不是意味着新媒体能力与传统学科中的知识、能力截然不同？这部分素质应当由教育系统中的哪一部分来负责？或者应当将这一责任转嫁给家庭、社会或高等教育？如果依赖家庭的话，会不会更加促成新媒体素质的阶层差距扩大化？如果依赖社会教育或高等教育，则意味着新媒体素质是一种专门素质而非基本素质，这是否与未来社会的发展趋势相互冲突？如果答案是否定的，即新媒体素质不能通过"补课"来实现，则应当如文学素质、体育素质、音乐素质等一样，通过从小科学训练、日复一日来养成。如此，当前家长和学校对青少年新媒体使用的严格控制，是不是收成绩于东榆而失素质于桑榆？

又或者，这一问题根本是一个伪问题，实际上，新媒体技术与传统学科不应置于一个体系内比较，因为技术的发展本身便颠覆了知识培养和技能习得的路径。随着技术的发展愈发人机交互友好化，或者说傻瓜化，技术习得的门槛将越来越低。民用普及型技术发展的一个重要特点便是保证普通大众都能够操作、使用，进而接受、购买，并随着产品的换代而持续更新，那么，这是不是可以说，技术的进步会弥补技术使用能力的不足。即使没有从小培养孩子的技术敏感性，技术的发展也会弥补个体的短板，使不同技术能力起点的孩子最终达到一个相近的高度值？若果真如此的话，或许正是普通大众的福音。但接下来的问题是，数字时代的建构者何在？超出同辈水准的领导者何来？从当下的教育中脱颖而出？从高等教育中规模化生产还是依赖天才灵感突现？

这种种问题都超出了本研究的解答范畴。生产力的发展和技术的进步曾经淘汰过很多一度十分重要的能力，如计算器对心/速算术的替代、录音机对速记术的冲击、数码机床对手工切割术的淘汰等等。同样的，数字技术也在冲击着传统教育中一些极为重要的能力，比如记忆力、线性思维和标准化作答等。学习成绩位居前列的学生，其社会成就并不一定同样优秀。2009年5月14日，中国校友会网发布了《中国高考状元调查报告》。这项报告对1977年恢复高考以来31年间高考状元的攻读专业、就读高校、职业发展等情况进行了详细的调查。研究发现，大部分高考状元从产生到大学毕业，都很少进入人们的视野。报告这样写道："大部分高考状元职业发展的实际情况与社会期望相差甚远，他们当中大多数没能成为各行业的'顶尖人才'，状元职业发展较少'出类拔萃'，在目前我国主流行业的'职场状元群体'中难觅高考状元的身影"[1]。本研究无意于将状元群体代表所有当前教育体系中的"好学生"，也并不认为社会地位、职业成就、物质财富这类世俗意义上的成功便是"人"的应然指向，相反，社会对"好学生"在传统教育体系中的肯定和对状元们未达到其期待的失望，所传达出的恰恰是社会寄予教育的根深蒂固的功利性以及当下的教育系统不能满足社会期

---

[1] 高考状元调查报告：高考状元职业发展状况 [EB/OL]. (2009-05-14) [2014-09-08].http://edu.qq.com/a/20090514/000341.htm.

望值的现实。

大卫·帕金翰在《童年之死》的终章中写道：

"在英国政府的文化政策中，教育被认为是一个关键的议题；不过它对教育政策的强调通常更加传统，并且也倾向于一种功利主义态度。在试图恢复到一种19世纪的课程的众多努力当中，媒介教育（也就是教授关于媒体的知识）大半仍处于正式教育的边缘地位。这种现象看上去很令人感到奇怪，即学校教育课程应该继续忽视已经完全控制了20世纪并将继续控制21世纪的文化与传播形式[1]"。

本研究显示了类似的结果：就目前而言，数字时代所需要的能力与传统教育所能够培养的能力之间并不契合。媒体技术以它自己的方式培养了使用者的能力，并影响其社会化进程。人们担忧青少年无人指导的媒介使用将带来种种负面影响，但如果教育体系不积极承担起指导者的角色，数字时代青少年的社会化必然经由其他路径来实现。这或许会令这一代人的社会化过程呈现出更积极或更消极的样态，但不论是哪一种，教育和教育者却缺席了这段本应由他们肩负和陪伴的旅程。

---

[1] 大卫·帕金翰. 童年之死：在电子媒体时代成长的儿童. 张建中, 译. 北京：华夏出版社, 2005:224.

孩子碰着的不是一个为他方便而设下的世界，而是一个为成人们方便所布置下的园地。他闯入进来，并没有带着创立新秩序的力量，可是又没有个服从旧秩序的心愿。

——费孝通《生育制度》

第七章　新媒体的使用与满足：一种来自孩子的视角

第一节　使用与满足理论框架下青少年对新媒体的使用

一、青少年使用新媒体的目的

在大众媒介产生之前，娱乐和教育的界限尚且分明。书籍在诞生之初具有严肃的"文以载道"的功能，它传承智慧，载录历史，启发民智。纸张和印刷成本的降低使得书籍的内容逐渐从四书五经扩展到小说和话本，从圣经法典扩展到文学与诗歌。但总体而言，书籍还是一种专门性的读物。严肃书籍和娱乐书籍往往被排放在书店的不同区域，并且有着不同的读者对象。

广播是第一项模糊了娱乐与教育界限的媒体[1]。广播内容往往是信息与八卦混杂、新闻与笑话穿插的。早期，选择了广播媒介的大众只有在有限的频道中无差别地接受来自大众媒介的均质化信息。这一现象同样延续到了电视时代。而以互联网为代表的新媒体则为使用者提供了更多的自由。他们可以自由地选

[1] 索尼亚·利文斯通. 儿童与互联网:现实与期望的角力[M]. 郭巧丽,译. 北京:电子工业出版社,2013: 42.

择使用互联网从事什么活动，接收何种信息，满足什么目的。能够接入互联网的各类新媒体形态逐渐成为一个跨越工作、学习、商业和娱乐界限的平台。原先需要在不同环境、不同领域、不同媒介上进行的活动，都可以在互联网上完成。譬如，人们原先需要在学校学习，在公司里办公，在影院里娱乐，在餐馆里吃饭，在咖啡厅里交谈，在运动场上游戏，但如今，他们可以在一个空间里，通过一个终端完成这些事情；他们可以任意组合完成这些事情的时间，甚至可以选择同时进行或交错进行。他们可以一边看视频一边写作业，也可以一边吃饭一边在线聊天，还可以在处理商务信息的同时大谈八卦。旧的时间和空间区隔被打破，并以一种十分个体化的方式，借助新媒体介质而重新组合。

对于儿童和青少年来说，学习和玩耍的界限已经模糊。家长们一方面不希望孩子"掉队"，于是给他们购买了电脑、平板电脑或智能手机；另一方面，他们又担心孩子浪费了太多时间用于休闲而不是学习。罗杰·西尔弗斯通（Roger Silverstone）观察到，很多家长和儿童之间存在"道德经济"和"交易活动"。家长们往往会采取一些强制规定或交换性规定，例如，不完成作业不许游戏，打印机只能用来打印学校作业，谁的事情"更重要"谁就享有对电脑的优先使用权等等[1]。家长们往往试图让孩子尽量多地使用新媒体的教育功能，如使用互联网查找学习资料、在线练习、学习制作网页或编程等等，而孩子往往并不愿意被强迫从事这些活动。实际上，成年人对新媒体内容的划分往往是体系化的，分为信息类、教育类、娱乐类、休闲类等等，这契合了传统的线性思维习惯，并且与传统的书籍分类标准如出一辙。而儿童的分类标准则要简单得多，他们将网站分为"很无聊"（如教育类）和"很酷"（如娱乐类）两种。这种分类在某种程度上与成人的分类方式并不矛盾，只是采用了不同的评判标准。

---

[1]SILVERSTONE R. Domesticating domestication: Reflections on the life of a concept [M].// BERKER T, ARTMANN M, PUNIE Y, et al. The domestication of media and technology. Maidenhead: Open University Press, 2006: 229-248.

　　青少年使用新媒体工具主要从事什么活动？对此，世界各国的调查得出了相似性的结论。美国青少年最常从事的行为包括打游戏（97%）、看电影/看视频/听音乐（81%）、使用社交网络（65%）、浏览新闻资讯（63%）[1]；英国青少年最常从事的行为包括搜索信息（93%）、使用社交网站或网络社区（80%）、听音乐（72%）、打游戏（69%）、浏览资讯（66%）、查收邮件（65%）、使用（维基百科等）知识类网站（62%）、看视频（52%）[2]；一项对欧盟25个国家9~16岁青少年的调查显示，欧盟少年儿童最常从事的上网行为是写作业（85%）、打游戏（83%）、看视频（76%）和发送即时信息（62%）[3]。我国青少年的网络使用行为比较分散，最常见的行为包括听音乐（47%）、玩游戏（47%）、聊天（40%）、查资料（38%）、看视频（28%）等[4]。

　　可见，青少年的新媒体使用行为不是单一的，而是多元的。他们将多项活动结合起来以满足自己各个方面的兴趣和需求。教育与娱乐、信息与休闲、公众与私人的界限已经模糊。不同国家、不同地域、不同文化背景的青少年在同一平台上进行着类似的活动，呈现出一幅真正的本土与全球相交融的图景。

二、使用与满足理论框架

　　使用与满足理论代表了20世纪70年代起传播学理论研究的一个转向。当传播学者们在"媒体如何影响受众"这一传统媒体效果研究路径上千帆竞发时，有研究者另辟蹊径，将受众作为理论研究的中心，考察人为什么使用媒介、如

[1] PEW RESEARCH CENTER. Millennials: A portrait of America's next generation: Confident, connected, open to change [R/OL]. (2010-02)[2014-09-08]. http://www.pewsocialtrends.org/files/2010/10/millennials-confident-connected-open-to-change.pdf.
[2] EMARKETRE. What are UK teens doing online? [R/OL].(2013-04-04) [2014-09-08].http://www.emarketer.com/Article/What-UK-Teens-Doing-Online/1009785.
[3] LIVINGSTONE S, HADDON L, GÖRZIG A et al. Risks and safety on the internet: The perspective of European children [R]. LSE, London: EU Kids Online, 2011. http://www2.cnrs.fr/sites/en/fichier/rapport_english.pdf.
[4] 李文革,沈杰,季为民. 中国未成年人新媒体运用报告（2011~2012）[M]. 北京:社会科学文献出版社,2012:23.

何使用媒介以及不同动机导致的不同个体化效果。

早期的使用与满足研究试图了解人们为什么使用某些媒介内容。这类研究多数描述受众动机而非媒介效果。例如赫塔·赫佐格（Herta Herzog）对于妇女在白天观看连续剧的研究[1]、贝纳德·贝雷森（Bernard Berelson）对于人们读书动机的调查研究[2]等。这一时期的研究多数通过问卷调查的方式，描述受众对不同类型媒介的使用动机。

20世纪80年代前后，随着传播学从"传者中心"不断向"受者中心"偏移的研究转向，受众的主体地位被不断地凸显起来。以此为背景，使用与满足研究也进入了"现代时期"。研究者们开始考量人们的动机与期望及传媒作用下人们的行为，重点解释它们之间的关系。艾利休·卡茨（Elihu Katz）、杰·布拉姆勒（Jay Blumler）和迈克·格里维奇（Michael Gurevitch）于1974年正式提出"使用与满足理论"。该理论认为，使用与满足主要关注的是人们的需求在社会与心理上的起源，这种需求产生了对大众媒介以及其他可接触来源的期盼，这种需求亦导致了因不同形式的媒介接触而产生的需求满足以及其他的结果[3]。

阿兰·鲁宾（Alan Rubin）将使用与满足视为一种心理上的传播景观，认为它主要关注个体是如何使用大众媒介以及其他交流形式来实现他们的需求及想法的。换言之，媒体是如何被使用以满足人们的认知与喜好的需求[4]。他将媒介使用划分为仪式性使用（Ritualized Use）和实用性使用（Instrumental Use）两类。

［1］HERZOG H. What do we really know about daytime serial listeners? [M]//LAZARSDELD P F. Radio Research, London: Sage, 1942,3:2-23.

［2］BERELSON B. What missing the newspaper means [M]//LAZARDFEL P F, STANTON F M, Communication Research, NY: Duell, Sloan and Pearce, 1948, 9: 111-129.

［3］KATZ E, BLUMLER J G, GUREVITCH M. Uses and gratifications research[J]. Public Opinion Quarterly, 1974, 37 (4):509-524.

［4］RUBIN A. The uses-and-gratifications perspective of media effects [M]//BRYANT J, ZILLMANN, D. Media effects: Advances in theory and research. Hillsdale, NJ: Lawrence Erlbaum Associates, Inc, 2002: 525-548.

仪式性使用往往是习惯性行为，包括消磨时间、娱乐休闲等；实用性使用则具有明确的目的导向，包括信息搜寻、社会交往、寻求社会陪伴等[1]。丹尼斯·麦奎尔（Dennis McQuail）将使用与满足研究划分为四大类：第一，转移，包括人们从常规与问题中逃避出来以及情绪的宣泄；第二，人际关系，主要指同伴关系与社会效用；第三，个人认同的形成，即自我参照（Self-reference）、真相探寻、价值强化；第四，监控，以信息搜寻为主要形式[2]。麦奎尔的分类成为使用与满足研究的蓝本。其他学者在此基础上进行过一些细化或修改。托马斯·鲁杰罗（Thomas Ruggiero）2000年将人们的媒介使用动机划分为四类：转移、社会效用、个人认同、监控[3]。鲁宾将使用与满足研究整合为三类：其一，转移/逃避，主要包括人们寻求兴奋、放松、消解无聊等；其二，个人认同/社会效用，主要包括人们避免被朋友抛弃、与朋友交谈等；其三，信息寻求/认知，主要包括遵循个人的兴趣、获得社会文化知识等[4]。

大量研究表明，人们使用互联网的主要动机与人们使用传统媒体的动机并无差别，主要还是娱乐[5]、消磨时间和信息搜寻[6]。弗拉纳金（Flanagin）和梅茨格（Metzger）则特别强调了寻求社会陪伴/避免孤独这一动机对人们使用互联网的影响[7]。此外，性别差异显著影响人们的网络使用动机。女性比男性更喜欢使

［1］RUBIN A M. Ritualized and instrumental television viewing [J]. Journal of Communication, 1984, 34: 67-81.

［2］MCQUAIL, D. McQuail's mass communication theory [M]. London: Sage,2005.

［3］RUGGIERO T E .Uses and gratifications theory in the 21st century [J]. Mass Communication & Society, 2000, 3(1):3-37.

［4］RUBIN A. The uses-and-gratifications perspective of media effects [M]//BRYANT J, ZILLMANN, D. Media effects: Advances in theory and research. Hillsdale, NJ: Lawrence Erlbaum Associates, Inc, 2002: 525-548.

［5］PARKER B J, PLANK R E. A uses and gratifications perspective on the Internet as a new information source [J]. American Business Review, 2000,18: 43-49.

［6］PAPACHARISSI Z, RUBIN A. Predictors of Internet use [J]. Journal of Broadcasting and Electronic Media, 2000:44, 75-196.

［7］FLANAGIN A J, METZGER M J. Internet use in the contemporary media environment [J]. Human Communication Research, 2001,27: 153-181.

用网络进行人际交流[1]；她们使用网络的主要目的是发展人际关系，而男性则主要为了娱乐和实用[2]；她们同时更重视移动网络服务的私密性、即时性和交互性，以满足她们随时随地与朋友保持联系的需要[3]。

三、青少年对新媒体的使用动机和目的

对于青少年的媒介使用与满足研究从传统媒体时代延续至今。传统媒体中，青少年对电视的使用和满足研究是该理论诞生以来的第一个研究热点，贯穿20世纪70到90年代。福如（Furu）、格林伯格（Greenberg）、鲁宾等学者将目光投射到不同文化中青少年群体对电视的使用与满足方面[4-6]，研究表明，青少年对于电视的使用动机在不同国家、不同文化中各有不同，有的侧重于对教育的追寻，有的偏重于对休闲娱乐的考量。学者祖弗利（Zohoori）对居住在美国的外国少年儿童与美国本土的少年儿童的电视使用动机加以比较，发现前者看电视的主要目的是学习，相对更喜欢电视节目，花更多的时间看电视，更频繁地认同电视中的人物，并对电视所建构的社会事实更为赞同[7]。

进入21世纪以来，青少年对新兴媒体的使用与满足成为新的研究热点。网

［1］PARKS M R, FLOYD K. Making friends in cyberspace [J]. Journal of Communication, 1996, 46: 80-97.

［2］WEISER E B. Gender differences in internet use patterns and internet application preference: a two sample comparison [J]. CyberPsychology and Behavior, 2000,3(2): 167–178.

［3］JACKSON L A, ERVIN K S, GARDNER P D, et al. Gender and the internet: women communicating and men searching [J]. Sex Roles, 2000, 44(5/6): 363-379.

［4］FURU T .The function of television for children and adolescents [M]. Tokyo: Sophia University Press, 1971.

［5］BLUMER J C, KATZ E. The uses of mass communications: Current perspectives on gratifications research. Beverly Hills: Sage publications,1974:71-92.

［6］RUBIN A M. Television usage, attitudes and viewing behaviors of children and adolescents [J]. Journal of Broadcasting, 1977, 21(3): 355-369.

［7］ZOHOORI AR.A cross-cultural analysis of children's television use [J]. Journal of Broadcasting & Electronic Media, 1988,32(1):105-113.

络[1]、手机[2]、MP3播放器[3]、社交网络[4]……任何一项风靡的新媒体设备或样态都为研究者所关注。与早期对使用动机的简单描述和分类不同，新时期的研究致力于探索青少年使用动机的影响性要素。例如，吉梅内斯（Jimenez）等人对马德里高中生的网络使用情况进行了调查，发现网络的使用对传播及社会关系建构具有重要作用。其中，性别与上网时间是青少年网络使用的关键变量[5]。在社交网络的使用与满足方面，马克·尤里斯塔（Mark Urista）等学者发现，青年人对网络有着很深的依赖程度，他们喜欢利用网络来进行娱乐活动以及获取信息。青年人可以通过社交网站有选择地、有效地、及时地接触其他人以满足其人际交往的需求。与此同时，这种对社交网站持续不断地使用成为了他们寻求他人认同与支持的重要方式[6]。

随着对青少年媒介使用与满足研究的不断发展，一些个体差异变量出现在研究之中。例如，男孩使用互联网是为了浏览信息和打游戏，而女孩则主要为了聊天、购物[7]和给朋友发邮件[8]；女孩在线互动的主要话题集中在爱情/伴侣、秘密/八卦和内心感受方面，而男孩多数热衷于性、电影电视剧、体育和电子游戏[9]；

[1] PARKER B J, PLANK R E. A uses and gratifications perspective on the Internet as a new information source [J]. American Business Review, 2000,18: 43-49.

[2] LEUNG L, WEI R. More than just talk on the move: Uses and gratifications of the cellular phone [J]. Journalism & Mass Communication Quarterly, 2000, 77(2): 308-320.

[3] FERGUSON D A, GREER C F. Uses and gratifications of MP3 players by college students: Are iPods more popular than radio? [J]. Journal of Radio Studies, 2007, 14(2): 102-121.

[4] RAACKE J, BONDS-RAACKE J. MySpace and Facebook: Applying the uses and gratifications theory to exploring friend-networking sites[J]. Cyberpsychology & behavior, 2008, 11(2): 169-174.

[5] JIMENEZ A G, LOPEZ M C, PISIONERO C G. A vision of uses and gratifications applied to the study of Internet use by adolescents [J]. Comunicación y Sociedad, 2012, 25(2):231-254.

[6] URISTA M A, DONG Q, DAY K D. Explaining why young adults use MySpace and Facebook through uses and gratifications theory [J]. Human Communication, 2009, 12(2): 215-229.

[7] GROSS E F. Adolescent Internet use: What we expect, what teens report [J]. Applied Developmental Psychology,2004(25):633–649.

[8] GEFEN D, STRAUB D W. Gender differences in the perception and use of e-mail: an extension to the technology acceptance model [J]. MIS Quarterly, 1997, 21(4): 389–400.

[9] MADDEN M, RAINIE L. America's online pursuits: The changing picture of who's online and what they do [R/OL]. Pew Internet & American Life Project.(2007-06-24) [2014-09-08]. http://www.pewinternet. org/Reports/2006/Generations-Online.aspx.

男孩使用Facebook的主要动机是认识新朋友，而女孩则主要为了维持旧朋友、娱乐和消磨时间[1]。

除了个体差异变量，一些外部影响因素亦被研究者们所考察。例如，青少年的电视使用行为与其父母的电视使用行为的相互影响[2]；家庭社会地位较高的青少年倾向于在他们的卧室中使用媒介，特别是竞技游戏、电脑以及网络交流等[3]；如果青少年与父母的关系紧张，时常爆发矛盾，那么他们将更倾向于与网友保持亲密关系[4]。

第二节　湖北青少年新媒体使用与满足相关分析

本章致力于考察青少年的新媒体使用动机和使用行为以及二者的相关影响要素。

一、新少年新媒体使用动机

研究援引鲁宾对使用与满足理论的动机划分，将青少年的新媒体动机列为24个问题，分别为：

① 新媒体能够给我提供新的知识。

② 新媒体能够帮助我解决一些问题。

③ 新媒体能够为我提供多种多样的观点。

[1] SHELDOON P, GEVORGYAN G. Men are from Mars, Women are from Venus: Gender and Personality Differences Reconfirmed in Virtual Reality. [C/OL]. The annual meeting of the NCA 94th Annual Convention, San Diego, CA, November, 21-24. [2014-09-08]. http://citation.allacademic.com/meta/p246374_index.html heldon, P. and Gevorgyan, G.

[2] WESTERIK H,RENCKSTORF K, LAMMERS J, et al. The social character of parental and adolescent television viewing: An event history analysis[J].Communications,2007,32(4):389-415.

[3] HENDRIYANI E H, LEEN D, BEENTJES J J. Children's media use in Indonesia[J]. Asian Journal of Communication, 2012, 22(3): 304-319.

[4] WOLAK J, MITCHELL K, FINKELHOR D. Online victimization: 5 years later (NCMEC 07–06–025) [R]. Alexandria, VA: National Center for Missing & Exploited Children, 2006.

④ 新媒体能帮助我打发无所事事的时间。

⑤ 新媒体能帮助我度过无聊的时间。

⑥ 使用新媒体设备能占满我的空余时间。

⑦ 新媒体能帮助我免费获得很多信息。

⑧ 新媒体能教会我如何做某件事。

⑨ 新媒体能帮助我知道外面的世界发生了什么。

⑩ 新媒体使我能很方便地与家人和朋友交流。

⑪ 新媒体比传统媒体更便宜。

⑫ 新媒体比传统媒体更容易操作。

⑬ 新媒体很好玩。

⑭ 新媒体让我用起来很开心。

⑮ 新媒体能够让我逃开现实生活中的烦恼。

⑯ 使用新媒体让我觉得很放松。

⑰ 使用新媒体让我不用特别花费精力动脑子。

⑱ 使用新媒体是一种很好的休息方式。

⑲ 新媒体能够让我和同学们有共同话题。

⑳ 新媒体能够让我知道别人在关心什么。

㉑ 新媒体能够使我有归属感。

㉒ 使用新媒体让我觉得不孤单。

㉓ 使用新媒体让我觉得不需要依赖别人。

㉔ 当没有人陪我的时候，我就更愿意使用新媒体。

青少年被要求在李克特5级量表上标明他们在多大程度上认同这24项使用
动机，其中1=最低，5=最高。研究通过一组前测，将24个问题降维为10个问
题，对应着五类指标，分别为：应用价值（如新媒体能帮助我获得很多信息和
知识，新媒体能够帮助我解决一些问题）、消磨时间（如新媒体能帮助我打发无

所事事的时间，新媒体帮我度过无聊的时间，新媒体能占满我的空余时间）、放松休闲（如新媒体能够让我逃开现实生活中的烦恼，使用新媒体让我不用特别花费精力动脑子）、社会交往（如新媒体使我能很方便地与家人和朋友交流，新媒体能够让我和同学们有共同话题）、社会陪伴（如使用新媒体使我觉得不孤单，使用新媒体让我觉得不需要依赖别人）。五个指标的KMO=0.741，Bartlett球型检验=618.14，p<0.001，表明该指标的各个子题项具有较好的内部一致性，并且可以析出为综合指标。

表 7.1　青少年新媒体使用动机的差异化分布情况

	应用价值	消磨时间	放松休闲	社会交往	社会陪伴
武汉	4.11	3.42	2.87	3.40	2.95
荆门	4.17	3.44	2.88	3.69	2.94
恩施	4.16	3.41	3.03	3.75	3.12
F	1.20	0.14	4.70	28.71***	8.49***
城市	4.20	3.41	2.87	3.60	2.93
乡村	4.10	3.44	2.98	3.64	3.06
F	9.92**	0.36	4.59*	1.08	8.49*
小学	4.08	2.87	2.64	3.59	2.90
初中	4.11	3.46	3.00	3.66	3.11
高中	4.23	3.85	3.08	3.61	2.96
F	7.18**	132.18***	2.72***	1.20	8.50***
男性	4.14	3.56	3.01	3.65	3.15
女性	4.15	3.31	2.86	3.60	2.85
F	0.10	25.59***	9.74**	1.63	44.45***
自主习得	4.21	3.61	3.11	3.69	3.14
父母指导	4.20	3.31	2.80	3.65	2.90
同学指导	4.03	3.48	2.99	3.58	2.98
F	5.77**	12.20***	11.61***	1.37	9.65***

注：*p<0.05，**p<0.01，***p<0.001。

从表7.1可以看出，青少年新媒体使用动机的社会差别（地区、城乡）小于个体差别（学龄段、性别、习得路径），仅社会交往动机和社会陪伴动机受地区经济差异影响。之前的多数变量，如使用时间、使用频率、指导性习得等，多与地区经济差异呈倒U型关系或正相关关系，但社交动机和社会陪伴动机则与地区经济水平之间呈负相关关系。这种负相关关系并不显著，且武汉和荆门地区几乎无差别，二者显著高于恩施地区。这可能表明，恩施地区青少年在现实生活中的社会活动较少，社会孤独感较强，因此，更依赖于新媒体平台的虚拟社交满足其社会化需求。在城乡差别方面，来自乡村的孩子对新媒体的应用价值需求、放松休闲需求和社会陪伴需求都显著高于城市地区，但在消磨时间和社会交往方面则没有显著差别。这可能表明，乡村地区的青少年在信息获取、休闲娱乐和社会陪伴等方面的替代性选择较少，因而更倾向于在新媒体平台上满足这些需求。

在个体差异方面，青少年的学龄段与应用价值动机、消磨时间动机和放松休闲动机正相关，与社会陪伴动机呈倒U型关系，与社会交往动机无关。先前考察的绝大多数变量都与学龄段呈现倒U型或负相关关系，但本节中的三项使用动机指标均表现为统一的正相关关系，且随年龄增长呈现出非常清晰的梯级模式。这符合我们的一般认知，即，随着年龄的增长，青少年的自主意识会相应增长，会更加倾向于以积极主动的方式探索世界。但是，青少年的这种积极的探索意识和明确的使用动机却往往受到诸多限制。一方面，高中生的课业负担较重，导致使用新媒体的时间较少；另一方面，很多高中采取住校制，并且严格控制或明令禁止高中生在校期间使用电脑、手机等可以接入互联网的设备，这进一步压缩了学生接触新媒体的整体时间。这些限制致使在先前考察的绝大多数变量中，高中生的新媒体使用时间、频率、能力都低于初中生，有的指标甚至略低于小学生。然而，本节研究则表明，高中生的新媒体使用并非缺乏主观意愿，而是囿于客观条件。不论他们真正使用新媒体的客观条件如何，高中生在整体上使用新媒体的目的明确远远高于初中生和小学生。实际上，纵观三个学龄段，新媒体使用动机的目的性和明确性随年龄的增长呈现出明显的阶段性特征。这也反映出目前青少年，尤其是高中生群体新媒体使用的客观条件与其主观需求不相匹配的事实。

在性别差异方面，消磨时间、放松休闲和社会陪伴动机与性别显著相关，且男性高于女性，尤其值得注意的是社会陪伴动机。先前研究表明，女性通常社会孤独感更强[1]，她们更喜欢通过广阔的交际和频繁的联系来保持自己与他人的相互依存关系[2]。更多的熟人、更频繁的互动和更深入的交流能够为她们提供一种有所凭依的保障感，从而减少其孤独感。但在本研究中，男性使用新媒体的社会陪伴动机更高。这可能表明，当需要排解孤独、寻求社会陪伴时，青少年群体中的男性会比女性更倾向于选择新媒体，而女性则倾向于诉诸其他替代性途径，如同学、朋友、父母等。

习得路径各不相同的青少年显示出各不相同的新媒体使用动机。那些自主习得新媒体使用的青少年，其各类新媒体使用动机都比较强，表明他们在自我摸索新媒体使用的过程中，形成了目标明确的综合性使用动机，其各类需求都会有意识地借助新媒体平台来达成。此外，接受父母指导的青少年，仅在新媒体的应用动机上高于接受同学指导的人。这表明，父母在指导青少年新媒体习得的同时，也培养了他们对利用新媒体工具满足自身应用型需要的动机。这类青少年比接受同学指导的青少年具有更强的应用性目标导向——搜索信息，寻找答案，解决问题。相对而言，他们比较不会出于消磨时间、放松休闲和社会陪伴的需求而使用新媒体。这或许是由于他们有更多的替代性途径来满足这些需求。例如，接受父母指导的青少年，其亲子关系可能比其他青少年更为密切，因而并无通过新媒体实现社会陪伴的强烈动机。这也可能是由于受到父母潜移默化的指导和影响，使得他们不太会将新媒体使用与消磨时间和休闲娱乐结合在一起。接受同学指导的青少年对新媒体使用的应用性动机最低，在其他方面则介于自我习得者和父母指导者之间，这一定程度上体现出这类青少年的劣势。

---

[1] OWENS S J, SWENSEN C H. Loneliness in older adult spousal caregivers [C].The 108th Annual Meeting of the American Psychological Association, Washington, DC, 2000.

[2] GEFEN D, STRAUB D W. Gender differences in the perception and use of e-mail: an extension to the technology acceptance model [J]. MIS Quarterly, 1997, 21(4): 389–400.

他们不像无师自通的孩子那样，具有比较强的探索能力和新媒体技能，又没有像那些能够接受父母指导的孩子一样，在新媒体的使用问题上有径可循。他们对新媒体的使用集中于被动性的休闲、娱乐和社会陪伴上，但又不像自主习得型青少年那样动机明确而强烈；他们对于具有一定难度的新媒体使用行为，如搜索信息、寻找答案、解决问题等，亦缺乏强烈的主动性。

二、新少年新媒体使用行为的差异化分布

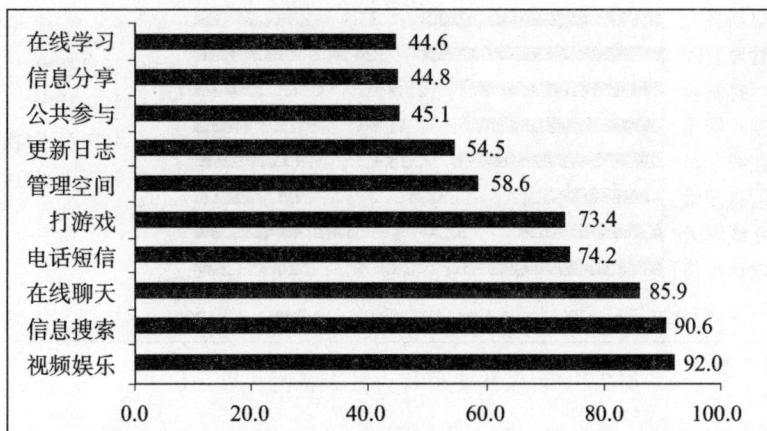

图 7.1　青少年新媒体使用行为分布图（百分比）[1]

　　研究请青少年汇报他们是否使用新媒体工具进行过下列活动：打电话/发短信，使用在线聊天工具聊天，通过搜索引擎搜索信息，学习新知识或练习已经学过的知识，看电影、电视、视频，打游戏，管理个人空间、主页，更新日志、相片、个人视频，参与贴吧、论坛、网站的讨论，分享原创性的经历、心得、体会。如图 7.1 所示，青少年最常见的新媒体使用行为分别是视频娱乐和信息搜索，占90%以上；随后是在线聊天、电话/短信交流和打游戏；在线学习、信息分享和讨论参与行为最少，不足50%。这一结果与欧美青少年新媒体/互联网的使用情况基本一致。这十项新媒体行为的累积百分比为663.7%，说明青少年的人均新

---

[1]注：因为每个人的新媒体使用行为大于或等于1，故所有使用行为的百分比总和大于100%。

媒体行为为6.6项,这呼应了本文开头的论述,即新媒体是一个综合性的任务平台;青少年使用新媒体进行多项活动。

研究进一步将青少年从事的新媒体活动按频率分为"每月数次"、"每周数次"、"每天低于3次"、"每天3~10次"和"每天大于10次"五类。由于后两类的比例太低,故合并为"每天大于3次"(见图7.2)。

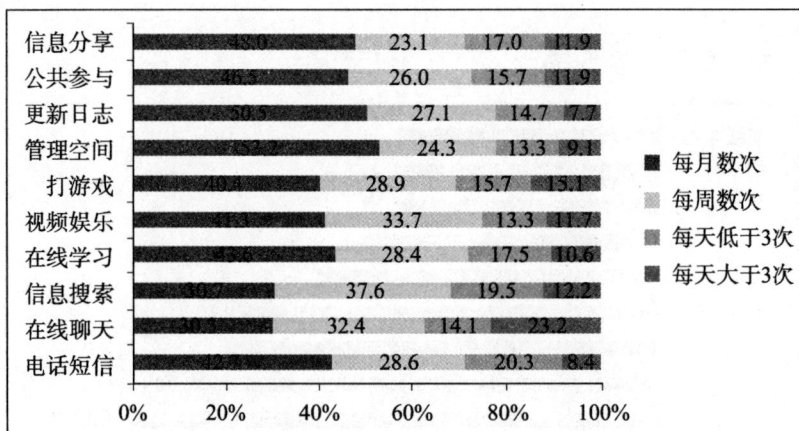

图7.2 新媒体使用行为分布情况(百分比)

如图 7.2所示,青少年的新媒体使用行为显示出两个特点:第一,不同新媒体行为的频率差别比较大;第二,新媒体行为的个体差异非常大。在行为频率上,在线聊天是青少年最频繁的新媒体使用行为:超过1/3的人每天使用新媒体聊天,其中1/5以上的人日均使用超过了3次;其次是信息搜索和打游戏,约有1/3的青少年每天都要从事这两类活动;电话和短信也是极为常见的新媒体行为,它们并没有被在线聊天取代,但其使用频率却显著低于在线聊天行为,显示出青少年群体对虚拟交流的青睐。青少年更新日志、管理空间是频率最低的新媒体行为,其次是信息分享、公共参与和在线学习。有半数的青少年这四项行为的频率为"每月数次"。可见,青少年的新媒体行为主要以个体交流和信息输入为主,而非公共交流和信息输出。他们多以个体互动的方式实现一对一的信息交流,而很少参与公共论坛、网站、贴吧的公共讨论,也很少在虚拟的公共场合发表意见、表达观点；他们多以信息搜索的方式接受来自外界的信息，却很少以更新日志、管理空间的方式发布原创信息，表明他们很少承担信息创造者的角色；即使频繁地使用信息搜索工具，他们也并不擅于利用与学习有关的信息，成为主动而有效的学习者；同时，他们的信息分享行为也比较少，表明他们很少作为信息的中转者和传递者，往往是信息传播的末端，而很少能担负起将信息进一步扩散的职能。

　　然而，青少年的新媒体使用行为和使用角色也不是均质化的，相反，巨大的个体差别在图7.2中显露出来。任何一种行为中，不同频率的使用者同时存在。在线聊天行为是分布最均衡的行为，其次为信息搜索、打游戏、视频娱乐和电话/短信；信息分享、公共参与、更新日志和管理空间是个体差别最大的行为。就在线聊天行为而言，约1/3的人每月进行几次，约1/3的人每周进行几次，另有约1/5的人每天多于三次；对于日志更新行为而言，超过半数的每个月进行几次，而有不足1/10的活跃者每天更新日志或状态超过3次。相较之下，在线聊天是一种分布相对均衡的新媒体行为；而更新日志则是一种个体差别极大的新媒体行为。尽管从总体上而言，青少年青睐个体交流胜过公共互动，多数承担的是信息的接受者而非创作者、参与者和传递者的角色，但是，约10%左右的人是公共论坛中活跃的参与者、原创内容的积极发布者、行之有效的在线学习者。这表明了青少年新媒体使用行为的个体分化。

　　为了进一步考察青少年新媒体使用行为的分化情况，研究将10个具体问题合并为5类行为指标，分别为社交行为（包括打电话/发短信，使用在线聊天工具聊天）、认知行为（包括通过搜索引擎搜索信息，学习新知识或练习已经学过的知识）、娱乐行为（包括看电影、电视、视频，打游戏）、展示行为（包括管理个人空间、主页，更新日志、相片、个人视频）、参与行为（包括参与贴吧、论坛、网站的讨论，分享原创性的经历、心得、体会）。同时，研究将原先的类别式量表转化为6级量表，其中从不=1，每天大于10次=6。研究通过一组单因素方差分析，在控制了使用时间作为协变量的情况下，考察了青少年新媒体行为的可能性影响因素，包括地区、城乡、学龄段、性别、习得路径、父母文化程度等。其中，父母文化程度对各项指标均无显著影响，故未列出；其他变量与新媒体行为的关联见表7.2。

表7.2　青少年新媒体行为频率的差异化分布情况

	社交行为	认知行为	娱乐行为	展示行为	参与行为
武汉	3.04	2.52	2.78	2.01	1.92
荆门	3.01	2.41	2.58	2.04	1.89
恩施	3.20	2.32	2.73	2.03	1.85
F	5.26**	11.59***	9.28***	.18	1.34
城市	2.97	2.40	2.54	1.86	1.80
乡村	3.19	2.44	2.85	2.19	1.96
F	17.89***	1.24	64.15***	81.88***	18.89***
小学	2.72	2.61	3.00	1.82	1.71
初中	3.54	2.58	2.97	2.34	2.18
高中	2.90	2.09	2.15	2.03	1.72
F	102.44***	106.06***	233.76***	89.42***	79.55***
男性	3.16	2.47	2.91	2.02	1.92
女性	3.02	2.38	2.46	2.06	1.85
F	7.56**	5.78*	127.68***	1.18	3.31
无师自通	3.23	2.46	2.79	2.11	2.01
父母指导	3.05	2.47	2.65	2.00	1.80
同学指导	3.15	2.29	2.67	2.02	1.79
F	4.65*	5.93**	4.23*	3.45*	12.55***

注：*p<0.05，**p<0.01，***p<0.001.

青少年各类新媒体使用行为的地区差异没有呈现出一致性特征。其中，展示行为和参与行为的频率没有显著的地区差异；社交行为的频率与地区经济水平负相关；认知行为频率与地区经济水平正相关；娱乐行为的频率与地区经济水平呈倒U型关系。这可以解释为，经济水平较高的地区，青少年使用新媒体进行信息性和学习性行为的频率越高，进行虚拟社交的行为频率越低。但也可能说明，青少年的新媒体使用行为与地区经济水平之间并无固定模式。

城乡差异延续了先前几章中的研究结论：乡村地区的各类新媒体行为频率均显著高于城市地区。其中，展示行为的城乡差别最大；社交行为的城乡差别最小；认识行为没有显著差别。乡村地区新媒体使用频率普遍高于城市地区，如前所述，这可能是由于乡村地区的青少年并无过多的替代性活动，如休闲、娱乐或补习班、特长班等，从而使得他们有更多的时间频繁使用新媒体来从事各类网络活动。然而，如果乡村地区儿童替代性行为过少的确是主要原因的话，那么，认知行为的城乡无差异便格外值得注意。这说明，乡村孩子在缺乏替代性培养路径的情况下，并没有利用新媒体工具发掘自我培养路径。他们有更多的时间使用新媒体，但是这些时间更多地用于网络社交和娱乐。这也侧面反映出，青少年对新媒体工具的使用还是停留在消费性和休闲性层面，而没有充分意识到其知识性和工具性价值，更没有发展出利用新媒体工具自我培养和自我提升的意识。

第三章中，新旧媒体的使用时间与学龄段之间均呈倒U型关系。但在新媒体的使用频率上，不同类别的行为体现为两种模式。社交行为、展示行为和参与行为为倒U型关系，认知行为和娱乐行为则呈负相关关系。其中，初中生更热衷于进行社交、展示和参与行为；小学生最愿意从事娱乐行为和认知行为；高中生的五类行为则居中或垫底。这表明，初中生是新媒体互动性活动的活跃分子，小学生则多数为娱乐或知识性信息的接受者，而不像初中生那样是参与者或原创者。令人费解的是，高中生的新媒体行为频率普遍较低，这并不能用高中生课业负担过重、用于新媒体活动的时间有限、所以各项行为频率都表现平平来解释。如第三章表3.3所示，高中生日均新媒体使用时间为54分钟，比初中生低45分钟，比小学生低8分钟。高中生与小学生的新媒体使用时间基本相似，但他们却更热衷于从事网络社交活动和展示活动，而较少从事网络娱乐活动和认知活动。尤其是在认知活动这一点上，人们通常会认为，高中生比小学生有更大的课业压力，会更加主动地通过新媒体工具搜索信息、学习知识。然而，事实表明，在有限的时间里，高中生会更频繁地进行虚拟社交和自我展示活动；而小学生在娱乐之余，会更多地使用新媒体工具来从事与学习有关的活动。原因可能是，高中生的知识更复杂，更难以在互联网上直接找到答案或者获得帮助，所以他们的认知类活动频率较低。但实际上，互联网上存在众多的教育网站、论坛和讨论组，为不同年龄段的青少年提供帮助；此外，互联网上还有更多的知识超出了应试教育的需要，能够帮助青少年开阔视野、拓展知识面，但这些活动却并未得到高中生群体的积极关注和参与。

青少年的新媒体行为呈现出可预见的性别差异。相对于女生而言，男生极其热衷于娱乐活动，较多从事社交活动和认知活动；展示行为和参与行为则没有明显差异。这表明，相比于女生而言，男生是更活跃的新媒体使用者。但是，这种活跃度的差别主要体现在娱乐行为上，并且主要是打游戏。这一点将在第九章中详细论述。

最后，青少年新媒体习得路径对其使用行为具有一定的影响。主要依靠自我习得的青少年，其社交行为、娱乐行为、展示行为和参与行为都高于接受父母或同学指导的青少年；接受父母指导的青少年在认知行为上略高于那些依靠自我习得的孩子，且显著高于依赖同学指导的青少年。不论是主要依赖父母指导还是同学指导，除参与活动之外青少年的新媒体行为频率均差别不大。接受同学指导的青少年，新媒体参与活动多于接受父母指导的人。概言之，那些通过自我摸索掌握新媒体使用方法的青少年，其各项新媒体活动都更为频繁。对于那些父母能够给予指导的青少年，父母可能会有意识地引导他们从事认知活动。而那些主要依赖同学指导的青少年则更多的从事新媒体参与活动。

三、使用动机、使用行为和相关要素

使用动机和使用行为往往是相互关联的。人们往往出于特定的动机而采取相应的行动。与此同时，人们的不同动机和不同行为往往是由诸多因素决定的，

包括个体属性差异、个体主观差异、客观限制条件等等。本节结合前面几章的内容，探索社会系统要素、人口统计学要素、新媒体使用时间、习得路径、使用动机等对新媒体使用行为的影响。

表 7.3　新媒体使用时间、习得路径、新媒体使用动机与新媒体行为的相关性分析

		1	2	3	4	5	6	7	8	9	10	11	12	13
1	使用时间	--												
2	自主习得	0.116**	--											
3	父母指导	0.024	-0.106**	--										
4	同学指导	0.094**	-0.044*	0.253**	--									
5	社交行为	0.387**	0.132**	-0.022	0.028	--								
6	认知行为	0.186**	0.041*	0.194**	0.204**	0.337**	--							
7	娱乐行为	0.442**	0.066**	0.068**	0.105**	0.429**	0.364**	--						
8	展示行为	0.369**	0.086**	0.059**	0.086**	0.489**	0.371**	0.424**	--					
9	参与行为	0.327**	0.113**	0.063**	0.131**	0.431**	0.412**	0.388**	0.645**	--				
10	应用价值	0.019	0.062**	0.073**	0.056**	0.077**	0.100**	0.001	0.069**	0.062**	--			
11	消磨时间	0.180**	0.147**	-0.133**	-0.100**	0.189**	-0.004	0.117**	0.135**	0.148**	0.292**	--		
12	放松休闲	0.167**	0.124**	-0.043**	0.018	0.179**	0.030	0.156**	0.177**	0.154**	0.170**	0.475**	--	
13	社会交往	0.140**	0.064**	0.113**	0.127**	0.201**	0.119**	0.161**	0.211**	0.188**	0.392**	0.308**	0.328**	--
14	社会陪伴	0.206**	0.093**	0.027	0.042*	0.187**	0.130**	0.216**	0.231**	0.233**	0.193**	0.334**	0.351**	0.467**

注：*① "自主习得" 为电脑、智能手机、普通手机无师自通情况的均值；② $*p<0.05$，$**p<0.01$，$***p<0.001$.

研究首先通过一组相关测试考察各要素的相关性关系。如表 7.3 所示，习得路径的三个子路径之间仅具有弱相关性；新媒体行为的五个子项之间则具有中等程度的相关性，表明青少年的新媒体使用行为不是割裂的。一旦使用新媒体，人们会普遍性地参与所有类型的活动。一旦有条件（经济条件、时间条件）从事一类新媒体活动，便会相应地频繁从事其他活动。使用动机的五个子项之间的关系差异度比较大。一方面，相似动机关联性较为密切，例如，消磨时间与放松休闲、社会交往和社会陪伴这两组使用动机的相关度最高，为中等程度相关。这表明，驱动青少年群体使用新媒体的主观动机不是分散的、割裂的，相反，那些对社会交往需求更强烈的人也往往有着强烈的社会陪伴需求；那些出于消

磨时间而使用新媒体的人，同时也具有较强的放松休闲需求；另一方面，非相似性动机的关联性显著减弱，应用价值与消磨时间、应用价值与社会陪伴这两组使用动机的相关度最低，为极弱相关。这表明，青少年群体的新媒体使用动机有着比较清晰的区隔和显著的个体差异。出于应用性需求而使用新媒体的人通常不会诉求新媒体的仪式性和情感性功能；反之亦然。

表 7.4　新媒体使用行为影响因素的回归分析

	社交行为		认知行为		娱乐行为		展示行为		参与行为	
	β	R^2更改	β	R^2更改	β	R^2更改	β	R^2更改	β	R^2更改
人口统计学要素		0.015***		0.064***		0.151***		0.022***		0.007**
性别	-0.081		-0.058		-0.383***		0.135**		-0.036	
年龄	-0.161****		-0.229***		-0.550***		-0.097**		-0.096**	
父母文化水平	0.012		0.016		-0.091**		-0.063		0.048	
家庭经济水平	0.001***		0.001*		0.001***		0.001***		0.001**	
社会系统要素		0.016***		0.012***		0.034***		0.040***		0.026***
地区	-0.032		-0.059*		0.001		-0.022		-0.044	
城乡	0.293***		0.175***		0.358***		0.378***		0.288***	
使用时间	0.140**	0.046***	0.027*	0.005**	0.085**	0.034***	0.088**	0.038***	0.078**	0.032***
习得路径		0.022***		0.036***		0.010***		0.031***		0.043***
自主习得	0.326***		0.125**		0.148**		0.203***		0.279***	
父母指导	0.035		0.125**		0.062**		0.059**		0.116**	
同学指导	0.081**		0.045*		-0.001		0.077**		0.061**	
新媒体使用动机		0.032***		0.015***		0.038***		0.044***		0.034***
应用价值	-0.006		0.059**		-0.057*		-0.015		-0.020	
消磨时间	0.066*		-0.017		0.081***		0.019		0.044*	
放松休闲	0.056*		-0.018		0.057**		0.052**		-0.002	
社会交往	0.102**		0.016		0.029		0.058**		0.050*	
社会陪伴	0.073**		0.077***		0.075***		0.115***		0.117***	
整体 R^2	R^2=0.131		R^2=0.131		R^2=0.268		R^2=0.175		R^2=0.142	
F	$F_{(14,6630)}$=22.99***		$F_{(14,6630)}$=22.21***		$F_{(14,6630)}$=53.88***		$F_{(14,6630)}$=31.31***		$F_{(14,6630)}$=24.51***	

注：①性别、城乡均转化为哑变量；②父母文化水平为父亲和母亲文化水平的均值；③使用时间为电脑、普通手机、智能手机三类设备的日均使用时间；④年级排名使用原始5级类别数据，视为定序数据列入回归分析；⑤*p<0.05，**p<0.01，***p<0.001.

五类新媒体使用行为频率都受到社会系统要素、人口统计学要素、使用时间、习得路径和使用动机五大要素单元的影响。这表明，不同类别的新媒体使用行为都是复杂要素综合作用的结果。就各个子要素而言，年龄、家庭经济水平、城乡差异、新媒体使用时间、自主习得路径和社会陪伴动机是对五类行为都产生了显著影响的要素。

地区差异仅影响了认知行为，这与表7.2的方差分析是一致的。经济越发达的地区，青少年的认知行为越频繁。其他类别的行为也呈现出地区差异性，但地区差异并非其成因，城乡差异对各项行为都具有显著影响。乡村地区青少年的各项新媒体使用行为均高于城市青少年。地区和城乡差异在第一节已有过阐述，在此不再赘述。

年龄对各项行为频率均为负向影响，即年纪越大的孩子，对各项新媒体行为的从事频率越低，其中，对娱乐行为的影响最大，对展示行为和参与行为的影响最小。这呼应了本文中一再阐释的观点，即随着学龄段的提高，青少年使用新媒体方面的客观限制增加，直接影响了他们的媒体使用行为。在这其中，打游戏、看视频等需要较长空闲时段的娱乐类行为所受的影响最大；展示类、参与类等可以随时进入、随时退出，所受的影响相对较少。

家庭经济水平对各项行为均为正向影响，即随着家庭经济水平的提高，孩子从事各项新媒体活动的频率也相应增加。这种增加的幅度并不大，但趋势却相当一致。这意味着，经济条件更好的家庭，孩子使用新媒体的环境更宽松。这或许是来自于家长的开明政策，或许是因为经济水平更好的家庭，孩子拥有私人化新媒体设备的可能性更大，他们因此可以随时从事新媒体活动而免受父母的干预或管理。此外，家庭经济水平对各类新媒体行为频率的影响是相近的，这意味着经济水平仅仅在一个普遍性的层面上影响了新媒体行为，而没有对特定行为产生针对性影响。

使用时间对展示行为和参与行为的影响最大，对娱乐行为和社交行为的影响最小，这说明，娱乐行为和社交行为是青少年群体中比较普遍的、优先从事的行为。不论青少年新媒体使用时间充裕与否，他们都会优先地、频繁地从事这两类网络活动，包括发短信、在线聊天、看视频、打游戏等；相反，展示行为和参与行为则受新媒体使用时间影响比较大，只有那些经常使用新媒体的孩子（如家里有电脑或者无线网接入）或可支配新媒体使用时间比较长的孩子（如家长约束比较松、替代性选择比较少、课业负担比较轻）才能更频繁地从事日志更新、个人主页管理、公共论坛讨论、经历经验分享等新媒体活动。

自主习得路径对参与行为、社交行为和展示行为的影响都比较大，对娱乐行为和认知行为的影响则比较小。展示行为和参与行为是频率相对较低的新媒体行为，而新媒体自主习得能力显著影响着青少年的这两类行为。那些主要通过自我摸索来学习新媒体使用的孩子是虚拟世界中更活跃的信息原创者和公共参与者。此外，在最普遍的新媒体社交行为上，那些具备较强的自主习得能力的孩子也往往具备更显著的活跃度。他们在认知行为和娱乐行为方面也同样高出同辈，只是这一优势不像展示行为、参与行为和社交行为那样明显。

社会陪伴动机是唯一一个对五类新媒体行为都产生显著影响的动机类要素。这表明，新媒体使用不仅仅是一种休闲性行为，而且具有强烈的情感驱动和心理动机。社会陪伴动机对展示类和参与类行为的影响最大，在影响程度值上是对社交、认知、娱乐行为之影响的两倍。这表明，青少年积极的新媒体展示行为和参与行为的部分目的是为了消除孤立感。新媒体展示行为一定程度上营造出一种虚拟的喧闹氛围。人们在"滴滴"的评论提醒声中产生被社会陪伴的安全感；虚拟空间中以发布者为中心的留言极易满足人们"自我中心主义"的心理，产生被关注的满足感；同时，忙碌的回复和有来有往的互动能在一定程度上驱散孤独感，从而有效地满足社会陪伴性动机需求。

除了上述几项普遍性的影响因素外，不同的新媒体行为所受到的具体影响因素各不相同。

社交行为还受同学指导、消磨时间动机、放松休闲动机和社会交往动机的影响。排除普遍性影响要素，社会交往动机是最重要的预见性因素。青少年的社交性动机越强，相应的新媒体社交行为就越频繁。这表明，青少年的新媒体社交行为受明确的使用动机驱动，并不是"没事儿就聊天"。当然，青少年也会出于消磨时间、放松休闲的需要进行新媒体社交活动，而应用价值等级则并不影响其社交行为频率。这表明，新媒体社交行为主要受休闲类和交往性动机的驱动；并且，接受同学指导本身也能够使得青少年更频繁地从事新媒体社交活动。

认知行为最主要的影响要素为父母指导，这再一次确认了新媒体使用中家庭教育和父母引导的重要性。接受父母指导的程度越高，新媒体认知行为便越频繁；这一规律同样体现在接受同学指导和自主习得路径方面。应用性动机唯一的正向影响要素就是认知行为。这体现出认知行为的特殊性，也同时反映了青少年新媒体使用中动机和行为的对应关系。当青少年需要获取知识或信息来解决问题时，便会目标明确地从事新媒体认知活动，通过搜索引擎或学习网站满足应用性需求。

人们通常认为，青少年利用新媒体工具看视频、打游戏是因为他们"就知道玩儿"，但本研究表明，娱乐行为是影响要素最多、成因最复杂的一种新媒体行为。娱乐行为受人口统计学各个变量的影响，是一种最有社会规律性的青少年新媒体行为，其行为频率呈现出男性高于女性、乡村高于城市、低年级高于高年级的特征。此外，父母文化水平仅影响新媒体娱乐行为。父母文化水平越高的家庭，孩子使用新媒体来打游戏、看视频的频率越低。第五章曾经指出，父母文化水平与父母指导情况正相关。因此，可以得出如下结论：父母的文化水平越高，对孩子的指导越多，越会约束他们的新媒体娱乐活动，或者引导孩子少从事新媒体娱乐活动。父母文化水平对其他媒体使用行为均无显著影响。这体现出青少年新媒体使用行为的个体性：来自家庭的影响逐渐减弱，而青少年的个体差异，如性别、年龄、习得路径、使用动机等因素的影响却在加强。相比于那些接受同学指导的孩子而言，自我习得和接受父母指导的孩子从事新媒体娱乐活动的频率更高。他们会出于消磨时间、放松休闲和社会陪伴的动机而使用新媒体进行娱乐活动，但使用时间、习得路径和使用动机的影响力均不及人口统计学要素的影响力，表明青少年的新媒体娱乐行为呈现出更多的社会化偏向而非个体化偏向。

除了普遍性因素以外，展示行为最主要的影响因素是性别。这也是唯一一个女生行为频率大于男生的类别。这说明，女生更喜欢通过发表日志、更新状态、上传照片等方式实现一对多的交流。过往研究表明，女性的社交范围通常大于男性，并且她们更热衷于维护和扩大自己的"社交后援团"（Social Support Groups）[1]。这一性别差异同样体现在在线行为中。如表7.4所示，女性更热衷于展示行为。原创性内容更新之后，通常会伴随同学和朋友的浏览、"点赞"、留言等。内容发布者可以在自己的日志下、主页上或空间中与众多的留言者互动。相对而言，男生较不热衷这类一对多的"漫射"式交流，而更喜欢点对点的个人互动。

此外，展示行为涉及原创性信息，对新媒体能力有更高的要求，因此对习得路径的依赖非常明显。就青少年从事展示行为的频率而言，那些自主习得的人高于接受指导的人，接受父母指导的高于没有接受父母指导的人，接受同学指导的高于没有接受同学指导的人。展示行为通常也需要更多的时间来撰写、编辑内容，创建、美化空间。人们出于社会陪伴和放松休闲的需要而从事新媒体展示活动，其中社会陪伴动机的影响力大于休闲动机。此外，放松休闲动机影响了展示行为，而消磨时间动机则没有。这表明当人们无所事事需要打发时间时，会选择看视频或打游戏；但更新日志、照片、视频，管理空间等展示性行为，在青少年看来则是为了放松休闲的需要。这表明，青少年能够明确区分这两类动机。

最后，公共参与行为与展示行为的影响因素最为相似。公共参与行为同样

[1] PINQUART M, SORENSEN S. Influences on loneliness in older adults: A meta-analysis [J]. Basic & Applied Social Psychology, 23, 245–266.

要求较高的新媒体使用能力，因此，对习得路径的依赖也非常明显。此外，社会陪伴和社会交往是公共参与行为的主要动机。其中，社会陪伴动机对公共参与行为的影响力甚至超过了对展示行为的影响力。社会陪伴动机并不影响社交行为，表明社会陪伴需求不能通过一对一短信、聊天这类行为来满足，而只能通过一对多的公共参与行为和展示行为来实现。在这两类行为中，个体依托新媒体平台提供的虚拟空间，参与或主导虚拟社交。当青少年有社交需求时，他们主要从事社交活动，通过电话、短信、即时聊天工具等，与熟悉的人通过新媒体工具交流；社交需求也会促使他们从事一定的公共参与行为。但社交需求对互动行为的影响程度仅仅是对社交行为影响程度的一半。这表明，青少年也能够明确区分（通常意义上）一对一的社交行为和一对多的公共参与行为，并且基于不同的动机，目标明确地从事不同的活动。

概言之，本节表明，除了娱乐行为外，大多数新媒体使用行为都具有较强的个人性；个体因素对新媒体行为的影响远远大于社会因素；青少年基于特定动机从事特定活动，使用动机对使用行为的影响显著。

本章小结

本章考察了新媒体使用动机和使用行为的影响要素，并考察了这两个变量之间以及这两个变量与其他变量之间的相互关系。研究的主要结论如下：

第一，新媒体使用动机的社会差别（地区、城乡）缩减，个体差别（学龄段、性别、习得路径）增加，使用动机呈现出明显的个人性而非社会性。青少年随年龄而增长的心智水平和基于习得路径的新媒体能力都显著影响了他们的新媒体使用动机。年龄越大、能力越强的孩子，新媒体的使用动机越明确。

第二，青少年群体的新媒体行为存在一定的差异。不同的新媒体行为在青少年群体中的风靡程度不同；不同的人从事不同行为的频率也大相径庭。任何一种行为中，不同频率的使用者同时存在，体现出青少年群体在新媒体使用方面的个体分化特征。总体而言，青少年群体在新媒体使用中主要承担交流者和接收者的角色，而较少作为信息的创造者、参与者、中转者和扩散者。

第三，使用动机与使用行为密切相关。青少年能够明确区分不同的行为动机，并且能够基于不同动机、采取不同行动，以满足特定需求。使用时间、城乡差异和自主习得能力是影响使用动机最持续性的因素；父母文化水平和家庭经济水平是影响范围最小的因素。这表明新媒体使用更多地体现为个人性而非社会性行为。社交行为的影响因素最少、规律最简单；娱乐行为的影响因素最多、成因最复杂。

技术是社会产品。这种产品将人与人的关系嵌入它们的构建过程中。当对社会过程进行解释时，我们也可以出于便利方面的考虑，让技术和其他因素一起充当社会的构建者。

——布鲁诺·拉图尔《我们从未现代化》

第八章　电脑与手机：新媒体使用行为的终端差异

从电脑到智能手机，不仅仅是上网介质的迁移。互联网提供了一种基于网络ID的"人对人"的传播可能性，但电脑本身需要固定的地点和空间，一旦离开电脑桌，人们便断开了与网络世界的连接。因此，宽带网络近似于一种"地点对地点"和"人对人"传播的过度媒介。移动电话首先是作为通讯工具出现的。它将固定电话的"地点对地点"的传播改变为真正意义上的"点对点"传播，不论这个"点"是移动还是静止的。这一传播信道最初只容纳声音，是技术——支持高速数据传输的蜂窝移动通讯技术——的发展最终将其拓展为移动网络信道。如此，一种真正的"人对人"的传播介质诞生了。个体随时在线，虚拟接入现实。手机完成了从通话工具向综合性移动终端的转变，通话功能逐渐从手机的唯一功能转变为主要功能之一；手机也同时完成了上网功能的整合，电脑终端所具备的功能逐渐成为手机终端的一个子集。

截至2014年6月，中国网民规模达6.32亿，互联网普及率达到46.9%。网民上网设备中，手机使用率达83.4%，首次超越传统PC机80.9%的使用率，成为第一大上网终端[1]。智能手机的普及带来的不仅是上网方式从电脑到手机的迁移而且伴随着对社会结构的深层次影响。便携式移动终端将"虚拟世界"真正植入到现实生活中。2014年见证了手机移动市场的狼烟四起，几乎在各个领域，巨头的博弈和新势力的崛起都在上演。一方面，各类PC时代不曾出现或流行的小众化应用/网站，如位置类、服务类、消费类、支付类、图片美化类、自制视频类等等风靡一时，对应着移动终端功能的实用化、一体化和私人化趋势；另一方面，网络巨头们开始通过斥资收购和自主研发两条途径，实现对上述小众类市场的兼并或扩张。2013年，我国互联网行业涉及并购金额27.51亿美元，比2012年的2.69亿美元暴涨922.7%，而市场的买家主要是百度、阿里巴巴、腾讯三大龙头企业。互联网巨头们纷纷通过并购达到上下游产业链的整合，以期在市场上拥有更大的用户群[2]。与此同时，技术型互联网巨头还加大自主性开发力度，充分提高产业链的一体化和纵深化水平。仅2014年，百度就在"百度地图"这一软件的内部添加了导航、团购、生活服务（路况提醒、违章查询、电子狗）、出行服务（包括酒店、票务、租车预定）、娱乐服务（包括KTV预定、电影票购买和选座）等多项应用服务。

不论是用户驱动催生了网络变革，还是理念革新培养了新的用户行为方式，移动网络与宽带网络已经甚为不同。本章通过一系列描述性数据，考察青少年群体中最受欢迎的网站和手机应用程序的列举频次和类别分布情况。

第一节　青少年网络使用偏好：巨头垄断与小众文化并存

问卷请青少年列出他们最常使用的3个网站，如果不足三个，可以有几个填

---

[1]中国互联网络信息中心.第三十四次中国互联网络发展状况调查统计报告 [R/OL]. (2014-07-21) [2014-09-08].http://www.cnnic.net.cn/hlwfzyj/hlwxzbg/hlwtjbg/201407/t20140721_47437.htm.
[2]网易财经.2013互联网并购额暴涨9倍，百度阿里腾讯是主要买家 [EB/OL]. (2014-01-08) [2014-09-08].http://money.163.com/14/0108/08/9I29P1A000253B0H.html.

几个。参与调查的7122人中，至少列举了一个网站的共5758人，实际列出的有效网站数量为12928条。其中，有2496人列举出了三个网站；2180人列举出了两个网站；1080人列举出了1个网站；1360人没有列举出任何网站。这12928个列举出的网站共728种，人均列出的网站数为2.25个，每个网站平均被7个人列出。

百度搜索是被列举最多的网站，共被列举4526人次，占全部有效网站数量的35%；排名第二的是hao123，共被列举1318人次，占全部有效网站数量的10.2%；排名第三的是360浏览器，共被列举868人次，占全部有效网站数量的6.71%。排名前11位的网站列举频次超过1%，其余717种网站被列举的频次均低于1%。其中，被列举频次在0.1%~1%之间的共37种，低于0.1%的共680种。

表8.1　青少年网站列举频次分布表（部分）[1]

排名	网站名称	频次	比例（%）	排名	网站名称	频次	比例（%）
1	百度	4526	35.01	25	淘师湾	34	0.26
2	hao123	1318	10.20	26	当当网	34	0.26
3	360	868	6.71	27	菁优网	26	0.21
4	腾讯网/QQ	766	6.15	28	NBA官网	26	0.21
5	搜狗浏览器	696	5.38	29	小说阅读网	24	0.19
6	淘宝网	596	4.61	30	金山毒霸	24	0.19
7	谷歌	438	3.39	31	虎扑论坛	24	0.19
8	搜狐网	420	3.24	32	个性网	24	0.19
9	新浪网	416	3.21	33	豆瓣	24	0.19
10	7k7k小游戏	150	1.16	34	猎豹浏览器	22	0.18
11	土豆网	140	1.08	35	京东商城	22	0.18
12	优酷	94	0.72	36	穿越火线官网	22	0.18
13	六一儿童网	86	0.66	37	乐视网	20	0.16
14	爱奇艺	78	0.61	38	UC浏览器	20	0.16
15	起点中文网	72	0.56	39	维基百科	18	0.14
16	2345小游戏	70	0.55	40	PPS	18	0.14
17	酷狗	62	0.48	41	微信	16	0.13

---

[1]仅包含列举比例高于0.1%的网站。

（续表）

排名	网站名称	频次	比例（%）	排名	网站名称	频次	比例（%）
18	英雄联盟	58	0.45	42	游民星空	14	0.11
19	湖北省课改网	54	0.42	43	迅雷	14	0.11
20	哔哩哔哩	50	0.39	44	作文网	12	0.10
21	网易	46	0.35	45	新华网	12	0.10
22	人人网	46	0.35	46	晋江文学网	12	0.10
23	凤凰网	42	0.32	47	果壳网	12	0.10
24	搜搜	40	0.31	48	3366小游戏	12	0.10

从表8.1可以看出，青少年对网站的使用呈现出极端不均衡的状态。百度搜索独占全部被列举网站数量的35%；排名前10位的占全部被列举网站数量的77.2%；而列举比例低于1%的315个网站，尽管在总量上占86.5%，但在总人次上仅占10.47%。一方面，青少年的新媒体使用集中于少数的互联网巨头。排名前10的网站共被列举9988次，平均2.21人次，即青少年最常使用的三个网站中，平均有两个集中在排名前10位的网站里。这前10位的网站包括两个搜索引擎（百度、谷歌），两个网络浏览器（360浏览器、搜狗浏览器），一个导航网站（hao123），三个门户网站（搜狐、新浪、腾讯），一个购物网站（淘宝网），一个小游戏平台（7k7k小游戏）。这些网站都是综合性网站或者是特定类别内的综合性网站。

搜索导航类网站是列举比例最高的网站。然而，第七章的研究表明，在线搜索并非青少年最经常从事的网络活动。这表明，青少年使用搜索引擎的主要的目的并不在于特定的信息搜寻。列文斯通对英国青少年的研究发现，很多孩子夸大了自己的新媒体使用能力。实际上，很多人往往不能正确地拼写网址，也不会使用收藏夹[1]。作为一种补充路径，很多人将搜索引擎或导航网站作为一个引导式的入口，通过搜索引擎的搜索功能（包括联想式搜索、模糊搜索和自动纠错功能）或者导航网站提供的分类列表来进入目标网站。

---

[1]索尼亚·利文斯通.儿童与互联网:现实与期望的角力[M].郭巧丽,译.北京:电子工业出版社,2013:63-64.

　　浏览器的使用是一个十分有趣的现象。在以往的青少年互联网调查中，百度搜索位列前茅的现象已经持续了多年。李文革等在2012年《全国青少年互联网使用报告》中再次确认了搜索引擎的主导性地位[1]。但是，先前研究中并未汇报过青少年对浏览器的使用。实际上，浏览器并不能算作传统意义上的"网站"。如果在地址栏中输入"360.com"或"sougou.com"，网页的主要内容是浏览器下载、相关工具更新和其他附加技术服务。浏览器市场的多元化侧面反映出人们对上网质量的要求进一步提高。Windows系统内置的IE浏览器在相当长的一段时间内一直是人们默认的上网途径。早期网络开发商主要致力于网络内容（如门户网站）、网络平台（如影音软件、聊天软件、游戏平台）、网络安全服务（如系统修复、病毒查杀）等方面。但随着网络业务类别的日益多元化，两个问题凸显出来，一是软件本身的问题。IE浏览器启动速度慢、页面加载慢、内存占用高等为普通用户所诟病，如Opera、火狐等一批专业的独立浏览器进入市场；二是硬件设备和操作系统的多元化，挑战了Windows操作系统的主导性地位。如苹果公司内置于Mac操作系统中的Safari浏览器，谷歌公司内置于ChromeOS系统中的Chrome浏览器等，都依托操作硬件设备和操作系统的推广斩获了一定的市场份额；与此同时，智能移动终端（包括智能手机和平板电脑），尤其是智能手机对浏览器提出了新的要求，相应地，UC浏览器、海豚浏览器等一大批速度快、流量小、终端要求低、兼容性强的手机浏览器异军突起。此外，在技术开发方面得天独厚的网络服务商，如网络安全服务商（如360浏览器）、搜索类巨头（Chrome、百度浏览器）和其他技术类开发商（如搜狗浏览器、酷狗浏览器）纷纷试水浏览器市场。细化之后的浏览器市场进而依托自己既有的技术优势——安全服务、搜索、输入法等等，或默认推荐捆绑安装，或依赖用户使用习惯实现市场拓展。IE一家独大的局面风光不再，浏览器市场多元化局面形成。由于

---

[1]李文革,沈杰,季伟明.中国未成年人新媒体运用报告2011~2012 [M].北京:社会科学文献出版社,2012:16.

先前的研究主要集中于电脑和互联网，没有将媒介工具扩展到新媒体，因此，当被问及"你最经常使用的网站时"，人们或许仅将浏览器作为网站的入口而没有将其视为网站。而当载体转移到新媒体介质，如平板电脑和智能手机时，浏览器便一跃成为青少年最常使用的新媒体工具之一。这表明青少年使用新媒体接入互联网已经日益普及，也同时表明了青少年在电脑使用和手机使用方面的差异。同搜索引擎和导航网站一样，青少年并不直接在浏览器上获取信息，而是以此为入口进入目标网站。

门户网站是排名前十的网站中最大的一个类别，腾讯网、搜狐网、新浪网占据了三个席位。这显示出青少年对综合性信息资讯的依赖，表明青少年使用网络的重要目的依旧是获取资讯。大众媒体环境监测的功能得到青少年群体的承认，并且主流门户网站依然是其信息获取的主要渠道。但与此同时，门户网站的使用情况存在很大的分化。排名前十的门户网站都是商业类门户网站，主流媒体类网站（如新华网、人民网）和专门的新闻网站（如凤凰网）的排名并不高。

小众类网站在青少年人群中是分散存在的，被列举的总量并不多。如果以被列举频次低于1%作为"小众网站"的划分标准，则共有717个网站符合标准。这意味着，在参与网站列举的5758人中，仅有1/8的人将小众网站列为"最常使用的网站"。这些网站内容五花八门，包括政治、军事、财经、体育、游戏、科技、动漫等各个方面，表明少部分青少年已经能够将小众网站作为日常互联网使用的重要部分。但这类网站被列举的频率如此之低，表明小众网站在青少年中的存在是分散的、零散的，远远没有聚合成为特定的"亚文化群体"。那些列举并使用小众网站的青少年，很难在同学中找到同类群体，而多数只能借助新媒体介质，在虚拟空间中参与特定的文化群落。

概言之，青少年新媒体使用的巨头垄断与小众分化并存，间接反映了这个群体在虚拟空间中聚合化与离散化并存的现象。一方面，青少年群体高度依赖互联网巨头。青少年最常用的网站中，2/3集中在排名前十位的网站中，这反映了互联网时代巨头割据的现实情况以及青少年群体对媒体工具、介质平台和综合门户的强烈依赖；但另一方面，少数青少年已经具有鲜明的亚文化气质，他们明确而频繁地使用小众网站，哪怕周围很少有同学能够与其探讨、交流和互动。对小众网站的使用本身又极其多元化。青少年分属于不同的小众化群体，从而形成一幅总体上的离散式图景。这呼应了美国发展心理学家保罗·马森（Paul Mussen）的观点：青少年人格发展的一个重要特征就是对人际交往的渴望。"随着自我同一性的稳定，个体作为独立的人按照自己的需要、愿望、能力以及癖好同他人发展关系，已经变得可能"[1]。与此同时，青少年的关注面开始扩大，使得他们对他人更感兴趣、更加关心，而这一点是"成熟最清晰的标志之一"。这种心理特征很大程度上形成了小众群体的聚集，进而奠定了青少年亚文化的基石。

根据艾媒咨询《中国市场与媒体研究》公布的互联网分类标准[2]，研究将青少年所列举的728种网站按内容分为六个大类，分别为综合类、资讯类、教育文化类、科技类、生活服务类、社区类。每个大类下又细分为若干小类。由于研究的对象为青少年，故而将面向青少年的专属网站列为单独一类（见表8.2）。

表8.2 青少年网站类别列举频次分布表（N=12422）

类别	子类别	代表性网站	频次	比例（%）	总比例
搜索导航类	搜索	百度、谷歌、搜狗	4572	36.75	47.04
	导航	Hao123，114网址	1280	10.29	
资讯类	新闻类	新浪网、凤凰网、新华网	1140	9.16	9.26
	政治军事类	中国军事网、铁血军事网	10	0.08	
	财经类	第一财经	2	0.02	
教育文化类	文学类	起点中文网、书包网	158	1.27	3.32
	教育类	菁优网、e度论坛、高考网	166	1.33	
	学习类	淘师湾、作业网	90	0.72	
	工具类	有道词典、金山翻译	28	0.23	

[1] 保罗·马森. 人类心理发展历程 [M]. 孟昭兰等，译. 沈阳：辽宁人民出版社，1991:424.
[2] 中国市场与媒体研究. 危机之年的"融合"与"返朴" [EB/OL]. (2010-04) [2014-09-08]. http://wenku.baidu.com/link?url=kBl2XGx0GhUCoa_uY30ZX3CgEb5kwUN4rmNmi2q3Mm3jS6gl6pE8x xty1tYAh2lVUrJv8xY5tnFNZTFHuS75NnjP90wAN-bdgPPH6eeegdG.

（续表）

类别	子类别	代表性网站	频次	比例（%）	总比例
休闲娱乐类	体育类	新浪体育、虎扑、NBA中国	68	0.55	12.99
	时尚类	蘑菇街、美丽说、街拍网	8	0.06	
	影视类[1]	爱奇艺、电影网、哔哩哔哩	486	3.91	
	音乐类	音悦台、酷狗音乐	100	0.80	
	动漫类	动漫论坛、暴走漫画、有妖气	54	0.43	
	素材类	堆糖网、花瓣网、涂鸦王国	22	0.18	
	色情类	很很鲁、59hhh	20	0.16	
	游戏类	7k7k小游戏、穿越火线官网、橙光应用	830	6.67	
科技类	科学类	科学松鼠会、中国科学网	6	0.05	13.18
	技术类	太平洋论坛、IT之家、	20	0.16	
	平台类	毒霸、360安全卫士、搜狗浏览器、安卓市场	1614	12.97	
生活服务类	便民服务	58同城、赶集网、易车网	32	0.26	5.65
	旅游	途牛网、去哪儿网	6	0.05	
	购物	淘宝网、当当网、京东商城	664	5.34	
社区类[2]	社交类	微博、人人网、微信、豆瓣	828	6.65	7.42
	问答类	百度知道、爱问、果壳	4572	0.51	
	公共论坛	天涯、猫扑、91楼	1280	0.26	
少年儿童专门网站		六一儿童网、中国青少年网、三齐儿童网	1140	0.72	0.72

　　由表8.2可以看出，搜索导航类是青少年列举最多的网站类别，主要包含搜索引擎和导航网站；其次是科技类，其中最主要的是提供网络支持和网络安全服务的平台类网站，包括服务器、安全防护网站/软件和浏览器。这两类占了全部列举网站总数的60%。这表明，互联网基础服务成为青少年日常新媒体使用中最重要的组成部分。虽然他们可能一定程度上混淆了作为技术支持的互联网工具和作为信息的互联网内容，但却不影响他们对前者日复一日的使用。

---

[1] 影视类只计算综合类和电视类。小众视频按其内容分类，如体育类视频网站算体育，游戏视频列入游戏类。

[2] 表8.2中的社交类只包括综合性社交网络和公共论坛。小众社交论坛按其内容属性分类，如淘宝社区算购物类，堆糖网算素材类，91论坛算游戏类，虎扑算体育类。

休闲娱乐类是子类别最多的一个网站类型，其中被列举最多的子类别是游戏类，其次是影视类，其他类别网站被列举的比例均不足1%。这表明，青少年休闲娱乐的途径也呈现出聚合化和分散化并存的状态。绝大多数青少年的娱乐和休闲活动集中在看视频和打游戏两个方面（这两个类别将在第九章中详细阐述），还有一些青少年通过其他途径，如体育、时尚、动漫等实现休闲娱乐的目的。

资讯类也是被频繁列举的一个大类，主要集中在新闻类门户网站中。政治类和财经类仅12例，表明青少年对资讯的关注依旧停留在一般性信息层面，尚未形成特定的关注领域。

目前，我国的互联网巨头主要集中在门户类（如新浪、搜狐、腾讯）、搜索类（如百度）和平台类（360系列、金山系列）站点中。这些站点多数在自己的主营业务之外开始横向扩张。例如，百度搜索开发出了百度影音、百度贴吧、百度文库、百度词典等一系列产品，涵盖影视、论坛、文学等各个类别的网站。但本研究表明，这些衍生出来的子网站在青少年群体中的占有率并不高，往往不能与专门化的网站相比。衍生产品有一两例成功已属于难得。例如，百度及其衍生网站共被列举4526人次，其中包括百度搜索4246人次、百度贴吧182人次、百度百科24人次、百度影音16人次、百度知道16人次、百度文库12人次、百度音乐10人次、百度新闻10人次、百度图片6人次、百度词典2人次、百度翻译2人次；腾讯网及其衍生网站共被列举776人次，其中包含腾讯网246人次、QQ/QQ空间282人次、腾讯QQ172人次、QQ浏览器28人次、QQ音乐14人次、QQ邮箱10人次、QQ游戏大厅10人次、腾讯微博4人次。新浪网及其衍生网站共被列举516人次，其中包含新浪网416人次、新浪微博68人次、新浪视频161次、新浪体育12人次、新浪爱问2人次。在上述三个例子中，百度搜索的衍生产品百度贴吧、新浪网的衍生产品新浪微博、腾讯QQ的衍生产品腾讯网和QQ/QQ空间被青少年列举的较为频繁，并且与同类网站相比也都处于领先地位。但其他产品，如百度影音、新浪视频、腾讯视频等则无法与视频领域的领军站点（如土豆网、优酷网[1]、爱奇艺[2]等）相比肩。互联网巨头具有市场优势的衍生产品多数都是以先发优势取胜。例如，百度贴吧、新浪微博、QQ/QQ空间等，都分别是社区类和社交类网站中的先行者，由此才获得了庞大的用户群。当先发优势消失后，网络巨头们在细分市场的拓展并未尽如人意，在青少年人群中的普及也并不理想。这可能意味着网络巨头的多元化之路并非畅通无阻。尤其是对于年轻用户群体而言，他们对一种产品的热衷并没有爱屋及乌式地转移到其衍生产品中来。

社区类网站占被列举网站总数的7.4%，这挑战了之前人们对社区类媒体的乐观期待。社区媒体并非青少年主要的网站使用类型，这呼应了第七章的结论，即，青少年新媒体使用的主要行为类型并非人际礼多，而是信息、资讯和娱乐休闲。在所列举的社区类网站中，社交类网站占绝对优势。这表明，青少年社区类网站的使用还是以一对一（P2P）社交为主，对信息分享类和知识类社区的参与并不高。这呼应了第七章的结论，即，青少年的网上社交行为最频繁，而信息分享和参与互动行为却相对较低（社区类网站的具体使用情况将在第九章中阐述）。

生活服务类网站占被列举网站总数的5.6%，其中购物类占绝对优势。一方面，青少年对生活服务类网站的使用比例并不高，表明青少年群体、尤其是学生群体，对诸如招聘、租房、二手市场、家政服务、旅游、票务等生活类需求并不高，对网络购物等的使用和消费能力也有限；但另一方面，生活服务类网站的列举频次极为不均衡。这表明，青少年的日常可支配消费主要以物质消费为主，服务类和旅行类消费较低。

---

[1]2012年3月12日，优酷网与土豆网合并为"优酷土豆股份有限公司"，但在经营上依旧采取独立域名。研究中没有出现一例"优酷土豆网"并举的情况，表明青少年群体依旧将其作为独立网站看待。故本研究未予以合并。

[2]爱奇艺为百度公司旗下视频网站，百度影音则为百度公司推出的视频播放软件。研究中并没有出现将爱奇艺视为百度公司子产品的情况，表明青少年群体可能并不了解"爱奇艺"的资产所有关系。故本研究未予以合并。

教育文化类的网站仅占被列举网站总数的3.5%。其中，文学类占1.3%，主要是各类网络小说站点，古典文学或严肃文学类站点无一例被列举。这体现了青少年文化消费的快餐化。网络文学对青少年市场的培育或许意味着，这种文学形式将会有一个相当长的繁荣时期。教育类站点与学习类站点被明显区分开。其中，教育类站点主要由调查对象的学校官网、中考高考网、远程教育类站点组成，还有少量关于青少年教育方法和教育心理问题的教育类论坛；学习类则主要由作业、试题、课程分析类站点组成。教育类和学习类站点被列举的总体频率并不高，且一类站点往往集中出现在一个学校中。比如，象山中学的学生集中使用"菁优网"；钟祥一中的学生集中使用"淘师湾"；水果湖中学的学生集中使用"答案网"和"家长100论坛"；恩施高中的学生则大量列举"湖北省课改网"作为其最常用的网站。少年儿童专门性网站的使用也呈现出同样的特点。这类网站的列举频率更低，并且绝大多数是武大附小学生集中列举的"六一儿童网"。

同样是列举频率比较低的网站，休闲娱乐类站点，如时尚类、体育类、动漫类等站点多呈散点式分布，说明青少年基于个体兴趣而选择休闲娱乐类网站；而教育类网站则以班级为单位"扎堆"出现，表明对这类站点的使用受学校/教师推荐和同学使用的显著影响。如果学校集中推荐某一个网站，或者老师/同学都使用某一个网站进行学习、讨论、获取资源、分析课程等，青少年也会在这种推荐或影响下加以使用。青少年所列举的这些教育学习类网站体现出学习成绩主导的鲜明特征，多数学习类网站的核心内容都是课程、作业、课外学习，仅有极少数网站关注青少年成长过程中的心理问题（如e度论坛、家长100）和青少年的综合素质（如三齐儿童网、六一儿童网）等。这导致教育学习类网站的趣味性和吸引力不高。青少年的社交、娱乐、分享、互动行为很难在教育类站点实现，也缺乏专门的少年儿童网站来满足这些需求。他们因此只能使用那些为成年人设计的网站。在没有分级制度的网路世界里，波兹曼所说的成年人与儿童之间的界限消弭正在加速实现。

第二节　手机应用程序：一体化的移动终端

研究考察了青少年群体对手机的使用情况。问卷请青少年列出他们最常使用的3个手机应用程序网站，如果不足三个，可以有几个填几个。参与调查的7122人中，至少列举了一个应用程序的共5296人，实际列出的有效手机程序的数量为12322条。其中，有3324人列举了三个应用程序；974人列举出了两个应用程序；998人列举出了1个应用程序；1822人没有列举出任何网站。这5296人列举出的应用程序共1250种；人均列出的应用程序数为2.3个；每个应用程序平均被4.2个人列出。

QQ是被列举最多的手机应用程序，占全部有效列举数量的1/4；其次为微信，占全部有效列举数量的6.4%；列举比例超过1%的有17种程序，其余1233种程序被列举的频次均低于1%。其中，被列举频次在0.1%~1%之间的共150种，低于0.1%的共1066种。

表8.3　青少年手机应用程序列举频次分布表（部分）[1]

排名	网站名称	频次	比例（%）	排名	网站名称	频次	比例（%）
1	QQ	3038	24.66	47	雷霆战机	32	0.26
2	微信	788	6.40	48	全民飞机大战	30	0.24
3	天天酷跑	478	3.88	49	搜狗浏览器	30	0.24
4	百度搜索	476	3.86	50	腾讯网	30	0.24
5	新浪微博	374	3.04	51	别踩白块儿	28	0.23
6	相机/照片	308	2.50	52	水果忍者	28	0.23
7	酷狗音乐	296	2.40	53	QQ阅读	26	0.21
8	QQ音乐	292	2.37	54	百度视频	26	0.21
9	UC浏览器	234	1.90	55	多米音乐	24	0.19
10	360浏览器	232	1.88	56	时空猎人	24	0.19
11	音乐	228	1.85	57	小黄人快跑	24	0.19
12	百度贴吧	224	1.82	58	百度音乐	22	0.18

[1]仅包含列举比例高于0.1%的网站。

（续表）

排名	网站名称	频次	比例（%）	排名	网站名称	频次	比例（%）
13	360手机卫士	168	1.36	59	斗地主	22	0.18
14	QQ/QQ空间	162	1.31	60	陌陌	22	0.18
15	电话	146	1.18	61	日历	22	0.18
16	短信	146	1.18	62	天天爱消除	22	0.18
17	天天飞车	126	1.02	63	Instagram	20	0.16
18	计算器	110	0.89	64	暴走漫画	20	0.16
19	闹钟	98	0.80	65	唱吧	20	0.16
20	优酷网	88	0.71	66	快牙	20	0.16
21	QQ浏览器	84	0.68	67	豌豆荚	20	0.16
22	淘宝网	84	0.68	68	指尖刀塔	20	0.16
23	爱奇艺	76	0.62	69	WiFi万能钥匙	18	0.15
24	飞信	76	0.62	70	墨迹天气	18	0.15
25	我的世界	76	0.62	71	土豆网	18	0.15
26	美图秀秀	70	0.57	72	哔哩哔哩	16	0.13
27	浏览器	68	0.55	73	ONE一个	16	0.13
28	酷我音乐	64	0.52	74	百度手机助手	16	0.13
29	神庙逃亡	64	0.52	75	捕鱼达人	16	0.13
30	暴风影音	62	0.50	76	金山词霸	16	0.13
31	英雄联盟盒子	58	0.47	77	三国杀	16	0.13
32	有道词典	56	0.45	78	我要当学霸	16	0.13
33	PPS	54	0.44	79	QQ游戏	14	0.11
34	视频	52	0.42	80	人人网	14	0.11
35	PPTV	48	0.39	81	手电筒	14	0.11
36	地铁酷跑	48	0.39	82	腾讯视频	14	0.11
37	快播	48	0.39	83	找你妹	14	0.11
38	保卫萝卜	46	0.37	84	录音机	12	0.10
39	节奏大师	46	0.37	85	网易新闻	12	0.10
40	天天动听	46	0.37	86	我叫MT	12	0.10
41	植物大战僵尸	42	0.34	87	音悦台	12	0.10
42	360手机助手	40	0.32	88	安卓壁纸	10	0.08
43	天天炫斗	40	0.32	89	爸爸去哪儿	10	0.08
44	掌上阅读	38	0.31	90	百度云	10	0.08
45	百度浏览器	36	0.29	91	腾讯新闻	10	0.08
46	应用宝	34	0.28	92	亡灵杀手	10	0.08

从表8.3可以看出，除了QQ一家独大之外，青少年对各类手机应用程序的使用相对均衡，排名前10的手机应用程序共被列举6516次，占全部被列举应用程序数量的52.9%，平均0.53人次；列举比例低于1%的1233个程序，在总量上占92.3%，但在总人次上占37.4%。与上一节中一般网站的使用情况相比，手机应用程序的分布大幅度均衡化。

列举频次排名前10的手机程序包括两个P2P聊天工具（QQ、微信）、两个音乐类程序（酷狗音乐、QQ音乐）、两个浏览器（UC浏览器、360浏览器）、一个社交媒体（新浪微博）、一个搜索程序（百度搜索）、一个游戏（天天酷跑）、一个工具类应用（相机/照片）。

就类别而言，P2P聊天软件的比例最高，这表明，青少年对手机媒体的使用首先还是着眼于其人际沟通功能，只是借助的技术渠道从传统的通信供应商转移到了无线网络。当然，目前QQ和微信的功能已经远远超过了电话/短信的人际传播功能，扩展到社交层面，能够满足人际传播和群体传播的需求，并且还能提供如新闻资讯、娱乐休闲、公共参与等其他功能。但这些附加功能并非QQ和微信的核心功能，而且，青少年倾向于通过其他更专业的应用程序来满足对这类附加功能的需要。聊天软件不可剥离的核心业务依旧是点对点人际传播。P2P软件与传统通讯产业之间并非替代性关系。从传播媒介更替的角度而言，这两类通讯手段从人际传播层面而言没有本质区别。如同手机曾经将座机的语音通话和寻呼机的文字信息功能集为一身一样，当前的P2P软件整合了手机的语音通话和文字信息的功能，并且扩展出视频交流、多人交流等多样化的人际传播手段，但P2P软件的核心功能依旧是人际传播和人际沟通。

提供互联网（包括浏览器和搜索引擎）接入功能的手机应用程序广受欢迎，这是手机媒体化的标志。这表明，青少年对手机的使用不仅着眼于人与人的互动，而且扩展到人与信息的交流，手机成为青少年接入信息世界的媒介。电脑依旧是青少年接入互联网的重要手段，尤其是在需要进行大规模的信息查询、长时间的人际互动、正式的学习办公时，更是人们的首选媒体。但手机接入互联网让使用者摆脱了固定地点的束缚，可以随时随地查阅资讯，接入网络，获取信息。此外，搜索引擎在移动端的功能与PC端并不完全相同。PC仍旧以信息搜索为主要功能，但在移动端却已经——或正在致力于——形成以搜索产品为核心，集地图、娱乐、购物、社交、本地生活服务等应用为一体的搜索服务，这是互联网巨头依托既有优势、向综合性移动功能体成功拓展的讯号。

手机作为媒体工具进一步体现为其社交功能，包括信息分享和公共参与。尽管新浪微博和百度贴吧都同时提供电脑版和手机版，但受输入便捷性的限制，人们使用电脑进行的活动往往是系统化的，长时间的，允许人们组织语言，厘清逻辑，发表长篇大论；相反，手机虽然更为便捷，但通常并不适于发表大段大段的意见。人们更多地是利用手机进行一键转发或简短评论。需要注意的是，在第七章中，信息分享和公共参与并不是青少年常见的新媒体使用行为。很显然，对比上一节的内容可以看出，人们在手机上进行的信息分享和公共参与显著高于他们在电脑上进行的此类活动。他们或许不愿意在电脑前正襟危坐，用大块的时间系统化地、长篇大论地发表意见或参与讨论，但这并不意味着他们退出社交和公共参与，相反，他们只是将平台转移到了手机上，并且更为积极、活跃和主动。从这一意义上说，手机改变了青少年的社交形态。

相机/照片的总列举频次高居第六，也是排名第一的功能应用类。具有随时拍照、修图、上传、分享功能的智能手机对传统相机产业和数码相机产业的冲击都是巨大的。据日本国际相机影像器材工业协会研究显示，2013年前5个月中，全球数码相机出货量同比锐减42%，其中，便携式"傻瓜"机型的出货量衰减最为严重，预计将减少至8000万台，远低于3年前的1.32亿台[1]。这典型地体现了手机作为移动综合体的特点：它不仅仅囊括了电脑所具备的上网功能，而且

---

[1] 徐涵.智能手机冲击，相机败走高端市场[EB/OL]. 时代周刊.(2013-09-05) [2014-09-08].http://www.ittime.com.cn/index.php?m=content&c=index&a=show&catid=14&id=4989.

将许多先前独立的、零散的日常工具整合化。相机、计算器、GPS、指南针、日历、闹钟、备忘录、游戏机……这些先前由专门设备提供的单一功能被整合为一体，使得人们对手机的依赖成为实用性依赖和精神性依赖的统一体。相机/照片作为手机最常使用的功能之一，其实包括了拍照和图片两个部分。前者满足了青少年对日常生活随时记录的需求，使得他们的生活碎片化又存档化；后者则包括对所拍照片的存储、网络图片素材的下载和有用信息的截屏保存三种功能，可以分别实现记录、审美、资讯获得等需求。

在上一节中音乐类网站属于小众范畴，但在本节中却是最常用的手机应用程序之一，这表明，便捷移动设备改变了人们传统的娱乐休闲习惯。青少年可能不喜欢专门坐在电脑面前点击音乐网站来欣赏音乐，却会在移动终端上以伴随式使用的方式接触和使用音乐类媒体。类似的还有其他类别的小众媒体，如图片/摄影、动漫、文学/阅读等。这些并不是青少年从PC上网时的首选，却在手机应用程序使用上占有一席之地。对于小众媒体而言，这不啻为一种福音。如果说，电脑的使用还相对具有社会性（例如，父母往往会监督指导孩子使用电脑的时间、内容；同时，电脑使用本身具有一些社会期望，如获取资讯、学习、办公等），那么，手机媒体作为一种私人化的媒体，开始更多地呈现出个体化特征。小众类媒体可能因此而获得更大的市场。

手机游戏的使用以小游戏为主，不同游戏的玩家比例极为失衡。在列举频次超过0.1%的184个网站中，仅有"英雄联盟盒子"一个大游戏。而且这个游戏盒子仅仅提供游戏资讯、游戏视频和游戏辅助工具，如装备推荐、战斗力评估、胜率查询等，并不直接支持在手机上进行游戏。实际上，由于大型游戏操作的复杂性，目前尚没有适宜的手机版本供玩家使用。正因为如此，庞大的手机游戏市场几乎全部被中小型游戏占领。同第九章中游戏网站的总体列举分布情况相比，手机游戏被列举的频次分布比例更为失衡。在青少年列举的所有手机程序中，排名最高的游戏"天天酷跑"独占全部手机游戏程序的24.2%；排名第二的游戏"天天飞车"的份额便迅速跌落至6.3%。这表明，青少年群体对手机游戏的使用较为集中。青少年或许会在网络上玩一些同学、朋友不常玩的游戏，但在手机游戏市场中，这种列举频次寥寥的游戏程序极为少见。他们倾向于和同学、朋友玩一样的游戏，如此不仅能够在游戏中互动，还能够在现实生活中获得共同社交话题。

研究根据上一节中的互联网分类标准并结合青少年实际列举情况，将1250种手机应用程序按类别分布排列（见表8.4）。

表8.4　青少年手机应用程序类别列举频次分布表（N=12322）

排名	网站类别	频次	比例（%）	排名	网站类别	频次	比例（%）
1	聊天	3974	32.25	11	阅读	276	2.24
2	游戏	1974	16.02	12	学习	198	1.61
3	音乐	1052	8.54	13	电话	146	1.18
4	生活应用	852	6.90	14	短信	146	1.18
5	社交	850	5.96	15	手机市场	134	1.09
6	浏览器	734	4.82	16	购物	104	0.84
7	视频	594	3.88	17	新闻	42	0.34
8	搜索	478	6.91	18	动漫	38	0.31
9	手机管理	392	3.18	19	门户	24	0.19
10	手机安全	296	2.40	20	休闲时尚	18	0.14

从表8.4中可以看出，对青少年群体而言，手机已经真正成为一个综合性的移动终端。他们利用手机来社交、放松休闲、获取信息、辅助生活、学习知识、购物娱乐。便携终端全面渗入到生活的方方面面。一方面，手机和电脑一样依赖互联网接入，是一种媒体形式；另一方面，手机还集很多电脑不具备的功能于一身，如移动通讯设备、游戏机、音乐播放器、照相机、电子阅读器、移动支付端等等。这使得手机应用程序的使用和电脑使用呈现出不尽相同的图景。

第一，聊天软件一支独大，通话功能退居为次要功能。青少年列举的社交类网站（含P2P聊天、实名制社交、信息分享类社交）占全部列举网站总数的7.4%，但这一比例在手机应用程序中上升至约40%。这表明，社交网络的平台重心已经转移到移动客户端，以电脑为中心的"地点到地点"的传播正在不可阻挡地转移为以手机为中心的"点对点"传播。

尽管目前手机还是唯一具有通话功能的移动设备，但打电话和发短信已经不是青少年使用手机最常用的功能。在所有列举了手机应用程序的青少年中，仅有1%左右的人分别将电话和短信列为"最常使用的手机程序"。与此形成强烈对比的是，32%的青少年经常使用P2P聊天软件，其中最主要的是QQ和微信。如前所述，聊天软件和电话/短信在本质上都是人际通讯工具，前者的迅猛发展挤占和替代同质化的电话/短信业务，代表了技术发展的某种整合化的趋势。

第二，小游戏占领手机游戏市场。第一节中，游戏类网站仅占全部列举网站总数的6.7%，但游戏类应用程序却占全部列举手机程序的16.2%。这表明，大量在互联网上不玩游戏的人成为手机游戏玩家。很多人也许并不喜欢打电脑游戏来放松休闲或消磨时光，却会被手机游戏所吸引。即便在电脑上玩小游戏，也往往需要特定的地点和时间，但手机游戏却较少受地点和时间的限制。这种便携性或许是吸引非电脑游戏玩家的重要特色。这是便携式移动设备对游戏市场的一次成功的开拓。这意味着人们并不是没有对游戏的需求。适宜的平台、适合的游戏结构和适当的营销途径会将那些并不热衷于电脑游戏的人转变为手机游戏玩家。

大型游戏对设备具有较高的要求，目前还无法在手机上使用。于是，这一便携终端的游戏市场便为小游戏垄断。一方面，小游戏可以满足那些只有零碎时间的玩家想要"打游戏"的需求；另一方面，打游戏本身也已经成为一种新的人际互动和社会化途径。青少年所列举的1974人次手机游戏中，仅有70人次是大型游戏（英雄联盟盒子28、NBA 2k 10、亡灵杀手10、地下城与勇士6、FIFAonline 4、造梦西游2、英魂之刃2、穿越火线2、合金弹头2、新三国争霸2、足球经理2），其余都是小型游戏，并且半数以上是腾讯公司旗下的QQ系列（QQ飞车、QQ炫舞、QQ农场等）和天天系列（天天飞车、天天炫舞、天天炫斗、天天酷跑等）游戏。腾讯旗下的这些游戏与QQ或微信账户绑定，不仅能够提供游戏，还能以此为纽带拓展人际互动和群体互动。

在第九章中我们将会看到，在青少年所列举的游戏类网站中，小游戏平台类网站，如4399小游戏、7k7k小游戏等都占有很大的份额，但小游戏平台网站的这一优势却没有延伸到手游市场。与此相反的是，独立游戏程序纷纷当道。原因之一或许与导航类网站相似。小游戏网站的首页其实可以视为一个游戏类的导航网站，类目纷繁，链接众多。这种网站结构一旦显示在手机屏幕上往往显得杂乱，而且不易操作。另一方面，多数小游戏需要通过键盘来操作（如：→←↑↓等），这使得很大一部分游戏不能直接在手机页面上运行，而必须转为适于手机操作的独立程序。如此，平台类小游戏网站的退出和独立游戏程序的兴起也就是势之所趋了。

第三，手机上网功能普及，成为资讯获取终端。表8.4中所列的大部分内容都是资讯类内容，包括阅读类、学习类、新闻类、动漫类、休闲类、时尚类、综合门户等，以及浏览器、搜索引擎等提供资讯的路径和入口。该表中的分类基于青少年所列举的手机应用程序，代表了不同类别的资讯所独立化的程度——是否拥有足够受欢迎的独立的应用程序。

（1）有约6%的青少年列举了具体的浏览器名称，表明通过接入互联网获得资讯依旧是主要的方式。在第一节中，青少年最常用的网站类型是搜索类和导航类，但在手机这一媒体平台上，仅有 例列举了"hao123手机版"作为最常用的手机应用程序。因为手机的屏幕较小，而导航类网站的页面通常信息多、链接密集，并不适于手机页面使用，这使得在电脑终端上倍受欢迎的导航类网站失宠于手机终端。

（2）门户退出，小众类应用程序上位。在电脑终端中占有率很高的门户网站在手机终端也表现不佳，这或许出于和导航类网站同样的原因——网页包含的内容过多、种类复杂、链接密集，不适宜手机界面使用。与此相反，专业的新闻类和资讯类软件，如360新闻、今日头条等开始为青少年所使用。门户网站也相应地推出了专门的新闻客户端来推送信息。这固然保留了门户的核心功能，却实际上将综合性的门户网站重新拆分为独立的功能模块。以新浪网为例，截至2014年8月10日，新浪网推出的独立应用程序包括新浪微博、新浪新闻、新浪视频、新浪体育、新浪博客、新浪彩票、新浪邮箱等7个，而同期新浪首页上的大板块单元就有18个。这意味着门户网站的优势在手机终端无法延续，而拆分之后独立的应用程序（如新浪视频）与专门性应用程序（如爱奇艺）相比又不具有优势。这可能意味着门户网站需要为适应手机移动终端而做出巨大调整，这也同时意味着专门化媒体拥有了足够的发展空间。音乐类、视频类、阅读类、学习类的应用程序所被列举的频次已远远超过门户网站；动漫类、时尚类、休闲类的应用程序也潜力可观。这或许表明，手机终端所需要的并不是"大而全"的信息综合体，而是私人订制的专门信息。如此，资讯的专业化、小众化和应用平台的独立化当成为未来一段时间内的发展趋势。

（3）行业巨头"航母"效应凸显。同第一节中所列举的"最常用的网站"相比，本节中青少年对手机程序的使用体现出明显的聚合性特征。360系列产品、百度系列产品和腾讯系列产品成为非常突出的三个门类。以"百度"系列程序为例，青少年列举的类目包括百度搜索、百度贴吧、百度百科、百度词典、百度地图、百度浏览器、百度视频、百度影音、百度音乐、百度安全卫士、百度手机助手、百度云等12类，涵盖资讯、社区、知识、学习、生活、视频、音乐、手机安全、手机管理、信息存储等各个方面。这些功能可以独立使用，也可以通过百度账号来登陆使用。登陆之后，用户在不同终端上对不同软件的使用都可以通过百度云实时存储、更新。这种巨大的便利性所带来的用户黏度使得行业巨头在与同类小众产品的竞争中具有极大的优势。

第四，手机实用化、生活化和功能化，超出信息终端范畴。手机不仅止于提供网络资讯服务和通话服务，而是越来越多地提供具体的、生活化的、实用化的便民服务。青少年群体熟练地使用手机的自带功能，如闹钟、计算器、相机、日历、备忘录、录音机、指南针等，同时通过各种手机应用程序，如购物、缴费、打车、地图、导航、天气、手电筒、扫描仪、文件传输、流量管理、文件云存储等来方便生活的方方面面。从这一意义上来说，青少年群体更充分地体现了手机作为综合性移动终端的价值。它冲击的不仅仅是传统的传播产业格局，替代的不仅仅是传统的传播设备，而是全面影响了社会的整体格局。它将一些机械时代的日用品驱离出市场，使其成为观赏品或收藏品，或者使其从唯一性转换为可替代性产品。这些产品会包括钟表、相机、计算器、日历、地图，也会包括电话黄页、导航仪、充值卡、移动U盘……而且会有越来越多的产品加入这个名单。而技术进步所带来的这些改变已经在青少年群体中端倪初现。

第五，手机安全类、管理类软件风行。青少年有意识地、较高频率地使用手机安全类软件来保护隐私，使用管理类软件来优化功能，使用手机市场来添加新的应用。这表明，青少年对手机的使用已经不仅止于内容消费，而是积极参与到对这一移动终端的优化管理中来。他们了解互联网使用中可能存在的诸多问题，如病毒、系统垃圾、浏览痕迹等，并且对其进行针对性的管理和应对。虽然这种应对多数仅仅是一键扫描、一键优化、一键提速，但却反映出青少年群体在技术层面的主动使用意识。

本章小结

本章对青少年经常使用的一般性网站和手机应用程序进行了描述性分析。虽然研究无法提供量化结论，但观察到以下现象：

第一，青少年对一般性网站和手机应用程序的使用都呈现出巨头垄断与小众化偏好并存的现象，体现为一幅聚合和分化并存的图景。这种聚合和分化的具体程度受网站/应用程序具体类别的影响。也就是说，不同类型的网站/应用程序的不同属性会使得青少年群体对其使用的聚合性更强或分化性更强。

第二，传统优势领域保持领先，新兴市场不断拓展。在过往研究中分布广泛的网站类别，如搜索类、门户类等继续保持领先地位，但其份额却被新兴市场，如浏览器、杀毒程序、防护应用等分割。这些新兴市场多数为满足手机上网的特殊需要，反映出手机上网对传统上网行为的冲击。

第三，行业巨头的"航母"效应凸显，特定领域的先发优势犹存。一方面，是行业巨头横向扩张，以研发或兼并的方式不断占领各种细分市场和新兴市场；与此同时，细分市场中先行者的先发优势仍在，依旧占据大量的市场份额。但有些先行者已经颓势初现，行业前路尚未可知。

第四，作为不同的网络接入终端，手机和电脑体现出诸多不同。这种不同既反映在使用内容上，如聊天类软件独大、小游戏风行、门户退出；也体现在使用方式上，如生活性和实用性功能受到追捧、安全类和管理类软件迅速普及等。手机作为综合性移动终端的地位确立。

概言之，手机终端对资讯的需求方式是不同的。它以随时随地接入互联网的方式，重新书写了现实世界与虚拟世界的交互方式。譬如，在这个终端上，导航类网站会没落、门户类网站需拆解、行业巨头将横向扩张。如果我们将青少年对手机应用程序类别和一般网站类别的列举频次做一个对比的话，就会发现，青少年对手机的使用方式和对互联网的使用方式不尽相同。青少年对互联网的使用以工具性和实用性为主，主要是为了满足资讯需求和信息需求，而对手机的使用则是以人际传播和娱乐休闲为主，主要是为了满足交往和放松的需要。作为两种接入互联网的媒体形式，电脑和手机基本上拥有相似的功能，但各自承担着不同的功用。从电脑到手机的变化更多地显示出一种技术的人本化。

如同第三章所指出的，传统媒体的设备往往需要占据一定的空间。空间的分配往往对应着媒体在家庭和社会中的重要性。收音机、录音机、电视、电脑等在家庭中通常都经历过从中心到边缘的转移。对于传统媒体而言，传播设备是传播活动的中心。20世纪80年代出生的人还会有过一家人围坐在一起看电视节目的经历，但2000年前后，随着电脑在中国社会的普及程度日益提高，90年代出生的孩子们或许已经习惯了晚餐结束后自己玩电脑或者妈妈看电视、爸爸玩电脑的家庭模式，传播开始呈现出去中心化的图景。笔记本电脑、平板电脑和智能手机逐渐进入家庭后，2000年以后出生的孩子或许正在经历家庭成员随时随地各自玩手机/电脑/平板电脑的情景。家庭成员无须再争夺媒介设备的使用权。与传统媒体使用相伴随的一系列问题，如空间分配（电视/电脑放在哪个房间，放在房间的哪个位置）、时间分配、优先权分配（谁、什么目的、什么需求可以优先使用电脑）等等一系列问题在便携移动终端时代已不复存在。人们对互联网的使用不再固定于书房、办公室或网吧。互联网从一个静态的、地点为中心的媒介转变为动态、个体为中心的媒介。人，而不是设备，成为传播的中心。

这或许才是新媒体时代的意义。

　　真正该取代传统的公民社会的是一个不再循规蹈矩的社会……它的特点是通过个人化、点对点的沟通，使得网络、事件关联和生活方式逐渐互融。

——兰斯·班尼特《非公民文化》

第九章　青少年的新媒体社交、娱乐与游戏

　　互联网已经介入到社会和个人生活的方方面面。互联网整合了原本独立属于不同地域、不同年龄、不同阶层的资源，信息和娱乐、工作和休闲、儿童和成人、公众和私人、本土和世界的界限日益模糊，转而以整体化和开放性的姿态向每一个使用者展开。这种资源平等化的表象使得人们往往对年轻一代的网络使用充满了乐观的期待。但事实上，如同前文一再重复的那样，青少年对互联网的使用却并没有像家长或学者们想象得那样出色。他们往往只在使用网络的一部分功能，尤其是娱乐性功能。据调查显示，我国未成年人上网的主要目的依次为听音乐、聊天、游戏、写作业、看视频、更新博客和空间等，主要对应着娱乐、社交、游戏和学习行为[1]；在美国，17 ~ 25岁的青少年最常使用的三个网站分别为Facebook（69%）、Myspace（38%）和Youtube（22%），主要对应着社交和娱乐行为[2]。

　　互联网在青少年群体中的高普及率掩盖了这样一个问题，即互联网的使用不是一种一次性的硬件买断行为，而是一种动态的过程，其使用质量甚至比使用与否更值得关注。在第八章的基础上，本章考察了青少年群体最常用的三类

[1] 雷雳. 青少年网络心理解析 [M]. 北京：开明出版社，2012:206.
[2] CASHMORE P. Facebook extends lead as fave young adult sites [J/OL]. Mashable. (2007-03-01) [2014-09-08]. http://ignitehealth.blogspot.com/2007/03/facebook-extends-lead-as-fave-young.html.

网站——社交类、视频类、游戏类——的使用情况。在细分网站类型中体现出的诸多使用特点，揭示了青少年这一群体对互联网使用的具体特点。

第一节 社区类网站的使用与"新成人化"

美国传播学家丹尼斯·麦奎尔指出，"在早先的观念中，一个社区是指一定的人群。他们共有一个地方（或其他某种空间界限），一种身份，特定的规范、价值观和文化实践，而且通常小到可以相互知道、互为影响"[1]132。社区是缩微的社会系统，后者是一系列为了普遍目标而共同解决问题的一系列相关单位的总体[2]。虚拟社区是一种比喻性的叫法，最早的研究者将虚拟社区视为现实社区在虚拟空间中的延伸。如林德尔夫（Lindlof）和沙茨格（Shatzer）认为，虚拟社区是"由具有共同兴趣的人们（通常）围绕现实世界中的某项事物或话题有目的地建立起来的（群落）"[3]。虚拟社区的建立通常需要满足以下条件，包括小众性、成员空间分散性和共同兴趣的凝聚力[1]150。

库利（Coley）将社区类网站分为三类：一是社交类网站，如Facebook、MySpace、人人网、朋友网等。在这类网站中，用户将个人信息在有限范围内向社区成员公开，以这些信息代表自己，与社区成员互动，以便结交新朋友或联系老朋友，从而形成一个混合了即时性和延时性双向互动和多向互动的虚拟社区；二是聊天类平台，包括MSN、QQ、匿名聊天室等。在这类平台中，用户信息是有限的，甚至是虚假的、匿藏的，用户以虚拟ID代表自己，与其他用户展开（主要是）一对一的互动，从而在整体上形成一幅即时性双向互动的社区图景；

[1] MCQUAIL D. McQuail's Mass Communication Theory [M]. 5th ed. London: Sage Publications, 2005: 132.

[2] ROGERS E M. Diffusion of innovations [M]. 4th ed. New York: Free Press, 1995:23.

[3] LINDLOF T R, SHATZER M J. Media ethnography in virtual space: Strategies, limits, and possibilities [J]. Journal of Broadcasting and Electronic Media, 1998, 42: 170-190.

三是博客、个人主页、个人空间等以个体为中心的辐射式社区，个体通过频繁的信息更新展开、构建和维护自己的个人身份，其他用户通过观察和互动与个体联系，形成以发布者为中心的个人社交网络。这些个人社交网络并非独立存在，相反，发布者与观察者的身份往往是交叉的，由此构成非即时性双向互动的社区[1]。此外，公共论坛应当列为第四类虚拟社区。同上述三类个人为中心的社区平台不同，公共论坛是以信息和话题为核心的松散型社区，其公共参与功能大于人际交往功能；但与此同时，这种话题/主题中心型的社区使得用户天然地具有了共享特征，如相同的兴趣、职业、地域等，从而具有更特殊的组织凝合力和群体归属感[2]。

青少年群体正处于身份建构的关键时期，对于自我身份的探索、建构与动摇、迷惑贯穿整个青春期。期间，青少年对朋友的自我表露增加，到青春期后期达到最高峰。在现实生活中，青少年通过说话方式、衣着风格、兴趣爱好等维持自己特定的群体身份。媒体和媒体设备的使用、媒体信息的接处与处理以及在媒介平台上进行的活动，都是青少年寻求群体身份建构的一种努力。与同学使用一样的新媒体设备、谈论同样的话题都有助于新媒体使用作用于现实身份建构。与此同时，在虚拟社区中的互动，如果是与熟人群体进行，则可以强化现实生活中的身份建构。

截至2014年6月，我国社交网站用户规模为2.57亿，占网民总量的40.7%。其中，手机社交网站的用户规模为1.34亿，使用率为25.4%[3]。青少年在社交网络的使用偏好上具有显著的性别差异。在我国，男孩偏爱娱乐服务，而女孩更喜欢社交类服务[4]。美国皮尤中心（Pew Research Center）的调查则表明，美国

[1] COLEY T. Students and cyber communities [M]. Columbia, SC: University of South Carolina Press, 2006.

[2] HARWOOD J. Viewing age: lifespan identity and television viewing choices [J]. Journal of Broadcasting & Electronic Media, 1997, 41(2):203–213.

[3] 中国互联网络信息中心. 第三十四次中国互联网络发展状况调查统计报告 [R/OL]. (2014-07-21) [2014-09-08].http://www.cnnic.net.cn/hlwfzyj/hlwxzbg/hlwtjbg/201407/t20140721_47437.htm.

[4] 雷雳. 青少年网络心理解析 [M]. 北京：开明出版社，2012:214.

女孩（70%）比男孩（54%）更喜欢使用社交网站。其中，女孩使用社交网站的主要目的是强化现有友谊，而男孩则主要是为了约会女孩和结交新朋友[1]。

本研究请青少年列出他们最常使用的3个社区类网站，如果不足三个，可以有几个填几个，以此勾画出青少年社区类网站使用的整体图景。参与调查的7122人中，至少列举了一个网站的共3670人，实际列出的有效网站数量为5518条。其中，有1358人列举出了三个网站，1034人列举出了两个网站，1278人列举出了1个网站，3448人没有列举出任何网站。这5518个人列举出的网站共252种。人均列出的社区类网站数为1.50个，每个社区类网站平均被15个人列出。

QQ/QQ空间是被列举最多的社区类网站，共被列举2262人次，占全部有效网站数量的41%；排名第二的是百度贴吧，共被列举646人次，占全部有效网站数量的11.7%；排名第三的是人人网，共被列举638人次，占全部有效网站数

表9.1　青少年社区类列举频次分布表（部分）[2]（N=5518）

排名	网站名称	频次	比例（%）	排名	网站名称	频次	比例（%）
1	QQ/QQ空间	2262	40.99	14	Facebook	32	0.58
2	百度贴吧	646	11.71	15	豆瓣	28	0.51
3	人人网	638	11.56	16	脸盆网	28	0.51
4	新浪微博	514	9.31	17	钟祥一中贴吧	22	0.40
5	微信	330	5.98	18	哔哩哔哩	18	0.33
6	开心网	178	3.23	19	赶集网	18	0.33
7	淘宝社区	74	1.34	20	陌陌	18	0.33
8	朋友网	66	1.20	21	世纪佳缘网	18	0.33
9	天涯论坛	58	1.05	22	有缘网	18	0.33
10	百合网	54	0.98	23	猫扑	16	0.29
11	腾讯微博	46	0.83	24	MSN	10	0.18
12	家长100论坛	44	0.80	25	飞信	10	0.18
13	荆门社区	42	0.76	26	虎扑论坛	10	0.18

[1] LINHART A, MADDEN M, MACGILL A R, et al. Teens and social media [M]. Washington DC: Pew Internet & American Project, 2007.
[2] 仅包含列举比例高于0.1%的网站。

量的11.5%。列举比例超过1%的仅有9种网站，其余243种网站被列举的频次均低于1%。其中，被列举频次在0.1%~1%之间的共17种，低于0.1%的共226种。

青少年社区类网站使用的不均衡状态非常严重。QQ/QQ空间独占全部被列举社区网站总数的41%；排名前5位的占全部被列举网站数量的80%；排名第6~10位的占7.8%；而列举比例低于1%的243种网站，尽管在总量上占92.9%，但在总人次上仅占13.63%。青少年最常使用的五类社区类站点共被列举4390次，平均1.20人次，即青少年最常使用的三个网站中，平均有一个集中在排名前5位的网站里。这表明，青少年群体的在线社交和公共参与活动以聚合化为主，并且被极少数社区网站巨头所垄断。

社区类媒体的不均衡使用程度非常极端。排名第一的"QQ/QQ空间"被列举频次是排名第二的"百度贴吧"的四倍，是排名第六的"开心网"的12倍。这说明，整个社区类媒体在青少年群体中的不均衡分布并非渐进式的，而是断崖式的。行业第一的"QQ/QQ空间"独自占据了第一梯队，数个领军性站点构成第二梯队，绝大多数的其他站点构成第三梯队。在这些第三梯队的站点中，有的是某一门类的站点，如购物类的"淘宝社区"、生活服务类的"赶集网"、体育类的"虎扑论坛"、婚恋类的"百合网"、影视类的"时光网"；有的是某一地区的地方性站点，如"荆门社区"、"金色沙洋"；有的是某一年龄段的专门站点，如主要面向大学生的"人人网"、主要面向90后的"哔哩哔哩"等。

青少年最常使用的5个社区类网站中，4个为社交类网站（QQ/QQ空间、人人网、新浪微博、微信），一个为综合性论坛类网站（百度贴吧）。可见，青少年对社区类网站的使用还是以一对一实名制社交为主，对信息分享类和知识类社区的参与并不高。社交网站和公共论坛的一个显著区别在于，社交网站主要以使用者个人为中心，以对话和互动为主要形式；对话对象多数是熟悉的人，或者是好友列表上的人；对话多具有私密性，往往在两个人之间，或在参与讨论的群组之间进行；互动的话题往往以个人为中心展开，并且可以被参与者引导和控制；对话往往会随着一方的退出而结束。公共论坛则主要以话题为中心，以参与讨论为主要形式，参加讨论的对象往往是匿名的；讨论的形式是公开的，一个人的发言可以被所有的参与者看到；话题通常由某一个人发起，却并不一定以发起者为中心或主线进行；发起人往往不能完全主导讨论。本研究显示，青少年显然更青睐私密性的、个人中心性的社交网站，而非公开性的、话题中心性的公共论坛。

研究进一步将所有的254种社区网站按类别划分为社交网站和公共论坛两个大类，并按照内容进一步细分为若干小类（见表9.2）。

表9.2　青少年社区类网站类别列举频次分布表（N=5518）

类别	子类别	代表性网站	频次	比例(%)
社交类	P2P社交	QQ（空间）、微信、陌陌	3592	65.10
	信息分享	微博、instagram、道客巴巴、豆丁	530	9.60
	聊天室	比邻、Omegle	10	0.18
	博客	新浪博客、腾讯博客、Lofter	6	0.11
论坛类	综合类	百度贴吧、猫扑、天涯、豆瓣	802	14.53
	教育类	家长100、E度教育论坛、淘师湾	130	2.36
	征婚交友类	百合网、世纪佳缘网、有缘网	96	1.74
	生活服务类	荆门社区、地方社区、19楼	88	1.59
	游戏类	YY论坛、17173论坛、口袋吧	88	1.59
	购物类	淘宝社区、团购网	86	1.56
	影视类	哔哩哔哩、时光网	26	0.47
	体育类	虎扑、搜狐体育	18	0.33
	文学类	知音漫客、拍拍论坛、轻之国度	14	0.25
	知识类	知乎、豆瓣、百度知道	12	0.22
	科技类	小米论坛、机锋论坛、IT之家	12	0.22
	动漫类	暴走漫画、动漫论坛、漫客星球	4	0.07

在社交类网站中，P2P式社交网站独大。这类网站以QQ、微信为代表，是以熟人一对一互动为主要类型的社交网站。这类社交的主要内容围绕个人展开，话题多偏于生活性。相比于P2P社交网站65%的份额，仅有约1/10的青少年使用信息分享类网站。这表明，青少年并不热衷于信息主导型的在线社交，也并非在线

信息的积极参与者和扩散者。需要指出的是，在这530个被列举出的信息分享型社交网站中，有514例是新浪微博。其他图片类、文档类、知识类分享型网站共有16例。此外，其他类型的社交网站的列举频次也非常低。匿名聊天室仅有10例，博客仅有6例。这一结果部分是由于青少年自身的新媒体社交习惯使然，也部分说明了社交网站市场中社会黏性催生的巨头垄断。当周边人群都在使用QQ或微信作为社交工具时，个体使用者往往无从选择，而必须成为QQ的新用户。由此，P2P社交网络巨大的用户黏度将线下的人际互动关系延伸到线上的虚拟互动。

在公共论坛方面，综合性论坛的使用比例最高，其他类别的论坛使用比例较低。实际上，综合性论坛中往往也包含诸多小类，因此，不能简单的认为，青少年使用综合性论坛意味着在公共参与方面的多样性不够，只是大部分综合性论坛的分区在专业性方面都不如专门的小众论坛。因而，表9.2说明，青少年在网络公共参与方面可能具有一定的多元性，但尚不具有专业性。就公共论坛的细分子类而言，青少年的公共参与活动以实用性为主（偏重教育、交友、生活服务、购物）、休闲性为辅（游戏、影视），对精神生活和文化生活（体育、文学、知识、科技、动漫等）的侧重性较低。

表9.3　青少年社区类网站子类别列举频次差异化分布表（N=5518）

类别		列举数量	人均频次	网站种类	最多（前三类）	最少（N≤1）
地区	武汉	2058	0.89	16	P2P、综合、教育	博客、文学
	荆门	1830	0.77	15	P2P、综合、生活服务	博客、动漫、聊天室、知识
	恩施	1630	0.67	13	P2P、综合、征婚交友	动漫、聊天室、科技、文学
城乡	城市	2254	0.65	18	P2P、综合、教育	动漫、聊天室
	乡村	3012	0.83	15	P2P、综合、征婚交友	博客、动漫、知识、影视
学龄段	小学	1210	0.58	10	P2P、综合、购物	博客、动漫、聊天室、科技、文学、体育、知识、信息分享、影视
	初中	1892	0.73	13	P2P、综合、教育	博客、动漫、科技、知识、文学
	高中	2416	0.99	17	P2P、综合、教育	聊天室
性别	男性	2646	0.79	15	P2P、综合、游戏	博客、聊天室、文学
	女性	2586	0.79	17	P2P、综合、教育	动漫、体育

如表9.3所示，青少年社区类网站的列举情况呈现一定的地区、城乡、学龄段和性别差异。经济越发达的地区，青少年能明确列举出的网站数量越多，种类越多，说明对社区类网站的使用更频繁、更多元化；城市地区青少年能列举出的社区类网站的数量和人均频次均略低于乡村地区，但种类更丰富，说明城市地区青少年对社区类网站的使用较少，但多元化程度较高；青少年的年龄越大、学龄段越高，对社区类网站的使用越频繁，也越多元，高中生列举出的社区网站的数量和人均频次均约为小学生的两倍；男性对社区类网站的列举数量略高于女性，但人均频次完全一致，在多元化程度上略低于女性。由于网站频次和类别都是描述性数据，上述差别并不一定都具有统计学显著性。但总体而言，地区经济水平和年级对社区网站使用频率的影响比较大，体现出地区差异和学龄段差异对青少年虚拟社会参与活动的影响。

第二节　视频类网站的使用与"聚众化"

从2004年我国第一家视频网站——乐视网诞生开始，我国网络视频产业已经度过十个春秋。乐视网是以电视剧发行为主的长视频网站。此时，网络视频仅仅是电视视频的网络版，其内容依旧来自传统媒体，以电视剧和电影为主，也包括综艺、体育等。人们可以在网络上选择自己喜欢的视频加以播放，并通过暂停、快进、跳过等方式控制播放节奏。随后，PPS、PPTV等P2P网络电视客户端出现，解决了网络与电视同步收视的问题。与此同时，土豆网、56网等视频分享类网站崭露头角，支持用户上传内容，从而推动了"拍客文化"的诞生。随后，门户网站进入到网络视频市场的争夺之中，依托其平台资源和用户优势发力网络视频；而以"新门户"著称的搜索网站也开始涉足视频业务，以百度旗下的奇艺网为代表，开始全面进军正版、高清、长视频网络视频领域[1]。此时，视频网络的内容来源已经涵盖了传统媒体、普通网友和原创工作室等多种类型，其播放终端也从PC端转到移动端，并且通过电视盒子/电视棒、智能电视等产品，向具备控制、播放、存储、网络功能的"超级电视"转移。2013年底，钛媒体分析员在年度行业报告中提出，网络视频正在冲击着传统电视业的格局，"电视已经变成了一个家具，大家买它并不是为了满足收看需求"[2]。

网络视频产业的繁荣是由网民的需求所催生和推动的。截至2014年6月，中国网络视频用户规模达4.39亿，占网民总量的69.4%。其中，手机视频用户规模为2.94亿，占网民总量的55.7%[3]39。看视频也是青少年群体最常从事的网络行为。这一比例美国为81%[4]、英国为52%[5]、欧盟为76%[6]，而我国为69%[3]39。本书第七章中，湖北青少年对网络视频的使用率高达92%。

本研究请青少年列出他们最常使用的3个视频类网站，如果不足三个，可以有几个填几个，以此勾画出青少年视频类网站使用的整体图景。参与调查的7122人中，至少列举了一个网站的共5192人，实际列出的有效网站数量为11048条。其中，有2962人列举出了三个网站；1054人列举出了两个网站；1096人列举出了1个网站；2106人没有列举出任何网站。这5012个人列举出的

[1] 贾金玺.中国视频网站发展简史.[EB/OL].中国社会科学网.(2014-04-17)[2014-09-08]. http://www. cssn.cn/zt/zt_xkzt/zt_wxzt/jnzgqgnjtgjhlw20zn/zghlwfz20znhg/201404/t20140417_1070127.shtml.

[2] 钛媒体.揭秘2014网络视频行业十大发展趋势.[EB/OL].钛媒体.(2013-12-31)[2014-09-08].http:// www.enkj.com/idcnews/Article/20131231/4308.

[3] 中国互联网络信息中心.第三十四次中国互联网络发展状况调查统计报告 [R/OL]. (2014-07-21) [2014-09-08].http://www.cnnic.net.cn/hlwfzyj/hlwxzbg/hlwtjbg/201407/t20140721_47437.htm.

[4] CASHMORE P. Facebook extends lead as fave young adult sites [J/OL]. Mashable. (2007-03-01) [2014-09-08]. http://ignitehealth.blogspot.com/2007/03/facebook-extends-lead-as-fave-young.html.

[5] EMARKETER. What are UK teens doing online? [E/OL]. (2013-04-04) [2014-09-08] http://www. emarketer.com/Article/What-UK-Teens-Doing-Online/1009785.

[6] LIVINGSTONE S, HADDON L, GÖRZIG A et al. Risks and safety on the internet: The perspective of European children [R/OL]. LSE, London: EU Kids Online, 2011.

网站共146种，人均列出的视频类网站数为2.2个，每个视频网站平均被34个人列出。

优酷网、爱奇艺和土豆网是被列举最多的视频类网站，各被列举超过1000人次，分别占全部有效网站数量的19%左右。列举比例超过1%的有14种网站，其余132种网站被列举的频次均低于1%。其中，被列举频次在0.1%~1%之间的共12种，低于0.1%的共120种。

表9.4　青少年视频类网站列举频次分布表（部分）[1]（N=11048）

排名	网站名称	频次	比例（%）	排名	网站名称	频次	比例（%）
1	优酷	2134	19.32	14	哔哩哔哩	110	1.00
2	爱奇艺	2036	18.43	15	爱拍	70	0.63
3	土豆网	2012	18.21	16	芒果TV	62	0.56
4	PPS	868	7.86	17	360影视	50	0.45
5	搜狐视频	554	5.01	18	音悦台	44	0.40
6	暴风影音	526	4.76	19	搜狗视频	40	0.36
7	PPTV	484	4.38	20	新浪视频	40	0.36
8	乐视网	426	3.86	21	56	34	0.31
9	腾讯视频	420	3.80	22	Acfun	20	0.18
10	百度影音	362	3.28	23	酷6网	20	0.18
11	快播	190	1.72	24	酷狗音乐	20	0.18
12	迅雷看看	180	1.63	25	多玩游戏视频	16	0.14
13	风行网	128	1.16	26	淘米视频	16	0.14

参与调查的青少年共列举了11048个视频类网站，人均2.2个，表明青少年群体对视频类网站的使用相当普遍。其所列举的视频类网站总共有156种，远远低于一般类、社区类和游戏类，表明青少年对视频类网站的使用相对集中。如表9.4所示，青少年视频类网站使用的不均衡情况也相对较低，排名前三的网站在列举比例上十分相近，共占据了列举网站总数约60%的份额，共同构成了第一梯队；

---

[1]仅包含列举比例高于0.1%的网站。

排名第4到第14位的网站所列举的频次在100人次左右，构成了第二梯队；从排名第15位的"爱拍"开始，网站使用迅速小众化，所被列举的频次仅有数十人次；至排名第25位的"多玩游戏网"，所列举频次已在20人次以下。这表明，青少年视频类网站的使用呈现出梯级渐降的模式，主要集中于排名前十的综合类网站，使用小众类网站的则数量有限。需要指出的是，综合类视频网站往往涵盖了众多不同类型的视频，网站细分门类下的资源种类和更新速度并不比专业的小众视频网站差。因此，青少年对综合类网站的使用并不意味着他们的收视兴趣一定是泛化的，这更多的是综合类视频网站完成了资源整合的结果。

在众多综合类视频网站中，专业性视频网站的使用率远远高于互联网行业巨头在网络视频领域的分支性网站。搜狐视频、腾讯视频、百度影音等网站，虽然依托强大的门户网站或搜索网站，却并没有将母公司的优势完全延伸到分支领域中来。这可能体现出行业内先发优势的重要性——如优酷网、土豆网这类比较早的专业视频网站依然能够凭借其积累的用户，保持行业领先地位。然而，这种领先优势的持续性却是一个有待考察的问题。尽管搜狐、腾讯、百度等互联网行业巨头在本研究中被列举的频次仅为优酷网等早期行业领军站点的1/5，却已经超过了另外一些"老牌"的视频类网站，如迅雷看看、风行网、56.com、酷六网等。按这样的发展趋势，互联网巨头或许终有一天会通过发展或兼并的方式，拔得分支领域的头筹。

弹幕视频网站是近年来刚刚出现的一类视频网站。普通视频网站只允许用户在播放器下的评论专区发表评论，而弹幕网站则允许视频者的评论以滑动字幕（也有从底端或顶端闪现）的方式实时出现在视频画面上。当某部视频有很多评论时，就会产生如同无数导弹飞过的效果，故而被称作"弹幕"。弹幕网站能做到视频播放和网友评论同步收视，从而实现观看者间的实时互动。目前，国内人气最高的两个弹幕网站分别为Acfun和哔哩哔哩（Blibli），俗称A站和B站。

弹幕网站目前主要在90后及更年轻的群体中风行。在本研究中，A站和B站分列第22位和第14位置，排名相对靠前，体现出这类网站已风靡青少年群体。传统视频网站所提供的收视体验与电影和电视几乎没有本质差别，只是将播放平台移到了网络上，并且由使用者自主决定收看内容。然而，一旦观影活动或收视活动开始，观众就处于一种被动收视的状态。而弹幕视频则将屏幕前的孤立个体联系起来，他们在收视的同时可以发表自己的观点和阅读别人的观点，如同在共同的虚拟场景中收视、讨论、参与和分享一般。这种动态的交互体验是即时的，人们不是以事后阅读影评的方式对视频内容进行延时互动，而是在收视的同时就能与其他用户就当前画面展开讨论；这种动态的交互体验还可以超越时间与空间，后来人可以看到之前所有观众所发表的弹幕内容，由此加深了互动的临场感。还有的研究者将弹幕定义为文化社区而非视频网站，认为弹幕本身就拥有社交的基本条件：可以产生互动的用户、可供讨论的话题。弹幕视频的发展主要在于弹幕的内容通常是小众化的，因而能够吸引话题和兴趣相似的用户群体"在弹幕这一形式下顺利地交流并产生共鸣，用户不仅会持续访问收获乐趣并分享自己的想法，甚至会去原创甚至二次创作更多好玩的视频"[1]。尽管弹幕视频网站的发展前景尚缺乏论证，但本研究表明，这种实时互动式的观影体验得到了青少年群体的追捧。但随之而来的问题是，一旦脱离了小众化内容而进入大众传播媒介，弹幕视频所依托的社区优势将会被稀释。所以，弹幕视频是昙花一现，还是固守小众社区，抑或转型为大众媒体形态，都尚不可知。

在列举比例超过0.1%的54个视频网站中，游戏网站占有三席——第15位的"爱拍"、第25位的"多玩游戏视频"和第26位的"淘米视频"，它们是席位最多的小众网站。其他小众类视频，如体育类、娱乐类、恶搞类等多数已经并入综合类网站当中，但游戏视频却保持了相对的独立性。这可能是由于我国游

---

[1] 极客公园. 弹幕狂热？是时候泼桶冰水了 [EB/OL] (2014-08-21)[2014-09-08] http://www.geekpark. net/topics/210438.

戏类视频市场出现得较晚，相对不成熟，目前还没有系统化的资源生产、供应、整合体系所造成的。目前，整个游戏类视频市场还处于诸侯割据阶段，往往是每一个大型游戏都有自己的视频网站（多数为官网或由官方运营），或者每一个游戏公司或授权游戏平台有一个独立的网站，发布该公司旗下或该平台授权的游戏的相关视频。有的游戏视频还由个体玩家或玩家工作室以免费方式在公共平台上上传和共享。这种资源的分散性使得游戏视频目前尚未被整合到综合类视频网站中。总体上说，游戏视频网站被列举的频次不高，但种类相对较多，表明青少年群体游戏视频的市场垄断尚未形成，青少年对游戏视频网站的使用并未呈现出聚合化态势。

表9.5　青少年视频类网站类别列举频次分布表（N=10048）

类别	代表性网站	频次	比例（%）
综合类	优酷、爱奇艺、土豆、搜狐视频	10646	96.36
弹幕类	哔哩哔哩、Acfun、NicoNico	128	1.16
游戏类	爱拍、多玩游戏视频、小智视频	98	0.89
新闻类	CCTV、芒果TV	66	0.60
音乐类	音悦台、酷狗音乐	56	0.51
动漫类	火影动漫、漫威电影、淘米网	18	0.17
影视类	烽火电影、700电影网、1905电影网	14	0.13
体育类	NBA、美国职业摔跤网、新浪体育	14	0.13

研究将所有11048个网站按内容类别分为八类。其中，综合类排名最高，占全部被列举视频网站总数的96.36%。相比于社区类网站而言，虽然视频类网站在单个网站的分布上不均衡性略低，但在类别分布上的不均衡性则非常极端。社区类网站中，社交网站和公共论坛不能兼容，从而缓和了网站类别不均衡分布的程度；但视频类网站中，不同视频网站的差别主要是内容上的差别而非形式上的差别。综合性视频站点在兼容性方面不存在技术障碍，完全可以对不同内容的视频兼收并蓄，这使得视频类网站本身的差异化空间并不大，从而导致综合类视频网站在类别分布上呈现压倒性优势。

　　在其他子分类中，除了上文讨论过的弹幕类和游戏类视频外，还有一些类型的视频网站没有出现或者仅零星出现在表9.4中。例如，在11048个被列举的视频类网站中，传统新闻媒体单位的独立网站仅有66例，其中"芒果TV"62例，"央视新闻"6例。这表明，青少年较鲜少通过网络途径收看新闻类节目。这可能是由于青少年群体本身对新闻类节目的兴趣并不大，所以总体上需求较低；也可能是由于青少年可以通过其他替代性途径，如电视、门户网站或综合性视频网站等收看新闻或新闻视频，从而分流了他们对专业新闻类视频网站的使用；还有可能是受新闻类使用便利性的限制：目前，我国各大卫视具有独立应用程序的电视台并不多。青少年所列举的两个新闻网站——芒果TV和CCTV——都有独立的应用程序，供用户下载客户端和收看内容。这可能是这两家新闻视频网站列举频次比较高的原因。此外"芒果TV"在青少年群体中的显著优势可能在于，调查开始的半年前，湖南卫视宣布将采取版权独播不分销的策略，将湖南卫视的自制节目通过唯一官方视频平台"芒果TV"播出。这就使得湖南卫视的自制亲子真人秀节目"爸爸去哪儿"只能通过"芒果TV"才能收看。"爸爸去哪儿"这一节目风靡青少年群体，第一季前八期23.3%的电视收视率和8.7%的网络收视率来自18岁以下的群体。节目的风靡可能反过来驱使青少年群体下载并使用"芒果TV"，从而使其成为份额最大的传统媒体视频站点。

　　音乐类网站共有56例，其中音悦台44例，酷狗音乐12例。音乐网站之所以被青少年列入"视频类"，很大程度上是由其中涵盖的"音乐MTV"使然。尽管目前大多数综合性视频网站都已经设有专门的音乐频道，小众类音乐网站依旧取得了一席之地。这体现出音乐市场的特殊性。目前，青少年对音乐类网站的使用并不以看音乐MTV为主，而是以听音乐为主，并且多数为伴随使用，即青少年很少拿出专门时间，像看电影、电视剧、视频一样观看音乐MTV，而多数是一边从事其他活动一边听音乐。因此，对音乐播放器的便携性要求相对较高。综合类视频网站的音乐频道多偏重于音乐视频，而专业音乐网站则注重音乐音频的收集、整理和归类。同时，专业音乐网站往往有独立的应用程序，能够提供歌曲的一站式搜索、播放、存储和下载服务，从而能够便捷化地收听音乐。

其他小众网站，如动漫类、影视类、体育类网站被列举的频次不足20例，表明这类小众网站在青少年群体中并不流行。

概言之，综合类视频网站目前几乎霸占了青少年市场。其中，早期进入视频领域的行业先行者，如优酷网、土豆网、爱奇艺，三分天下。互联网巨头，如搜狐、腾讯、百度等在视频分支领域的横向扩张尚未超过目前的行业领军站点，却已经超越了很多该行业的先行者，如迅雷看看、56.com、酷6网，其未来发展态势尚不可知。新型视频网站，如弹幕视频网在青少年群体中风靡一时，但前景并不明朗。电视媒体的网络化之路在青少年群体中并不顺畅，小众化视频媒体并未在青少年群体中开掘出足够的分众市场。随着年龄的增长，青少年群体或许会进一步分化，成为这类小众网站的用户；与此同时，随着综合性视频网站的扩展，小众类媒体或许会被进一步兼并入现有行业巨头的旗下。

第三节　游戏类网站的使用与"新社会化"

前苏联教育家娜德斯达·克鲁普斯卡娅（Nadezhda Krupskaya）说过："对孩子来说，游戏是学习，游戏是劳动，游戏是重要的教育形式"。儿童为什么要进行游戏呢？皮亚杰认为，这是因为游戏给儿童提供了巩固他们所获得的新的知识结构以及发展他们情感的机会：

儿童不得不经常地使他自己适应于一个不断地从外部影响他的、由年长者的兴趣和习惯所组成的社会世界，同时，又不得不经常地使自己适应于一个对他来说理解得很肤浅的物质世界。但是，通过这些适应，儿童不能像成人那样有效地满足他个人的情感上的甚至智慧上的需要。因此，为了达到必要的情感上的和智慧上的平衡，他需要一个可资利用的活动领域。在这个领域中，他的动机并非为了适应现实，恰恰相反，却使现实被他自己所同化。这里既没有强制也没有处分，这样一个活动领域便是游戏。它通过同化作用来改变现实，以满足他自己的需要"[1]。

在二十世纪的后五十年，西方社会中儿童的游戏和活动场所逐渐从户外转移到家里[2]。家庭在抚育功能之外又成为儿童进行探索和娱乐的场所，这为家庭增加了相当大的压力，因此，不得不用丰富的媒体作为弥补[3]。1971年，"电子游戏业之父"诺兰·布什纳尔（Nolan Bushnell）研发了最早的街机游戏——"电脑时空"。随后，电子游戏设备经历了从街机游戏机到单机游戏机、掌上游戏机的转变。这一时期的游戏以人机对抗为主，尽管也提供玩家之间的真实对战，但要求玩家与机器同时在场。网络游戏的出现则提供了一种超越空间限制的、以网络为介质的真人对抗平台。学者杨鹏将游戏看作网络文化的一种特殊文本[4]136。他认为，传统电子游戏是玩家与计算机的对阵，网络游戏则是一种人与人之间的交流[4]142。这无疑呼应了麦克卢汉的主张：游戏是一种传播媒介，包含相互作用的意义和有来有往的对话[5]。

截至2014年6月，中国网络游戏用户规模达到3.68亿，占网民总量的58.2%，其中，手机网络游戏用户规模为2.52亿，占网民总量的47.8%[6]。在中国市场上，超过1/5的消费者购买智能手机的原因之一是为了方便玩游戏；接近

[1]让·皮亚杰.儿童心理学[M].吴福元，译.北京:商务印书馆,1980:46.

[2]索尼亚·利文斯通.儿童与互联网:现实与期望的角力[M].郭巧丽，译.北京:电子工业出版社,2013:16-17.

[3]BURDETTE H I, WHITALER R C. A national study of neighborhood safety, outdoor play, television viewing, and obesity in preschool children [J]. Pediatrcs, 2005, 116(3): 657-662.

[4]杨鹏.网络文化与青年[M].北京:清华大学出版社,2006:136.

[5]马歇尔·麦克卢汉.理解媒介:论人的延伸[M].何道宽，译.南京:译林出版社,2011:322-323.

[6]中国互联网络信息中心.第三十四次中国互联网络发展状况调查统计报告 [R/OL]. (2014-07-21) [2014-09-08].http://www.cnnic.net.cn/hlwfzyj/hlwxzbg/hlwtjbg/201407/t20140721_47437.htm.

60%的中国城市智能手机上装有游戏应用软件；超过40%的智能手机用户每天都在手机上玩游戏，其中，女性使用手机玩游戏的比例达到了43%，尤以15-24岁的玩家最多（40%）。这表明，青少年女性群体是女性玩家中的主力。考虑到这一报告中并未统计7~15岁群体的情况，青少年女性玩家群体在所有女性玩家群体中的比例将会更大[1]。此外，据市场调研机构尼尔森（ACNielsen）的报告显示，女性玩起手机来比男性更上瘾。和男性相比，女性每月在平板电脑上花费的时间要多出5小时。此前，PC时代的游戏以重度游戏为主，而到了手机上，"捕鱼达人"、"保卫萝卜"、"天天酷跑"、"找你妹"、"节奏大师"等轻休闲游戏都取得了很好的成绩，其中相当大的市场贡献来自女性用户[2]。这表明，性别已经成为影响游戏市场格局的重要因素。

本研究请青少年列出他们最常使用的3个游戏类网站，如果不足三个，可以有几个填几个，以此勾画出青少年游戏类网站使用的整体图景。参与调查的7122人中，至少列举了一个网站的共4620人，实际列出的有效网站数量为10100条。其中，有2550人列举出了三个网站；938人列举出了两个网站；1108人列举出了1个网站；2106人没有列举出任何网站。这4620个人列举出的网站共1008种，人均列出的游戏类网站数为2.2个；每个游戏网站平均被4.5个人列出。

"英雄联盟"和"穿越火线"是被列举最多的游戏类网站，各被列举约1300人次，各占全部有效网站数量的13%。列举比例超过1%的有17种网站，其余991种网站被列举的频次均低于1%，其中，被列举频次在0.1%~1%之间的共65种，低于0.1%的共9种。

---

[1] 爱立信消费者研究室. 爱立信2014年移动游戏玩家消费调查报告 [R/OL]. (2014-3-27)[2014-09-08]. http://www.199it.com/archives/207852.html.

[2] 曾航. 女性将撑起手机游戏的半边天吗？ [EB/OL]. (2014-03-28) [2014-09-08] http://www.forbeschina.com/review/201403/0032001.shtml.

表9.6 青少年游戏类网站列举频次分布表（部分）[1]（N=10100）

排名	网站名称	频次	比例（%）	排名	网站名称	频次	比例（%）
1	英雄联盟	1310	12.94	42	连连看	24	0.24
2	穿越火线	1286	12.70	43	魔兽争霸	24	0.24
3	QQ飞车	766	7.57	44	QQ牧场	22	0.22
4	4399	558	5.51	45	水果忍者	22	0.22
5	7k7k	466	4.60	46	侠盗飞车	22	0.22
6	地下城与勇士	366	3.62	47	360游戏盒子	20	0.20
7	天天酷跑	320	3.16	48	奥奇传说	20	0.20
8	洛克王国	266	2.63	49	机甲旋风	20	0.20
9	逆战	264	2.61	50	泡泡堂	20	0.20
10	QQ游戏大厅	254	2.51	51	全民飞机大战	20	0.20
11	QQ炫舞	234	2.31	52	天龙八部	20	0.20
12	Dota	190	1.88	53	2144	18	0.18
13	剑灵	136	1.34	54	3699	18	0.18
14	反恐精英	130	1.28	55	斗地主	18	0.18
15	赛尔号	116	1.15	56	仙剑奇侠传三	18	0.18
16	天天飞车	116	1.15	57	龙之谷	18	0.18
17	NBA2k	112	1.11	58	梦三国	18	0.18
18	我的世界	96	0.95	59	天天跑酷	18	0.18
19	3366	92	0.91	60	4343	16	0.16
20	植物大战僵尸	82	0.81	61	FIFAonline	16	0.16
21	神庙逃亡	74	0.73	62	龙斗士	16	0.16
22	魔兽世界	68	0.67	63	时空猎人	16	0.16
23	奥比岛	66	0.65	64	坦克世界	16	0.16
24	节奏大师	60	0.59	65	天天爱消除	16	0.16
25	三国杀	52	0.51	66	天天炫斗	16	0.16
26	奥拉星	46	0.45	67	爸爸去哪儿	16	0.16
27	愤怒的小鸟	46	0.45	68	橙光游戏	14	0.14
28	造梦西游	46	0.45	69	大冲锋	14	0.14
29	保卫萝卜	44	0.43	70	梦幻西游	14	0.14
30	枪神纪	42	0.41	71	实况足球	14	0.14

[1]仅包含列举比例高于0.1%的网站。

（续表）

排名	网站名称	频次	比例（%）	排名	网站名称	频次	比例（%）
31	弹道轨迹	40	0.40	72	我叫MT	14	0.14
32	摩尔庄园	38	0.38	73	消灭星星	14	0.14
33	使命召唤	36	0.36	74	小黄人快跑	14	0.14
34	别踩白块儿	32	0.32	75	300英雄	12	0.12
35	生死狙击	32	0.32	76	QQ斗地主	12	0.12
36	小花仙	32	0.32	77	Q宠大乐斗	12	0.12
37	扫雷	30	0.30	78	创世兵魂	12	0.12
38	冒险岛	26	0.26	79	大鱼吃小鱼	12	0.12
39	跑跑卡丁车	26	0.26	80	魔法禁书	12	0.12
40	战地之王	26	0.26	81	神将世界	12	0.12
41	QQ农场	24	0.24	82	神魔	12	0.12

同一般类、社区类和视频类网站相比，游戏类网站是青少年列举种类最多的网站，表明青少年群体网络游戏使用的多元化。"英雄联盟"和"穿越火线"是被列举最多的游戏，各占约13%；其次是"QQ飞车"，占7.6%；"4399小游戏"和"7k7k小游戏"两个综合类游戏网站分别占第4位和第5位。排名前五位的网站被列举频次超过400人次；排名前11位的网站被列举频次超过200人次。与视频类网站明显的频次梯度相比，游戏类网站的使用频次变化趋势更为缓和。如果按游戏规模分类，在列举频次超过200人次的网站中，有大型游戏4例（英雄联盟、穿越火线、地下城与勇士、逆战）、中型网页游戏1例（洛克王国）、网页/移动端小游戏3例（QQ飞车、天天酷跑、QQ炫舞）、游戏平台和综合性游戏网站3例（4399小游戏、7k7k小游戏、QQ游戏大厅）。由于"4399小游戏"等游戏平台/网站上提供的游戏全部是小游戏，可以将其归入小游戏的相关范畴，因此，排名前11位的游戏类网站中小游戏类共6例。

四个大型游戏包含了比较多的暴力元素，其中"英雄联盟"属于即时战略类游戏；"穿越火线"和"逆战"属于第一人称射击类游戏；"地下城与勇士"属于格斗类游戏。这类游戏同时也是传播学中游戏研究的重要对象，许多研究集中关注游戏中的暴力内容对青少年玩家的影响。据调查，美国90%的网络游戏都包含暴力元素[1]。这些暴力元素的表现形式不一，主要以肢体冲突和武器冲突为表现形式。绝大多数暴力冲突都需要决出胜负，胜负的表现形式通常包括战败、死亡或毁灭。多数研究表明，人们对暴力类游戏使用得越多，现实生活中的攻击倾向越明显。但近年来的研究对这一简单论述持保留意见，例如，有研究发现，暴力游戏的使用对青少年攻击倾向的影响是轻微的，只有那些本来已经具有攻击倾向的青少年才会受暴力视频的左右[2]。

大型游戏通常需要玩家花费相当长的时间和精力来学习和练习，所以，其主要玩家为20～30岁的青年群体，以大学生为多。与小学生和初中生相比，他们的智力水平更高，更符合大型游戏对战略性、操作性、专注性的要求；与高中生和中年人相比，他们的可支配时间更长，来自学业或职业的负担更少，往往有更多的时间和精力投入到大型游戏中。另有数据显示，我国77%的对战平台类和"大型多人在线角色扮演游戏"（Massively Multiplayer Online Role Playing Game，MMORPG）类游戏玩家是男性，而女性更偏爱休闲类游戏，对大型休闲游戏与棋牌类游戏的使用比例均在40%以上[3]，是"碎片游戏族"的主力。

所谓"碎片游戏族"是一种形象的叫法。大型游戏通常要求长时间、整体性、持续性的时间投入，而休闲类、益智类小游戏则可以满足那些只有零散时间投入网络游戏的玩家。随着电脑和掌上移动设备的普及，大型游戏所无法覆盖的人群（如学生群体和上班族）逐渐由数量众多的休闲类游戏占领。这类游戏具有易上手、易操作、配置要求低、载入速度快、模块简单、单回合时间短、可随时进入退出等特点，它们的出现有效地填补了大型游戏遗留下的市场空白。

[1] TEEN HEALTH. Computer games [EB/OL]. (2014-09-08) [2014-09-08] http://www.cyh.com/healthtopics/healthtopicdetails.aspx?p=243&np=295&id=2375.

[2] TEJEIRO S , BERSABE M. Measuring problem video game playing in adolescents [J]. Addiction, 2002, 97 (12): 1601-1607.

[3] 中国电子商务研究中心. 2011年中国大型客户端网络游戏玩家特征分析. [R/OL]. (2012-03-29) [2014-09-08] http://b2b.toocle.com/detail--6030719.html.

目前，我国已经成为世界上休闲网游市场终端最多的国家，国内市场上休闲网游的数量已经接近网游总数的30%[1]。本次调查中，同为小游戏玩家，有些玩家能够明确地指出某一款游戏的名称，有的则仅列出了游戏平台或游戏网站。同前一类玩家相比，后一类玩家相对而言并无对某一款游戏的特别偏好，他们打游戏或许仅仅是出于消磨时间的需要。这恰恰反映出小游戏产品在吸引零散玩家方面的优势。而实际上，这类玩家的确在青少年中占据了相当大的比例。

从表9.6可以看出，排名被列举频次超过200次的前11个游戏中，小游戏和小游戏网站占了6例，超过一半，其中，"4399"和"7k7k"都是网站（目前，"4399"推出的游戏盒子只提供游戏类资讯，尚未发展为游戏平台；"7k7k"旗下的许多小游戏已经有独立的应用程序，但"7k7k小游戏网"则没有），主要提供网页游戏。这两个网站之所以没有推出独立的客户端，很大的原因在于其所运营的游戏并不完全是自主开发的。相比之下，"QQ游戏大厅"推出了电脑和手机版的独立应用程序，运营腾讯公司开发的一系列游戏，这就为用户接入游戏提供了极大的方便。因此，尽管QQ游戏大厅中游戏的数量和种类均远逊于"4399小游戏"和"7k7k小游戏"，却依然占据了不小的市场份额。

更值得注意的是，被列举频次超过200次的4个独立游戏都是腾讯公司旗下的产品。这四款游戏通过腾讯平台运营，玩家必须绑定自己的QQ或微信账户才能开始游戏。玩家不但可以单机通关，也可以与好友对战或者随机选择玩家对战。即使不以游戏的方式互动，玩家也可以将自己所玩游戏的类型、进度、战绩等在QQ/QQ空间或微信朋友圈中公开发布。因此，腾讯运营的这四类游戏不仅依赖庞大的QQ和微信用户群获得了巨大的玩家资源库，而且将游戏内互动扩展到QQ/微信用户的人际互动和群体互动层面。尽管从游戏模式而言，这四款游戏在同类型游戏中并不突出，但却无疑借助渠道和运营优势获得了巨

---

[1] TEJEIRO S，BERSABE M. Measuring problem video game playing in adolescents [J]. Addiction, 2002，97 (12): 1601-1607.

大的市场成功。

表9.7　青少年游戏类网站类别列举频次分布表（N=10100）

类别		代表性网站	频次	比例	总比例
动作类 ACT		刺客信条、波斯王子、真三国无双	108	1.07	1.07
冒险类 AVG		造梦西游、冰火双人、逆转裁判	94	0.93	0.93
卡牌类 CAG		三国杀、魔法经书、全民英雄	90	0.89	0.89
格斗类 FTG		地下城与勇士、天天炫斗、拳皇	492	4.87	4.87
音乐类 MSC		节奏大师、天天炫舞、劲舞团	356	3.53	3.53
益智类 PUZ		扫雷、魔方游戏、斗地主、下象棋	226	2.24	2.24
赛车类 RCG		QQ飞车、跑跑卡丁车、侠盗猎车手	964	9.55	9.55
体育类 SPG		实况足球、街头暴扣、FIFA online	166	1.64	1.64
角色扮演类 RPG	战略角色扮演	暗黑破坏神、英魂之刃、最终幻想	440	4.36	9.27
	大型多人在线角色扮演	魔兽世界、诛仙、仙剑奇侠传、天龙八部	494	4.89	
战略类 SLG	策略类	游民星空、我的世界、装甲战略	1450	14.36	17.02
	塔防类	保卫萝卜、植物大战僵尸、部落守卫战	150	1.49	
	即时战略	英雄联盟、魔兽争霸、Dota2、红警大战、帝国时代	118	1.17	
射击类 STG	第三人称射击	弹道轨迹、合金弹头、枪神纪	250	2.48	20.88
	第一人称射击	穿越火线、使命召唤、逆战、枪魂	1858	18.40	
模拟类	养成类 TCG	摩尔庄园、赛尔号、美少女梦工厂	390	3.86	4.73
	经营类 SIM	QQ牧场、足球经理、三国小镇	78	0.77	
其他类 ETC	休闲	连连看、恐龙吹泡泡、大鱼吃小鱼	106	1.05	7.89
	敏捷	天天酷跑、别踩白块儿、水果忍者	646	6.40	
	装扮	人鱼公主、小马宝莉、女人变公主	44	0.44	
游戏平台		QQ游戏大厅、橙光游戏、360游戏盒子	336	3.33	3.33
游戏综合网站		4399、7k7k	1244	12.32	12.32

　　研究根据通行的网络游戏分类标准，将网络游戏按类型分为13个大类和若干小类。有相当一部分调查对象没有列举具体的游戏名称，而是将游戏平台和综合性游戏网站列入了"最常使用的游戏网站"名单。故而，研究将平台和综合性游戏站点予以单列。通常网络游戏开发商和运营商根据游戏模式将网络游戏分为以下几类：

（1）动作游戏（ACT）。广义的动作游戏包括各类以"动作"为主要表现形式的游戏。但目前的动作游戏主要是指以打斗、过关为主的游戏类型，多以具有关卡设计的横版过关或平台过关的形式呈现。它强调玩家的反应能力和手眼配合能力，剧情一般比较简单，通过熟悉操作技巧就可以进行游戏。

（2）冒险游戏（AVG）。冒险游戏的题材多以探险、寻宝、逃生、破案为主，多数具有复杂的故事情节。它强调故事线索的发掘，通常解谜或动作解谜的比重很大，主要考验玩家的观察力和分析能力。

（3）益智游戏（PUZ）。益智游戏主要锻炼游戏者的脑、眼、手等，强调玩家的思考的逻辑性和思维的敏捷性。包括拼图类游戏、消除类游戏、健脑类游戏、问答类游戏等。棋牌类游戏如果不单独分类，也归入益智类游戏范畴。

（4）卡牌游戏（CAG）。卡牌游戏可分为非集换式（Playing Cards）和集换式（Trading Card Game）两类，前者包括各类扑克牌游戏、塔罗牌、UNO和国内目前流行的"三国杀"纸牌游戏。游戏中每个玩家拥有有限数量的卡牌，并且每个卡牌的功能是固定的。集换式卡牌则通常有数个系列，玩家需要在成百上千的卡牌中挑选和组合出一套牌，利用这些卡牌的相互配合来进行对战。

（5）格斗游戏（FTG）。格斗游戏又称"对战格斗"，通常由两方或两方阵营相互作战，使用格斗技巧击败对手来获取胜利。这类游戏在设计上强调精巧的人物与招式设定，以体现公平竞争的原则；在操作上强调玩家的控制、速度和微操作。

（6）音乐游戏（MSC）。音乐游戏是一种音乐节奏、指令编排和操作反馈之间彼此互动的游戏类型。玩家配合音乐与节奏做出动作，通常玩家做出的动作与节奏吻合即可得分，否则就会扣分。该游戏多强调玩家对节奏的把握、手指反应能力以及手眼协调能力。

（7）体育游戏（SPG）。多数体育游戏是以玩家操纵运动员的形式参与游戏，通常强调操作技巧和规则。体育游戏中的项目基本上都是以人类自身能力进行的项目，包括各种球类运动、田径、体操、滑雪、极限运动、拳击、摔跤等。脑力对抗项目通常归于益智类，车辆竞速游戏项目通常归入赛车类。

（8）策略游戏（SLG）。策略游戏可进一步细分为一般策略游戏和即时战略游戏（RTS）两类。策略游戏通常采取历史战争题材，玩家运用规则和策略与电脑或其他玩家展开较量以取得胜利。一般策略游戏允许玩家充分准备，如购买物资和排兵布阵，而后进行对战；塔防类游戏是一般策略类游戏的一个分支，玩家需要在地图上建造炮塔或类似建筑物，以阻止敌人的进攻。这类游戏更强调策略性防御而非策略性进攻。一般性策略游戏和塔防类游戏通常采取回合制，即时战略游戏中采集、建造、发展等的一切元素都是实时发生的，并且多数以摧毁敌人作为任务目标和游戏结束方式。同回合制游戏相比，即时制游戏往往节奏更快，时间更短，战斗更激烈，对玩家的反应、操作、判断的要求更高。

（9）模拟类游戏。模拟类游戏通常包括模拟养成（TCG）和模拟经营（SIM）两类。养成类游戏多由玩家扮演父母或主人等角色，来抚养孩子或宠物。玩家需要在游戏中培育特定的对象并使其获得成功。对象的成长往往遵循其在现实生活中的成长模式，通常包括抚育、教育、恋爱、工作、结婚等阶段。模拟经营游戏一般是以企业、城市等非生命体为培养对象，玩家扮演的多是投资者或决策者的角色，主要目的是在经营过程中获取利润并不断扩大规模。

（10）射击游戏（STG）。射击游戏多使用现实或虚构的武器进行攻击，因此大多数含有暴力内容。根据视角的不同，射击游戏通常分为第一人称射击游戏（FPS）和第三人称射击游戏（TPS）两类。第一人称射击游戏是以玩家的主观视角来进行射击的，而第三人称射击游戏则是操纵屏幕中的虚拟人物来进行射击。前者屏幕上显示的只有主角的视野，真实感更强、体验性更逼真；后者可以在屏幕上看到自己所操作的人物，动作感更强、全局观更明显。

（11）角色扮演游戏（RPG）。角色扮演游戏一般是指由玩家扮演游戏中的一个或数个角色，在一个写实或虚构世界中活动，并在一个结构化规则下通过一些行动令所扮演的角色升级或成长。目前，角色扮演游戏一个最大的分支是"大型多人在线角色扮演游戏"（MMORPG）。这类游戏通过网络连接数以千计的玩家同时存在于一个游戏中，强调玩家之间的交流互动。同一般角色扮演游戏相比，MMORPG具有一个持续的虚拟世界。玩家从客户端通过互联网连接，登陆服务器端后才能进行游戏；玩家离开游戏之后，这个虚拟世界在网路游戏运营商提供的主机式服器里继续存在，并且不断演进。此类游戏中任务添加和收集要素让网络角色扮演游戏几乎可以一直玩下去，没有传统意义上的通关。

（12）赛车游戏（RCG）。赛车游戏以体验驾驶乐趣为游戏诉求。玩家通过操纵赛车或其他交通工具来获得现实生活中不易达到的竞速体验。赛车游戏主要是在比赛场景下进行，玩家操纵赛车在给定路线内躲避各种障碍，在限定的时间内到达终点。通常速度是赛车游戏胜负的唯一标准。

（13）其他种类游戏（ETC）。上述12个分类多数是针对大型游戏而言的。很多小游戏虽然在游戏模式上靠近某一类游戏类型，但在操作难度上并不大，多数只具有放松和休闲功能。根据其侧重点的不同，可以进一步细分为休闲类、敏捷类、装扮类等子类。本文将这类小游戏归入"其他游戏种类"范畴。

尽管青少年并非大型游戏的主要玩家，但在青少年群体中，大型游戏还是最受欢迎的游戏类型。如表9.7所示，如果按游戏大类划分而言，射击类游戏比重最大（20.9%），其次为战略类（17.0%），再次为小游戏网站（12.3%）、赛车类（9.5%）、角色扮演类（9.3%）和其他类小游戏（7.8%）。卡牌类（0.9%）、冒险类（0.9%）和动作类（1.1%）是所占比例最低的游戏大类。游戏大类的分布体现出聚合化与多元化并存的特征。一方面，射击类、战略类和小游戏共占列举游戏网站总数的约60%左右，表明半数以上的青少年常用游戏类型非常相似；另一方面，有些相对不常用的游戏类型依旧占据了10%左右的比例，表明喜欢小众类游戏类型的青少年会相对容易地在同辈中找到相同爱好的玩家；与此同时，一些较为不常用的游戏类型也不乏拥趸者，显示出青少年游戏使用的细分化和多元化。

就子类别而言，青少年最青睐的是第一人称射击游戏（18.4%），其次是策略类游戏（14.4%），这两类的使用比例在15%~20%之间，共同构成了第一梯队；随后是小游戏网站（12.3%）和赛车类（9.5%）游戏，比例在10%左右；侧重敏捷性的小游戏（6.4%）、格斗类（4.9%）、MMORPG（4.9%）和战略角色扮演类（4.4%）游戏所占的比例在5%左右；所占比例最低的游戏类型分别为装扮类（0.45%）、经营类（0.8%）、冒险类（0.9%）和卡牌类（0.9%）。一般来说，角色扮演类和战略类游戏的规模更大、操作更复杂，对玩家的物质和精神方面的投入要求都比较高。射击类、赛车类、格斗类等游戏，虽然游戏规模也可能很大，但规则相对简单，对时间和精力等方面的要求也相对较少，青少年最常使用的恰恰是这类游戏。这其实体现了青少年在游戏类媒体使用方面的一种折中。他们没有足够的时间投入复杂的大型游戏，但又很难满足于一些小众类的游戏，如卡牌类、冒险类、经营类、音乐类、体育类等，于是他们做出了两个折中：第一是使用那些与复杂大型游戏的游戏模式相似而规则更简单的小游戏；第二是画面和体验不输于复杂大型游戏而结构相对简单的其他类别大游戏。这类游戏一方面培养了固定的玩家；另一方面，一旦这类玩家具备足够的物质和精神能力，也会很容易地转变为复杂大型游戏的玩家群。

网络游戏以一种特殊的方式促进了青少年的社会化。研究观察到一个一再出现的现象，即一个班级或一个学校的学生往往集中玩某一种或某几种游戏。有一些游戏风靡整个少年群体，如"英雄联盟"、"穿越火线"、"地下城与勇士"、QQ旗下系列产品等。但有一些游戏则明显出现了"抱团"使用的情况，即只有这一个学校或者一个班级的学生在玩。例如60%的"Q宠大乐斗"由钟祥中学学生列举；50%的"捕鱼达人"由恩施施州民族小学学生列举；"百变大咖"均由月亮湖小学学生列举；"部落保卫战"均由恩施小渡船中学的学生列举；"风云三国"均由庙山中学学生列举；"果宝特攻"均由武大附小学生列举等。这些游戏不仅使玩家在虚拟世界中得以互动，并且将互动进一步延伸到现实生活中，成为现实人际互动的重要纽带。有研究表明，游戏中的领袖往往会将自己在游戏世界中的权威延伸到现实生活中，从而在人际交往中获得更多的主动权。

此外，这些"抱团"使用的游戏全部是小游戏。这在一定程度上表明，小游戏的推广更受人际关系的影响。青少年会因为同学在玩某一个游戏也"跟风"去玩，从而造成某一款小游戏在一个班级或一个学校范围内的集中使用。相比之下，大型游戏的玩家分布则较为分散，这类游戏更依赖游戏本身和游戏营销来吸引来自不同地区、不同区位、不同年龄段的玩家。

表9.8　青少年游戏类网站子类别列举频次差异化分布表（N=10100）[1]

类别		列举频次量	人均频次	最多（前五类）	最少（后五类）
地区	武汉	3380	1.46	第一人称射击类、策略类、小游戏网站、赛车类、MMORPG	其他·休闲类、其他·扮装类、经营类、卡牌类、动作类、即时战略类
	荆门	3214	1.35	第一人称射击类、策略类、小游戏网站、赛车类、游戏平台、格斗类	其他·扮装类、动作类、冒险类、其他·休闲类、经营类
	恩施	3506	1.44	第一人称射击类、赛车类、策略类、小游戏网站、其他·敏捷类	其他·扮装类、卡牌类、经营类、冒险类、体育类
城乡	城市	4478	1.29	第一人称射击类、策略类、小游戏网站、赛车类、MMORPG、养成类	其他·扮装类、其他·休闲类、经营类、动作类、冒险类
	乡村	5622	1.55	第一人称射击类、策略类、小游戏网站、其他·敏捷类、格斗类	卡牌类、其他·扮装类、即时战略类、经营类、冒险类
学龄段	小学	3612	1.73	小游戏网站、第一人称射击类、其他·敏捷类、策略类、角色扮演类	卡牌类、MMORPG、体育类、其他·扮装类、音乐类
	初中	3982	1.54	第一人称射击类、策略类、赛车类、小游戏网站、音乐类	其他·扮装类、其他·休闲类、塔防类、动作类、即时战略类
	高中	2506	1.03	策略类、第一人称射击类、MMORPG、格斗类、赛车类	冒险类、塔防类、其他·休闲类、动作类、益智类、卡牌类
性别	男性	5924	1.77	第一人称射击类、策略类、赛车类、小游戏网站、格斗类	经营类、音乐类、卡牌类、塔防类、冒险类
	女性	3436	1.05	小游戏网站、其他·敏捷类、赛车类、音乐类、第一人称射击类	体育类、即时战略类、冒险类、动作类、卡牌类

如表9.8所示，青少年游戏类网站的列举情况呈现一定的地区、城乡、学龄段和性别差异。

---

[1] 列举种类均为22类，表明游戏类别的分布没有地区、城乡、学龄段和性别差异。

地区经济发展水平和游戏网站的列举数量之间没有呈现出线性关系。武汉地区游戏网站列举的人均频次最多，荆门地区最少，说明武汉地区青少年对游戏类网站使用得更多、更熟悉；城市地区青少年能列举出的游戏类网站的数量和人均频次均低于乡村地区，说明城市地区青少年使用游戏类网站相对较少；青少年的年龄越大、学龄段越高，对游戏类网站的使用越少；男生能列举出的游戏网站的数量远远大于女性。

如前所述，MMORPG 和即时战略类游戏通常规模比较大、操作比较复杂，通常要求更多的物质和精神投入。经济发达地区、城市地区、高年级学生将MMORP 列入最常使用的游戏，而经济相对不发达的地区、乡村地区、中小学生较少使用这类复杂游戏。这表明，大型游戏玩家群体在分布上或许受地区、城乡、年龄等要素的影响。

小游戏网站在各个分类中都是最常用的前五类网站。小学生群体和女生群体将小游戏网站列为最常使用的网站类型，这表明，小游戏风靡青少年群体，尤以低龄化群体和女性群体最为突出，但并非所有的小游戏都同样受欢迎。偏重休闲类、敏捷类、装扮类的游戏几乎是各个群体（女生群体除外）最少使用的游戏类型。在各类小游戏网站或游戏平台中，青少年最青睐的是那些大型游戏的"降级版"小游戏——它们采用与大型游戏相似的游戏模式，但复杂程度和操作难度较低，更适合青少年使用。很多小游戏特别采用少年儿童喜欢的卡通游戏风格，研发出各种"Q版"游戏。这类游戏填补了大型游戏所未能覆盖的玩家群体，同时也扮演着一种过渡人群的"孵化器"的角色。Q版游戏可以培养玩家的游戏兴趣和游戏技能，一旦其他条件具备（譬如，中小学生成长为高中生、大学生；欠发达地区青少年到发达地区读书等），这类玩家中的很大一部分或将转变为大型游戏玩家。

本章小结

本章对青少年经常使用的社区类、视频类和游戏类网站进行了描述性分析。虽然研究无法提供量化结论，但观察到以下现象：

第一，在三类细分类别的网站中，依旧是巨头垄断和小众分化并存，其中，社区类网站的垄断情况最严重；游戏类网站的多元化情形最显著。

第二，社区类网站中，QQ独占四成市场份额，体现出巨头垄断和先发优势相结合的媒介产品对细分市场的压倒性影响；P2P式社交类网站独大，表明青少年更喜欢个人中心性而非话题中心性社交；青少年对综合类公共论坛的参与以实用性目的为主，精神类和文化类偏向较低。

第三，视频类网站中，行业领军者三分天下，行业巨头的横向扩张尚未危及其领军性地位，但已经将部分先行者挤出第一梯队；小众类视频网站占据稳定份额，包括形式的小众化（如弹幕视频）和内容的小众化（如游戏视频）两种维度；综合性视频网站独大，兼容和吞并细分视频类别；专业化小众视频网站则尚未被青少年群体所熟知。

第四，游戏类网站中，大型游戏以聚合性取胜，小游戏则以多元性取胜，二者并存于青少年群体之中；含暴力元素的大小游戏比比皆是，第一人称射击类游戏独占鳌头；青少年以班级或学校为单位"抱团"玩游戏的现象屡屡出现，游戏成为新的社交介质；大型游戏玩家分布受人口统计学要素影响，小游戏在低龄化群体和女性群体中市场广阔。

用户参与对数字网络中的硬件设施、软件应用以及内容和信息服务的可信度评估都具有重要影响。互联网中的可靠性设施、软件和信息是建构在公开性的基础之上的。它们须要能够接受用户的反复测试和验证。这种用户的选择权对应着信任评估模式从权威性向可靠性的转变。

——大卫·兰克斯《网络信任：从权威性到可靠性》

第十章　青少年对媒体次级信道的可信度评估

大众媒体对青少年认知影响的研究往往是在培养理论的框架下进行的，但是，青少年对具体事物的感知往往是一系列复杂因素共同作用的结果。例如，青少年对现实世界危险程度的感知不仅与他们收看含暴力内容节目的时长有关，还涉及青少年自我暴力倾向、家长陪同与指导、对节目讨论与否等诸多要素；再如，青少年对理想体型的感知不仅与其接触时尚类媒体的时长有关，还与自我中心主义程度、自我效能、周边人群态度、个人文化背景等一系列复杂要素相关。因此，如果要考察新媒体使用对青少年认知影响的具体方面，往往需要专门的调查问卷，以保证能对各个相关要素都加以细致测量。本研究致力于考察新媒体使用对青少年认知的普遍影响，而非细化到不同侧面。因此，研究选取了国内媒体认知层面的热点问题——媒体可信度感知问题，通过问卷调查的方式考察青少年群体对不同类别的新媒体渠道的可信度感知，并进一步考察了其分布模式和影响因素。

第一节　媒体可信度感知 [1]

学界对媒体信任的研究可以追溯到米切尔·查耐利（Mitchell Charnely）1936年对新闻准确性报道的研究[2]。这类研究逐渐扩展到不同的信任类型，如组织信任、机构信任、新闻信任以及信任的各种变体，如信度、信誉、威信等。媒体信任包含了新闻内容信任（Trust of News Content）、新闻记者信任（Trust of News Reporters）和新闻制度信任（Trust of News Corporations）三种类型，分别对应着针对信息的信任（Person-to-content）、针对个人的信任（Person-to-person）和针对新闻产业系统的信任（Person-to-system），是一个复合概念[3]。

华语学界对媒体信任的讨论常常使用"公信力"这个词，并且将其对应翻译为media credibility，不论是在用法上还是译法上这都是不尽准确的。Media credibility对应翻译为"媒体可信度"或"媒体信度"，是新闻传播学科对"媒体信任"进行研究的操作性切入点，是媒体信任的构成部分，乃至是最重要的构成部分，但并不是媒体信任本身。最早的媒介信度研究可追溯到20世纪50年代卡尔·霍夫兰（Carl Hovland）等所领导的耶鲁大学研究小组对新闻信源信度与劝服效果关系的研究[4-5]。这类研究开辟了以量化方法研究媒体可信度的基本模式，即从信源、渠道和/或信息属性出发，分离出媒体属性的相关自变量和一系列受众信度感知的

---

[1] 本节部分内容发表于《媒介偏见：客观体现与主观感知》一文，《传播与社会学刊》2014（30），227-264.

[2] CHARNLEY M V. Preliminary notes on a study of newspaper accuracy [J]. Journalism Quarterly, 1936, 13: 394-401.

[3] WILLIAMS A E. Trust or Bust?: Questioning the Relationship Between Media Trust and News Attention[J]. Journal of Broadcasting & Electronic Media,2012, 56(1):116-131.

[4] HOVLAND C I, LUMSDAINE A A, SHEFFIELD F D. Experiments on mass communication [M]. Studies in Social Psychology in World War II: Volume III, Princeton: Princeton University Press, 1949.

[5] HOVLAND C, IRVING L J, KELLEY H H. Communication and persuasion. New Haven, Conn.: Yale University Press., 1953.

因变量，并通过调查法或实验法，探究自变量和因变量之间的关系。

如同媒体信任一样，媒体可信度也是一种复合概念。关于媒体可信度的本质属性存在着诸多争论，主要的分歧在于：媒体可信度究竟是一个属性描述还是一种关系描述[1]。所谓属性描述，是指认为媒体可信度是媒体本身的一种特性[2-3]；所谓关系描述，是指媒体可信度是受众认为某一媒体可信任的程度，是信息接受者对信息发送者的一种信度感知（Perceived Credibility）[4-5]。这一定义方式似乎更符合学者们的研究需要，却未免过于微观化，忽视了媒体作为一个社会机构的存在感和稳定性。

鉴于媒体信任的主体是一种制度性信任，媒体可信度作为媒体信任的表现形式之一，更确切的定义应当是受众对媒体可信任程度的一种主观感知的集合：①这种感知是主观的，但是受到信源、信道、信息以及受众本身等客观特质的影响[6]；②这种感知是由信息的接受者完成的，在个体层面上是情境化的，随具体信息、语境和个体特征的变化而变化[4]；③但在社会层面上，作为一种主观感知集合而言，则是相对稳定的，是抵消了个体差异和个体变化之后的一种稳定的社会关系概念。

目前，北美传播学界通行的量化研究方法通常涉及媒体信源属性、渠道

［1］O'KEEFE D J. Persuasion: Theory and research. Newbury Park , CA : Sage, 1990.

［2］BUCY E P. Media credibility reconsidered: Synergy effects between on-air and online news [J]. Journalism and Mass Communication Quarterly, 2003, 80(2): 247-264.

［3］MULAC A, SHERMAN A R. Relationships among four parameters of speaker evaluation: Speech skill, source credibility, subjective speech anxiety, and behavioral speech anxiety [J]. Speech Monographs, 1975, 42: 302–310.

［4］FREEMAN K S, SPYRIDAKIS J H. An examination of factors that affect the credibility of online health information [J]. Technical Communication,2004, 51(2): 239-263.

［5］METZGER M J, FLANAGIN A J, EYAL K, et al. Credibility for the 21st century: Integrating perspectives on source, message, and media credibility in the contemporary media environment [J]. Communication yearbook, 2003, 27: 293-336.

［6］FLANAGIN A J, METZGER M J. The role of site features, user attributes, and information verification behaviors on the perceived credibility of web-based information[J]. New Media & Society, 2007, 9(2): 319-342.

属性、信息属性、受众属性等维度。按照对自变量切入分析的不同角度，对媒体可信度的研究通常分为信源信度（Source Credibility）、信道信度（Medium Credibility）、信息信度（Message Credibility）三类。早期研究主要从信源信度和信道信度两个角度切入，但近年来，学者们一般认为，媒体可信度是信源、信道、信息以及受众属性（Audience Attribution）四个变量共同作用的结果[1]。

一、信源信度

信源是信息产生的源点。它可以是人、群体、机构、文化和意识形态，各自以其本身的特性影响人们对其提供的信息的可信度感知[5][2]。信源信度的研究认为，媒体信源的可信程度是影响媒体可信度感知的主要因素[3]。

对信源信度的研究是最早的媒体可信度研究类型，可以追溯到霍夫兰及其同仁的劝服研究。大量的早期研究发现，专业程度（Expertness）和可信程度（Trustworthiness）是最影响信度感知的两个要素（Component）[4][5]。前者是指在多大程度上信息的发出者被认为是见多识广的和睿智博识的（Informed and Intelligent）；后者则是指在多大程度上信息的传递者被认为是不带劝服目的的和公正无私的（Absence of persuasive intentions and impartiality）。后续研究者在此基础上进一步探究信源信度的构成面向，如贝罗（Berlo）等将安全（Safety）、资格（Qualification）和活力（Dynamism）作为信源的三个指标[6]；怀特海（Whitehead）

［1］WATHEN C N, BURKELL J. Believe it or not: Factors influencing credibility on the Web [J]. Journal of the American society for information science and technology, 2002, 53(2):134-144.

［2］MARKHAM D. The dimensions of source credibility of television newscasters[J]. Journal of Communication, 1968, 18: 57–64.

［3］JO S. The effect of online media credibility on trust relationships [J]. Journal of Website Promotion, 2005, 1(2): 57-78.

［4］HOVLAND C I, LUMSDAINE A A, SHEFFIELD F D. Experiments on mass communication [M]. Studies in Social Psychology in World War II: Volume III, Princeton: Princeton University Press, 1949.

［5］HOVLAND C, IRVING L J, KELLEY H H. Communication and persuasion. New Haven, Conn.: Yale University Press, 1953.

［6］BERLO D K, LEMERT J B, MERTZ R J. Dimensions for evaluating the acceptability of message sources[J]. Public Opinion Quarterly, 1969,33(4): 563-576.

在此基础上增加了能力（Competence）和客观性（Objectivity）两个因素等等[1]。

二、信道信度

信道信度研究认为，信息载体的可信程度影响媒体可信度感知[2]。第一类研究是单纯以信道为唯一自变量或主要自变量的研究。这类研究有两个高峰期，一是媒体可信度研究刚刚风行的20世纪70、80年代之交，信道类型作为主要的自变量分类被广泛采用。这类研究多数是以大型调查的方式进行的，收集和分析不同的媒介渠道，如报纸、广播、电视等媒体在总体层面上的信度差异[2-3]。第二个高峰期是世纪之交，互联网作为新的媒体类型出现并风行于世，催生了新一轮关于信道信度的讨论[4]。

伯恩斯·罗珀（Burns W. Roper）是早期信道信度研究方面的重要人物。不仅仅因为他最早开始进行关于信道信度的大型调查，更在于他所进行的调查的持续性。从1959年开始，每隔两年就进行的罗珀调查提供了关于美国社会信道信度感知的简明变迁史。当人们被问及"当不同媒体渠道提供了相互冲突的信息时，你更倾向于信任哪一种媒体"时，选择信任电视媒体的人数从1961年开始首次超过了报纸，其差距就此逐年拉大。这就是在信道信度的研究中每每提及的1961年转折点的由来。

但更为严谨的研究者认为罗珀的调查方法过于笼统。韦斯特利（Westley）和塞弗林（Severin）最早提出信道信度的感知受调查对象人口统计学特征，如

[1] WHITEHEAD J L. Factors of source credibility [J]. Quarterly Journal of Speech, 1968, 54(1): 59-63.

[2] BUCY E P. Media credibility reconsidered: Synergy effects between on-air and online news [J]. Journalism and Mass Communication Quarterly, 2003, 80(2): 247-264.

[3] ABEL J D, WIRTH M O. Newspapers vs. TV credibility for local news [J]. Journalism Quarterly, 1977, 54: 371-375.

[4] GANTZ W. The influence of researcher methods on television and newspaper news credibility evaluations [J]. Journal of Broadcasting & Electronic Media, 1981, 25(2): 155-169.

[5] SCHWEIGER W. Media credibility—experience or image? A survey on the credibility of the World Wide Web in Germany in comparison to other media[J]. European Journal of Communication, 2000, 15(1): 37-59.

年龄、性别、教育程度、媒介使用频率等因素的显著影响[1]。这种研究方法至今依然为大多数的信道信度研究者所沿用。这类研究得出的结论是各个不一的，依赖于调查对象、调查内容、调查方法、调查量表使用等诸多因素。例如，有的研究发现报纸的信度等级高于电视、广播和网络[1-3]；有的研究则发现电视获得更多的信任[4-6]；大多数的研究都发现网络信息的可信度最低[7]；但仍旧有一些关于特定内容的研究报告了网络信息相对于传统信道的信度优势[8-9]。此外，不同信道之间的信度差异甚至受到地域、文化和国别等要素的影响[10]。

三、信息信度

信息信度是指信息本身的可信度，包括信息的形式（ Format ）和内容（ Content ）两个方面。如果内容之外全部的要素都视为形式，那么信息形式应当包含信息

［1］WESTLEY B H, SEVERIN W J. Some correlates of media credibility[J]. Journalism & Mass Communication Quarterly, 1964, 41(3): 325-335.

［2］FLANAGIN A J, METZGER M J. The role of site features, user attributes, and information verification behaviors on the perceived credibility of web-based information[J]. New Media & Society, 2007, 9(2): 319-342.

［3］FLANAGIN A J, METZGER M J. Perceptions of Internet Information Credibility [J]. Journalism and Mass Communication Quarterly, 2000, 77(3): 515-540.

［4］KIOUSIS S. Public trust or mistrust? Perceptions of media credibility in the information age[J]. Mass Communication & Society, 2001,4(4): 381-403.

［5］ABEL J D, WIRTH M O. Newspapers vs. TV credibility for local news [J]. Journalism Quarterly, 1977, 54: 371-375.

［6］WESTLEY B H, SEVERIN W J. Some correlates of media credibility[J]. Journalism & Mass Communication Quarterly, 1964, 41(3): 325-335.

［7］FINBERG H, STONE M L, LYNCH D. Digital journalism credibility study [J/OL]. Online News Association (2001-08-14) [2014-09-08] http://www.journalist.org/Programs/Research2Text.htm.

［8］PEW RESEARCH CENTER. TV News Viewership Declines[R/OL].(1997-05-13)[2014-09-08]. http://people-press.org/reports, 16 May 2013.

［9］JOHNSON T J, KAYE B K. Cruising is believing?: Comparing internet and traditional sources on media credibility measures[J]. Journalism and Mass Communication Quarterly, 1998, 75(2): 325-340.

［10］JOHNSON T J, KAYE B K. In blog we trust? Deciphering credibility of components of the Internet among politically interested Internet users[J]. Computers in Human Behavior, 2009, 25: 175–182.

［11］GUNTER B, MCLAUGHLIN C. Television: the public's view. London: John Libbey & Co. Ltd, 1992.

的载体形式和展示形式，但在信度研究中，通常将前者归于信道信度之下，而将后者视为信息信度的研究范畴。

受众对媒体可信度评估的核心应当是对媒体内容的评估。理性受众应当将评估对象专注于新闻内容本身，考量内容与现实的契合度[1]，但在媒体可信度研究中，对信息信度的研究反而是最少的。研究者执着于考察信源、信道、受众特质等周边因素对认知的影响，反而对核心要素的分离和测量漠然置之。这其中部分原因在于，内容本身的变数非常大，难以通过调查法全部涵盖或通过实验法简单控制。

在少数关于信息信度的研究中，信息内容的主要衡量标准在于内容的质量（Quality），或者说关于"某一条新闻是不是好新闻"，这关乎新闻的评价标准问题。通常包括新闻的准确性、即时性、完整性、信息强度等要素。这些都与信息信度评估直接相关[2]。菲利普·迈耶（Philip Meyer）的新闻信度五项因子：公平性、无偏向性、完整性、准确性、可靠性等通常可以用来量度内容信度[3]。

在信息形式上，事件被展示的方式（Message Presentation）决定了事件能否成为新闻。一条消息如果被冠以"记者从××处获悉……"的"新闻体"，往往被认为是符合新闻行文规范的，也往往被认为具有更高的可信度[4]。类似的影响信息信度感知的信息展示形式还包括语言的组织性，行文风格的规范性[5]，语言的流畅性，

［1］AUSTIIN E W, DONG Q. Source vs. content effects on judgments of news believability[J], Journalism Quarterly, 1994, 71(4): 973-983.

［2］METZGER M J, FLANAGIN A J, EYAL K, et al. Credibility for the 21st century: Integrating perspectives on source, message, and media credibility in the contemporary media environment [J]. Communication yearbook, 2003, 27: 293-336.

［3］MEYER P. Defining and measuring credibility of newspapers: Developing an index[J]. Journalism & Mass Communication Quarterly, 1988, 65(3): 567-574.

［4］SUNDAR S S. Effect of source attribution on perception of online news stories [J]. Journalism and Mass Communication Quarterly, 1998, 75(1): 55-68.

［5］CHARTPRASERT D. How bureaucratic writing style affects source credibility[J]. Journalism Quarterly, 1993,70: 150–159.

使用的数据类型，论据的修辞手法、数量和严谨程度[1]，文章的形象程度，例子使用[2]，引语使用[3]等等。这些因素之于新闻信度感知的影响当然不乏刻板印象的因素，因为读者凭借"新闻体"这种约定俗成的便捷方式来判断信息内容的专业性；但这些因素也是更接近消息本源的因素，应当成为受众日常信度评估的主要依据。

四、受众特质

人们对媒体可信度的评价并不是系统化和稳定性的，而是依话题特点、新闻语境、个人卷入程度等要素的变化而变化的，其中，影响信息评估的外在因素主要包括上文提及的信源、信道和信息信度相关要素。内在要素主要为受众特质，包括：

人口统计学特征：通常来说，在媒体可信度评估方面，女性高于男性，年轻人高于年长者，教育程度低的人高于教育程度高的人[2-4]。还有众多研究讨论性别、年龄、种族、教育程度等不同类目的人口统计学变量之间的交互关系对信度感知的影响，也都获得了不同的交互作用效果[5-6]。

---

［1］MCCROSKEY J C, HOLDRIDGE W, TOOMB J K. An instrument for measuring the source credibility of basic speech communication instructors[J]. Communication Education, 1974, 23(1): 26-33.

［2］BROSIUS H B, BATHELT A. The utility of exemplars in persuasive communications[J]. Communication Research, 1994, 21(1): 48-78.

［3］SUNDAR S S. Effect of source attribution on perception of online news stories [J]. Journalism and Mass Communication Quarterly, 1998, 75(1): 55-68.

［4］FREEMAN K S, SPYRIDAKIS J H. An examination of factors that affect the credibility of online health information [J]. Technical Communication,2004, 51(2): 239-263.

［5］KIOUSIS S. Public trust or mistrust? Perceptions of media credibility in the information age[J]. Mass Communication & Society, 2001,4(4): 381-403.

［6］JOHNSON T J, KAYE B K. Cruising is believing?: Comparing internet and traditional sources on media credibility measures[J]. Journalism and Mass Communication Quarterly, 1998, 75(2): 325-340.

［7］BUCY E P. Media credibility reconsidered: Synergy effects between on-air and online news [J]. Journalism and Mass Communication Quarterly, 2003, 80(2): 247-264.

［8］WESTLEY B H, SEVERIN W J. Some correlates of media credibility[J]. Journalism & Mass Communication Quarterly, 1964, 41(3): 325-335.

媒体使用：一般来说，媒体使用与媒体可信度评估正相关[1]。人们对特定媒体的使用频率越高，对该媒体的信度评价就越高[2][6][2]。例如，在线新闻使用者往往赋予因特网高于传统媒体的信度等级[1-2]；长期博客使用者认为博客信息比传统媒体信息更为可信[3]。

其他要素，如信息使用后的信息讨论行为（Message Verification）[6]、信息验证行为（Information Verification）[7]、对信息的感兴趣程度[8]、种族主义偏见程度[9]等都在一定的条件下影响着人们的媒体可信度感知。受众特质作为信度感知的变量，更大的意义在于进一步表明，媒体信任是一种社会信任，它与社会族群的特定特征密切相关，并成为构筑特定族群社会信任的中介和组成部分。

概言之，人们对媒体信任的感知不是割裂的，而是整体式的、一体化的。人们对新闻来源的信任会影响对新闻内容的信任[10]；对新闻内容的偏见也会导致

［1］WANTA W, HU Y W. The effects of credibility, reliance, and exposure on media agenda-setting[J]. Journalism Quarterly, 1994, 71(1), 90-98.

［2］METZGER M J, FLANAGIN A J, EYAL K, et al. Credibility for the 21st century: Integrating perspectives on source, message, and media credibility in the contemporary media environment [J]. Communication yearbook, 2003, 27: 293-336.

［3］FLANAGIN A J, METZGER M J. Perceptions of Internet Information Credibility [J]. Journalism and Mass Communication Quarterly, 2000, 77(3): 515-540.

［4］PEW RESEARCH CENTER. TV News Viewership Declines[R/OL].(1997-05-13)[2014-09-08]. http:// people-press.org/reports, 16 May 2013.

［5］JOHNSON T J, KAYE B K. Cruising is believing?: Comparing internet and traditional sources on media credibility measures[J]. Journalism and Mass Communication Quarterly, 1998, 75(2): 325-340.

［6］KIOUSIS S. Public trust or mistrust? Perceptions of media credibility in the information age[J]. Mass Communication & Society, 2001,4(4): 381-403.

［7］FLANAGIN A J, METZGER M J. Perceptions of Internet Information Credibility [J]. Journalism and Mass Communication Quarterly, 2000, 77(3): 515-540.

［8］ARMSTRONG C L, COLLIINS S J. Reaching out: Newspaper credibility among young adult readers[J]. Mass Communication and Society, 2009, 12(1): 97-114.

［9］MELICAN D B, DIXON T L. News on the Net Credibility, Selective Exposure, and Racial Prejudice [J]. Communication Research, 2008,35(2): 151-168.

［10］GREER J D. Evaluating the credibility of online information: A test of source and advertising influence[J]. Mass Communication and Society, 2003, 6(1): 11-28.

对信息渠道的偏见[1]。新闻可信度的感知从根本上说还是一种主观评价，受到受众个体特质的强烈影响。

五、新媒体平台上的次级信道

传统媒体的信道类别是固定化的。这一份报纸和另外一份报纸、这一个电视台和另一个电视台的差别往往在于权威程度、专业程度、覆盖范围等方面，往往被视为信源信度的范畴。广播、报纸、电视、互联网等截然不同的媒体介质才是信道信度研究的传统范畴。

然而，传统媒体的介质形式是一元化的。广播、报纸、电视渠道中的广播台、报社、电视台的类别可能不同，但信息生产、传播、反馈的方式在本渠道内却是类似的，相反，虽然新媒体时代的信息传播均以互联网为介质，不同类别的媒体次级信道却拥有截然不同的信息传递方式。门户网站、公共论坛、社交平台、个人空间……这些互联网平台上的次级信道在不同群体中拥有不同的可信度评价，也相应地催生了新的信道信度研究类型。

有的研究者将信息内容与渠道结合起来，研究不同媒体中同一信息类型的信度感知。例如，约翰逊（Johnson）和凯依（Kaye）发现，那些对政治消息感兴趣的网民认为在线报纸和在线候选人评述比传统媒体更值得信任[2]；报纸和电视媒体所报道的民意调查比在线媒体调查更为可信[3]。弗拉纳金和梅茨格发现，即使同为网络媒体发布的同一条信息，具体渠道属性的不同也直接影响了人们的信度判断。在网站整体信度、网站出资人信度和信息内容信度三个指标上，

[1] FICO F, RICHARDSON J D, EDWARDS S M. Influence of story structure on perceived story bias and news organization credibility[J]. Mass Communication & Society, 2004, 7(3): 301-318.
[2] JOHNSON T J, KAYE B K. Cruising is believing?: Comparing internet and traditional sources on media credibility measures[J]. Journalism and Mass Communication Quarterly, 1998, 75(2): 325-340.
[3] KIM S T, WEAVER D, WILLNAT L. Media reporting and perceived credibility of online polls[J]. Journalism & Mass Communication Quarterly, 2000, 77(4): 846-864.

媒体机构的信度评价最高，其次为公益团体和经济组织，个人网站最末[1]。

　　还有的研究者在更抽象的层面上探讨信道对于信度感知的影响。针对报纸和电视等媒体的研究通常将纸张或电视默认为同质化信道，很少对其技术内涵加以研究。相比之下，对互联网信道属性的研究则非常多样。研究表明，信道属性强烈地影响着人们对网络新闻信度的感知，这些属性包括：网页中视觉信息的数量、网站的交互性、设计风格、信息深度、网站复杂性[2]以及编辑和广告内容之间是否具有明确分类、信息是否有第三方证明、是否提供联系方式、模板设计的专业性、导航目的明晰性、外接链接的数量和效度、广告和促销信息的有无、隐私保护与网页安全、过往信息保存等等[3]。

第二节　湖北青少年新媒体次级信道可信度感知的差异化分布

一、新媒体次级信道可信度的类别差异

　　媒体可信度既不是越高越好，也不是越低越好。对互联网上的信息来说，全盘肯定或全盘否定都是不可取的。在媒体可信度研究中，研究者通常并不考量可信度感知的绝对数值，而是比较人们对不同类别的信源、信道、信息的可信度评估的相对值。通常来说，研究者并不主张对新媒体内容的过分信任，相对谨慎、保守的互联网信息评估态度比相对随意的互联网信息评估更值得提倡。较为理性的互联网信息使用方式是通过多种渠道获取信息，反对过分依赖任何

[1] FLANAGIN A J, METZGER M J. Perceptions of Internet Information Credibility [J]. Journalism and Mass Communication Quarterly, 2000, 77(3): 515-540.

[2] FLANAGIN A J, METZGER M J. Perceptions of Internet Information Credibility [J]. Journalism and Mass Communication Quarterly, 2000, 77(3): 515-540.

[3] FREEMAN K S, SPYRIDAKIS J H. An examination of factors that affect the credibility of online health information [J]. Technical Communication, 2004, 51(2): 239-263.

单一渠道的信息；将互联网信息与传统媒体信息相比较；对互联网信息进行充分的人际讨论，通过比较和分析达到个人对特定信息内容的总体性感知。

研究使用北美学界最广泛使用的菲利普·迈耶信度量表，考察青少年对不同类型的新媒体次级信道的可信度感知。青少年被要求在5级李克特量表上，标出他们对九种新媒体单位的公平性（fair）、无偏向性（unbiased）、完整性（tell the whole story）、准确性（exact）、可靠性（trustworthy）等五项指标的感知。这五个指标的KMO=0.826，Bartlett球型检验=1473.2，p<0.001，表明该指标的各个子题项具有较好的内部一致性，并且可以析出为综合指标。研究求取五项指标的均值作为每一个次级信道的信度值。

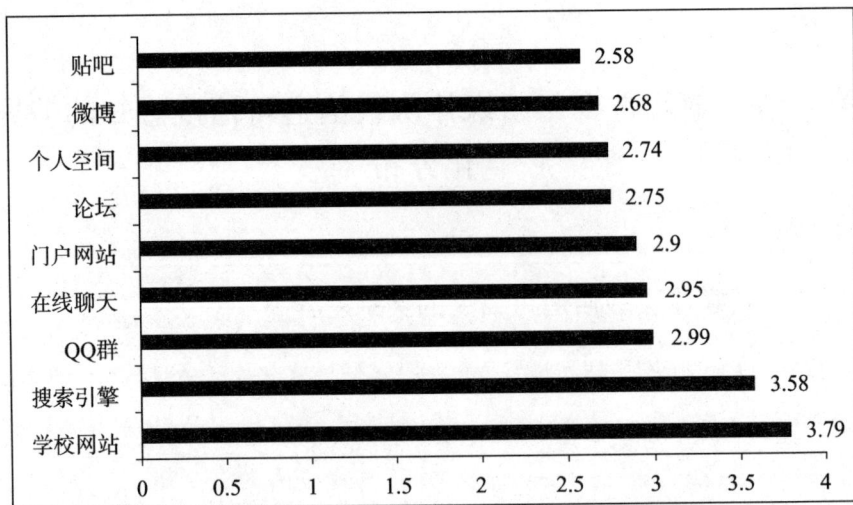

图10.1 青少年新媒体次级信道信任情况分布图

如图10.1所示，青少年对新媒体次级信道可信度评估的总体值偏低，并且具有一定的信道间差异。其中，学校网站发表的信息和通过搜索引擎获取的信息可信度最高，并且是仅有的两个可信度高于中间值（5级李克特量表的中间值为3）的信道类型。门户网站和QQ群的可信度接近中间值。贴吧、微博和论坛的可信度感知都不同程度地低于中间值。一组T检验表明，除了QQ群以外，其他所有类别信道信度与中间值的差异均具有统计学显著性。这表明，青少年群体对网络信息在总体上保持着十分谨慎的态度，并且能够比较显著地区分对待来自不同类型的次级信道的信息。

青少年对学校网站信息的充分信任表明，人们会将现实生活的信任经验延伸到虚拟世界的可信度感知上。学校网站上通常发布两类主要信息：事实类和告知类。前者主要包括对学校日常活动、重大事件、成绩、成果等的简讯式报道，是对已有事实的描述；后者主要包括各类规章制度和通知决定，是对常规性行为或未来行为的指导性规约。对于青少年而言，学校是权威感和熟悉感并存的单位。学校既是一个代表着知识和权威的抽象整体，又是他们日日生活于其中的场所，学校网站上发布的每一条信息，他们或者是参与者，或者是见证者，可以通过个人经历直接予以验证。因而，这种基于个体经历和一手经验的信息就获得了最大程度的信任。

搜索引擎属于青少年主动搜寻的信息。过往研究显示，人们往往更信任自己主动获取的信息而非被动推送的信息。这一定程度上为本研究中青少年对搜索引擎类媒体的高度信任提供了解释；从另一方面来说，这也表明青少年还无法意识到搜索引擎所蕴含的种种感知风险。美国在线（American Online）的一项研究显示，使用搜索引擎时，将近90%的点击量集中在前10名，即搜索结果第一页，其中，42%以上的点击率集中在第1名，而第2名的点击率则迅速下降到12%左右，第三名则只有10%左右的点击率[1]。这表明，人们对互联网信息的获取极为依赖搜索引擎的结果排序。如表10.1所示，青少年对搜索引擎这一互联网信息渠道的信任是不分地域、不分城乡、不分性别的。这种普遍性的、较高程度的信任表明，整个青少年群体或许并不了解，搜索引擎的搜索结果是基于程序算法的，并且这种算法受到商业利益和政治控制的左右。人们往往会将搜索引擎视为渔具，可以帮助钓鱼人准确地捕捉到想要的鱼。他们对于钓上来的

---

[1] 站长网. 搜索结果前十名点击率的巨大差距 [EB/OL]. (2008-04-10)[2014-09-08]. http://www.admin5.com/article/20080410/79581.shtml.

鱼进行评价，并且认为鱼好吃与否只是鱼本身的问题，而与钓具无关。如同人们可能会对搜索结果（如某一个网站/页）做出较低的评价，却仅会将这一评价与搜索结果相连，而非归罪于搜索引擎对信息的提供和排序。如果青少年能够将搜索引擎提供的大量内容进行收集、对比和分析的话，则能够帮助他们在复杂的信息世界中辨别出对自己真正有帮助的内容，但如果人们仅仅依赖于搜索引擎的第一条或前几条的结果，那么，他们对搜索引擎较高程度的信任无疑是有害的。

　　QQ群和在线聊天获得了约等于中间值的可信度评价，这表明，青少年对在线人际互动中传递的信息比较理性，既不盲目信任，也不过度怀疑。青少年对聊天等人际传播渠道信息的可信度感知显著低于来自学校网站的信息，但又略高于来自门户网站的信息。就信息传递的方式而言，网站信息多是单向流动为主、反馈互动为辅的。各类网站的内容发布者即使能够通过用户评论、用户调查等方式获得信息反馈，却也往往是非即时性的和非个体性的。相反，在线聊天则是即时进行的个体化交流方式。每一个人发出的信息可以即时得到针对性的回应，而且，从第九章社交类网站的使用情况可以看出，几乎所有青少年的在线聊天活动都是在熟人群体（而非匿名随机聊天室）中进行的，这使得在线聊天与日常生活密切相关，并且交流的内容可以通过个体过往经验或未来经历加以验证。因此，就信息验证方式而言，在线聊天应该比一般的网站的可信度更高。可见，信息传递方式和信息验证方式共同影响了青少年对在线聊天、门户网站和学校网站的可信度感知——在线聊天的可信度略高于门户网站，但却显著低于学校网站。这一方面表明，不同次级信道之间的信息其可信度交流方式影响着人们的可信度感知，这使得人们认为，在线聊天中获得的信息高于一般门户网站；另一方面表明，信息的可验证性是更强大的影响要素，这使得人们将学校网站与门户网站区别开来。当人们将学校网站和在线聊天中获得的信息相比较时，尽管二者都能够通过一手经验和个人经历加以验证，但学校网站发布的信息显然比同辈互动的信息更具有可信度。

社交网站（微博、空间）和公共论坛（论坛、贴吧）上发布的信息可信度最低。这表明，青少年对半匿名（微博、空间）和匿名（论坛、贴吧）信息持相当谨慎的态度，并且能够与来自其他次级信道的信息显著区分开来。社交类主要是指非（强制）实名制社交平台，如微博、微信朋友圈、QQ/QQ空间等。通常来说，青少年社交网站上的联系人包括现实生活中的熟人和通过社交网站认识的陌生人两类。他们可能是个人（如朋友、陌生网友），也可能是组织（如学校、新闻媒体、其他机构等）。同对应的聊天软件（如微信、QQ）相比，社交类媒体上发布的信息并不一定是好友原创，也不一定能够通过个体经验或人际沟通加以证实。但社交类媒体中的信息一般具有可追溯的来源（微博账号、微信账号/公众号、QQ账号）可供人们作为信度推断的依据；社交类媒体往往也通过分享、互动、评论等方式提供了信息讨论和验证的平台。与社交类媒体相比，论坛类媒体多为匿名制公共讨论平台，参与者往往需要面对大量的匿名原创性话题。话题的参与者往往是匿名网友，以虚拟ID参与讨论，并且其身份往往不具备系统追溯性。这些网友之间的相互联系往往是松散的，联系纽带也多是以话题而非以人际互动为中心。这种信息来源的匿名性和信息内容的难以验证性使得来自论坛类渠道的信息成为可信度最低的信息。

二、新媒体次级信道可信度感知的差异化分布

研究进一步按信息传播形式的不同，将九种网络信道类型分为五类：P2P聊天类（含QQ群、在线聊天），社交类（含微博、个人空间），公共论坛类（含论坛、贴吧），网站类（含学校网站、门户网站）和搜索引擎类。由于可信度感知受使用频率和使用时间的影响，而使用频率和使用时间又与地区、城乡等社会系统要素和年龄、性别等人口统计学要素相关，研究通过一组单变量因子分析，在控制了新媒体使用时间和使用频率的前提下，考察青少年对不同次级信道可信度感知的差异化分布。

表10.1　互联网次级信道可信度差异化分布表

	聊天类	社交类	公共论坛类	网站类	搜索引擎类
武汉	3.03	2.65	2.56	3.36	3.59
荆门	2.98	2.78	2.76	3.39	3.58
恩施	2.90	2.70	2.61	3.34	3.58
F	3.38*	3.12*	7.51**	0.55	0.32
城市	2.92	2.60	2.59	3.38	3.62
乡村	3.02	2.83	2.71	3.35	3.55
F	5.55*	27.11***	8.39**	0.35	1.54
小学	3.01	2.59	2.41	3.28	3.32
初中	2.95	2.73	2.74	3.33	2.65
高中	2.94	2.82	2.79	3.48	3.79
F	1.12	9.93***	33.27***	8.17***	30.22***
男性	3.02	2.71	2.68	3.36	3.64
女性	2.92	2.71	2.61	3.37	3.53
F	5.95*	0.03	2.49	0.15	4.98*

注：*$p < 0.05$，**$p < 0.01$，***$p < 0.001$。

如表10.1所示，在控制了新媒体使用时间和使用频率的前提下，聊天类、社交类和公共论坛类网络次级信道可信度体现出显著的地区和城乡差异；除聊天类之外，所有其他类别的次级信道可信度均体现出显著的年龄差异；性别差异仅仅影响了青少年对聊天类和搜索类信道的可信度感知。这表明，青少年群体对新媒体可信度的感知不仅仅是分类别的，而且是分层次的。社会系统要素和人口统计学要素在不同类别的次级信道上体现出不同程度的影响。

由于信道可信度评估与对特定信道的使用时间和使用频率密切相关，研究进一步请青少年选择自己使用五类次级信道的频率，包括：（1）QQ/微信/skype等在线聊天软件；（2）微博/微信朋友圈，QQ/QQ空间等社交类媒体；（3）贴吧/论坛等公共讨论平台；（4）浏览网站[1]；（5）搜索引擎。每一类次级信

---

[1]这里的网站是指提供资讯为主的网络信息单位，包括门户网站、政府网站、学校网站和教育网站。调研员在调研时对此项予以特别说明。

道的频率选择包括六种，从低到高分别为："从不"、"每月数次"、"每周数次"、"每天低于三次"、"每天3 ~ 10次"和"每天大于10次"。研究将这一类别式量表转化为6级量表，其中"从不"=1，"每天大于10次"=6。描述性分析表明，青少年对各类媒体的使用频率都低于中间值，其中最高的是聊天类，最低的是论坛类（详见图10.1）。

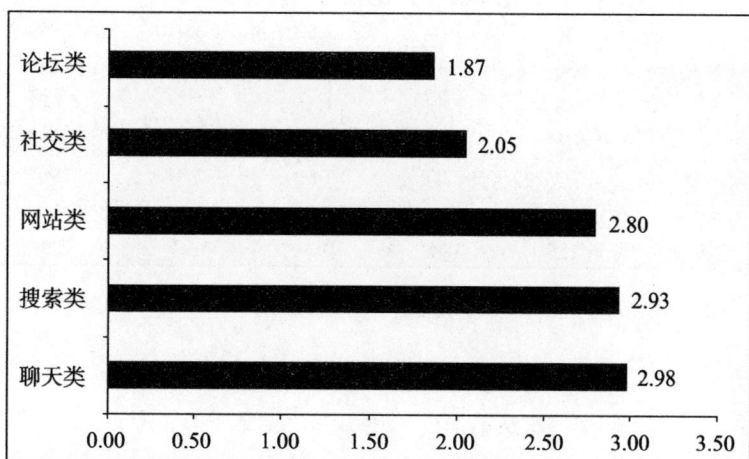

图10.1　青少年新媒体次级信道使用情况分布图

由图10.1可以看出，青少年对各类新媒体渠道的使用频率均显著低于中间值，并且不同类别的次级信道使用频率的差异非常大。聊天类和搜索类是青少年使用最多的新媒体次级信道，这呼应了第七章的结果，即青少年对新媒体的使用侧重于人际互动和人际搜索。这两种行为都对应了积极的信息获取方式，表明青少年的新媒体行为具有较强的主动性。青少年从网站类渠道获取信息的频率也比较高。这里的网站主要是提供资讯为主的互联网信息单位，其主要的信息流动方向是从网站到青少年，信息互动相对微弱。社交类和论坛类媒体的使用频率最低。这类媒体信息来源复杂，流动性强，可验证性低，青少年对这类媒体的兴趣并不大，使用频率也较低。

表10.2 互联网次级信道使用频率差异化分布表

	聊天类	社交类	公共论坛类	网站类	搜索引擎类
武汉	2.93	2.02	1.88	2.83	2.97
荆门	3.10	2.06	1.93	2.76	2.98
恩施	2.91	2.05	1.79	2.81	2.84
F	7.28**	0.31	4.09*	1.20	5.87**
城市	2.87	1.89	1.85	2.67	3.00
乡村	3.08	2.20	1.89	2.92	2.86
F	20.87***	62.05***	1.07	47.16****	12.88***
小学	2.66	1.87	1.52	3.01	2.95
初中	3.36	2.33	2.17	3.02	3.15
高中	2.84	1.89	1.85	2.38	2.68
F	95.90***	61.80***	89.99***	141.55***	57.87***
男性	3.03	2.03	1.89	2.84	2.96
女性	2.94	2.08	1.86	2.75	2.90
F	4.35*	1.45	0.74	5.93*	2.8

注：*$p < 0.05$，**$p < 0.01$，***$p < 0.001$.

次级信道可信度感知与社会系统要素(地区、城乡)和个体差异化要素(年龄、性别)之间的关系需要与次级信道使用频率结合起来讨论。因此，本节将表10.1和表10.2共同分析，以表10.1为主线，辅以表10.2和表10.4的内容。

地区要素对不同类别的次级信道可信度的影响并不统一。地区经济水平与聊天类媒体的可信度正相关，与社交类和公共论坛类媒体的可信度倒U型相关，与网站类和搜索引擎类媒体的可信度无关。先前几章中，倒U型曲线往往出现在地区差异与使用时间/频率的关系方面，但表10.1的结果是在控制了新媒体使用时间和不同类别次级信道使用频率的基础上得出的，并且，如表10.4显示，地区差异对新媒体次级信道的影响在回归分析中并不显著。这表明，青少年对新媒体次级信道的可信度评估在分布上确实有地区差异，但地区经济水平仅仅是差异的表现形式，而非成因。

在控制了使用时间和使用频率的基础上，乡村地区青少年对聊天类、社交类和公共论坛类次级信道的可信度评估高于城市地区青少年，但在网站类和搜索类信道可信度评估上则与城市地区青少年无显著差异。如表10.4所示，城乡差异对次级信道可信度的评估在回归分析中达到了显著性水平。研究因此进一步考察了城乡差异与次级信道使用频率之间的关系。如表10.2所示，聊天类和公共类渠道的使用频率具有显著的城乡差异。这表明，城乡差异、新媒体次级信道使用频率和可信度感知之间存在中介关系。尽管这种中介关系并没有作用于所有的次级信道类别，但依然表明，在青少年次级信道可信度感知方面，城乡差异是比地区差异更重要的影响要素。研究进一步通过回归依次检验法（Causual Steps）分析这三要素之间的关系。结果表明，对聊天类和社交类媒体而言，次级信道使用频率是城乡差异和次级信道可信度感知之间的不完全中介变量，即城乡差异对聊天类和社交类信道的影响是双重的。城乡差异既直接影响青少年对这两类媒体的可信度评估，又通过影响其使用频率间接影响其可信度评估。但对公共论坛类媒体而言，城乡差异和次级信道使用频率对其可信度评估的影响是独立的。

就个体差异而言，新媒体次级信道的可信度评估受年龄差异的显著影响，其中，社交类、公共论坛类和网站类媒体的可信度感知与年龄正相关，年龄越大，对这三类网站的信任程度越高；但与搜索引擎类媒体的可信度感知呈正U型关系，初中生对此的信任评估最低，高中生最高。如表10.4所示，年龄对这四类媒体可信度评估的影响在回归分析中也达到了显著性水平。研究因此进一步考察了年龄差异与次级信道使用频率之间的关系。然而，在表10.2中，尽管年龄与所有的次级信道使用频率为倒U型相关，但与其在回归分析中对次级信道可信度感知的影响方式完全不同。研究进一步在SPSS软件中通过回归依次检验法分析这三要素之间的关系。结果表明，年龄对聊天类媒体的可信度感知并无直接影响，换言之，不同年龄段的青少年对聊天类媒体的可信度感知是相似的。对社交类、公共论坛类和搜索类媒体而言，次级信道使用频率是年龄差异和次级信道可信度感知之间的不完全中间变量，即年龄差异对这三类媒体的影响是双重的：既直接影响青少年对这三类媒体的可信度评估，又通过影响其使用频率间接影响其可信度评估。对网站类媒体而言，使用频率是年龄差异与网站类媒体可信度感知之间的完全中介变量，年龄直接影响青少年对网站类媒体的使用频率，进而影响人们对网站类媒体的可信度感知。

性别对新媒体次级频道使用频率和可信度评估的影响程度不大，且比较零散。男性对聊天类和网站类的使用频率高于女性，对聊天类和搜索类媒体的可信度评价均高于女性。进一步的分析表明，性别仅对聊天类网站的可信度评估有双重影响：即既直接影响青少年对聊天类媒体的可信度评估，又通过影响其使用频率间接影响其可信度评估，但这种影响无论是在影响程度还是显著性水平上都比较弱，并且仅仅体现为对聊天类网站次级信道可信度感知的影响，且这种影响并不具有系统性。

三、次级信道可信度感知的影响要素

过往研究表明，人口统计学因素、媒体使用时间、媒体使用频率、内容获得途径等要素都不同程度地影响人们的媒体可信度感知。研究通过一系列问题对上述相关变量加以测量。第三章中考察了六类媒体的使用时间，研究将这六类媒体划分为传统媒体和新媒体两类，前者包括报纸、杂志、电视，后者包括电脑、普通手机、智能手机。传统媒体和新媒体的使用时间为各自类别中媒体的平均值。

表10.3　媒体使用时间、次级信道使用频率与次级信道可信度的相关性分析

		1	2	3	4	5	6	7	8	9	10	11
1	传统媒体使用时间	--										
2	新媒体使用时间	0.650**	--									
3	聊天类频率	0.118**	0.225**	--								
4	社交类频率	0.089**	0.183**	0.423**	--							
5	论坛类频率	0.085**	0.178**	0.392**	0.444**	--						
6	网站类频率	0.076**	0.177**	0.374**	0.353**	0.264**	--					
7	搜索类频率	0.013	0.074**	0.380**	0.299**	0.270**	0.317**	--				
8	聊天类可信度	0.057**	0.081**	0.215**	0.188**	0.117**	0.143**	0.073**	--			
9	社交类可信度	0.043	0.093**	0.164**	0.170**	0.255**	0.098**	0.089**	0.455**	--		
10	论坛类可信度	-0.026	-0.027	0.074**	0.068**	0.090**	0.003	0.072**	0.330**	418**	--	
11	网站类可信度	0.019	0.031	0.098**	0.115**	0.078**	0.032	0.093**	0.223**	0.297**	0.316**	--
12	搜索类可信度	0.017	0.053**	0.175**	0.205**	0.140**	0.121**	0.069**	0.522**	0.486**	0.344**	0.230**

注：*p<0.05，**p<0.01，***p<0.001.

　　研究首先通过一组相关性检验，考察连续性变量——包括媒体使用时间、次级信道使用频率和次级信道可信度感知等要素之间的相互关系。

　　表10.3显示，仅有传统媒体和新媒体的使用时间呈现出强相关性，表明青少年对传统媒体和新媒体的使用是彼此一致而非此消彼长的。如果青少年使用传统媒体的时间比较长，那么他们使用新媒体的时间也比较长。那些不愿意或者没有条件（如媒体资源存在与否，可用于接触媒体的时间多寡等）长时间使用传统媒体的人，也同样没有较长的时间使用新媒体。青少年不同次级信道的使用频率间呈现出弱相关或中等程度的相关关系。这一方面说明，青少年对不同类别的次级信道的使用频率不是割裂的，对一类次级信道类别使用较多的人，对其他类别的信道也使用较多；但另一方面，这种相关性仅为弱相关或中等程度相关，表明青少年对不同信道的使用还是具有较大的个体差异性的。他们并不是均等的使用每一种类别的信道，而是各有偏好，从而使得青少年次级信道的使用频率在整体上并没有体现为任何两种信道使用频率的强相关关系。与此相对应，次级信道的可信度感知也呈现出弱相关或中等程度的相关关系。这表明，青少年新媒体信道的可信度感知既是统一的，又是分化的。一方面，对某一类信道更信任的人，可能对其他类别的信道也相对信任，由此对整个新媒体信道持有较高水平的可信度；另一方面，不同类别的次级信道可信度感知之间的相关程度不同。社交类媒体可信度与聊天类、论坛类和搜索类媒体的可信度之间为中等程度相关关系，其他所有类别的次级信道可信度之间均为弱相关关系。

表10.4　新媒体次级信道可信度影响因素的回归分析

	聊天类可信度		社交类可信度		论坛类可信度		网站类可信度		搜索类可信度	
	β	R^2更改	β	R^2更改	β	R^2更改	β	R^2更改	β	R^2更改
人口统计学要素		0.005*		0.006*		0.016***		0.009**		0.021***
性别	-0.118**		-0.041		-0.072		-0.016		-0.113*	
年龄	-0.059		0.114**		0.153***		0.086**		0.197***	
父母文化水平	0.034		0.001		-0.014		0.051		-0.030	
家庭经济水平	0.008		0.001		0.007		0.001		0.002	
社会系统要素		0.012***		0.015***		0.017***		0.001		0.004*
地区	-0.035		-0.006		-0.024		-0.024		-0.095**	
城乡	0.139**		0.186***		0.191***		0.038		-0.069	
使用时间		0.009**		0.002		0.006		0.001		0.001
传统媒体使用时间	0.035*		0.005		0.023		-0.001		0.024	
新媒体使用时间	-0.009		-0.003		0.012		-0.006		-0.010	
次级信道使用频率		0.047***		0.038***		0.061***		0.014***		0.017***
聊天类	0.133***		0.066**		0.023		0.021		0.038	
社交类	0.098***		0.112***		0.023		0.013		0.113***	
论坛类	0.023		0.040		0.178***		0.037*		0.014	
门户类	0.011		0.032		0.022		0.049**		-0.013	
搜索类	-0.061**		-0.027		0.029		0.030		0.063***	
整体 R^2	R^2=0.060	R^2=0.061	R^2=0.103	R^2=0.024	R^2=0.042		0.058**		0.050*	
F	$F_{(16,5412)}$=12.07***		$F_{(16,5412)}$=11.11***		$F_{(16,5412)}$=18.90***		$F_{(16,5412)}$=6.22***		$F_{(16,5412)}$=7.60	

注：①性别、地区、城乡的使用均为哑变量；②父母文化水平为父亲和母亲文化水平的均值；③*p<0.05，**p<0.01，***p<0.001.

如表10.4所示，不同类别的信道不仅在青少年心目中的可信度程度不同，并且其影响因素也各不相同。人口统计学要素和次级信道使用频率是对各类信道可信度都具有显著影响的要素单元。

如前所述，多数研究表明，女性对媒体可信度的评估高于男性，年轻者高于年长者，教育程度低的人高于教育程度高的人。这些结论在本研究中都没有得到支持。在性别维度上，男性对聊天类和搜索类信道的可信度评估显著高于女性；在年龄维度上，年龄越大的青少年对各类新媒体信道的可信度评估越高，但聊天类媒体的可信度评估不受年龄影响；由于本研究中教育程度与年龄直接相关，因此，青少年群体对新媒体次级信道的可信度评估与教育程度正相关，教育程度越高，可信度评估越高。这表明，过往研究倾向于将青少年群体作为一个整体，与成年人、老年人群体相比较，从而得出性别、年龄、教育程度等要素与媒体可信度感知之间的相互关系。然而，一旦将青少年群体进一步细分，该群体却呈现出与整体人群的媒体可信度感知截然相反的特征。这再一次表明了青少年群体的特殊性。这一群体年龄尚幼、教育程度偏低，尽管他们看似能够熟练地使用各类新媒体设备进行休闲、娱乐、游戏，但这种"数字原住民"的表象掩盖了他们在生活经验和教育水平方面的不足。青少年群体对新媒体技术的掌握或许确实具有优势，但媒体内容不会因为通过新媒体渠道传递就成为截然不同的事物。与其他渠道传递的信息一样，各类新媒体次级信道中的信息依旧需要诉诸于人的感知、理解和判断。随着个体的成长，人们往往年龄越大，阅历越多，个人经验和社会经验就越丰富。同时，通常人们的教育水平越高，逻辑思维能力越强，知识占有也越丰富。个人经验、社会经验和知识水平、文化水平越高，人们对各种渠道的信息进行综合分析、合理怀疑和理性判断的能力越强。这种模式在整个社会层面上体现出来的是一种整体化的图景。个体发展在总体上也应当遵循这一规律，但就各青少年阶段而言，性别、年龄、教育程度与信道可信度感知之间却呈现出特殊的关系模式。

信道使用频率直接影响信道可信度评估。这种影响体现为信道使用频率整体和特定次级信道使用频率两个方面。就整体而言，人们对各类新媒体信道的使用频率越高，对各个类别的次级信道的可信度评估就越高；就特定信道而言，除了搜索类以外，每个次级信道可信度评估最大的（次级信道频率类）影响要素就是青少年对该信道类别的使用频率。搜索类信道的可信度感知最大的（次级信道频率类）影响要素是社交类媒体使用频率，其次才是搜索类媒体使用频率。这或许是由于青少年往往将搜索类媒体视为信息搜索的工具，因此，对搜索类媒体的评估和对其他新媒体渠道的评估标准并不一致。这肯定了过往研究中所发现的媒体使用频率与媒体的信度评价之间的关系。人们对特定类别的媒体信道使用得越频繁，对这一次级信道的路径依赖就越强，就越会倾向于从同一媒体信道获取信息，进而以该信道的后续信息去验证先前的信息。当他们认为从该信道获得的信息能够通过验证时，会更加信任该信息信道，从而愈发频繁地使用该信道进一步的获取信息。如此，即便某一信道的信息具有明显的偏向性，长期浸润于该环境中的信息使用者也无法察觉。

媒体使用时间对次级信道可信度感知几乎完全没有影响，惟一的例外是，传统媒体使用时间对聊天类信息的可信度评估有积极影响。这表明，青少年对次级信道可信度评估不是均质化的而是差异化的。对不同次级信道的使用频率直接影响其对特定信道的可信度评估，但总体上的新旧媒体使用时间却没有对特定次级信道的可信度感知产生影响。

社会系统要素对次级信道可信度感知的影响与次级信道类别相关。地区经济水平仅仅影响了搜索类媒体的可信度评估，地区经济水平越高，对搜索类媒体的可信度评估越低；城乡差别体现在聊天类、社交类和论坛类媒体的可信度感知中，其中，乡村地区青少年对这三类媒体的可信度评估高于城市青少年。这一结果表明，可信度评估更多的是一种个体性行为而非社会性行为，社会系统要素对不同类别的次级信道感知的影响方式是不同的，地区差异对可信度感知的影响基本上不存在。在城乡差异方面，城市青少年对某些新媒体信道的可信度持较为谨慎的态度。如前所述，媒体可信度评估既不是越高越好，也不是越低越好，但一种更为谨慎的互联网信息评估更值得提倡。

本章小结

研究考察了青少年群体对不同类别次级信道的可信度感知以及影响这些感知的相关因素。研究有以下主要结论：

第一，青少年群体对新媒体次级信道信度评估的总体值偏低，表明青少年群体对新媒体信息持较为保守、谨慎的态度。

第二，青少年群体能够比较清晰地区分不同类别的新媒体次级信道信度。学校网站发表的信息和通过搜索引擎获取的信息可信度最高；贴吧、微博和论坛中的信息可信度最低。

第三，信息获取方式和信息可验证性是影响新媒体次级信道感知的重要因素。主动搜寻的信息可信度高于被动接受的信息，双向交流渠道获取的信息可信度高于单向信道获取的信息；个体经验可验证渠道传递的信息高于其他渠道的信息。

第四，在新媒体次级信道可信度感知方面，城乡差异的影响力大于地区差异，但这两类社会系统性要素的影响都局限于特定类别的次级信道，而没有呈现为系统化模式。

第五，青少年群体在新媒体信道信度感知方面呈现出显著的阶层分化状况。这种分化的个体性比较明显，主要体现在人口统计学要素和次级信道使用频率方面，而社会系统要素的影响相对较弱。

第六，青少年群体人口统计学要素对信道可信度的影响模式与过往研究中针对社会整体人群的结论截然相反。青少年群体中，信道可信度评估与年龄和教育程度正相关，且男性高于女性。这表明，人口统计学要素对媒体可信度的影响在不同年龄阶段内部可能具有不同的细化模式。

第七，新媒体使用对次级信道可信度的影响是具体的，而非总体的。具体的次级信道的使用频率强烈影响人们对该信道的可信度评估，但总体的新旧媒体使用时间的影响则微乎其微。

第八，人们的媒体可信度感知既不是越高越好，也不是越低越好。对任何单一信源或信道的依赖都是不可取的。理性的信息获取方式是通过多个渠道获取信息并加以比较、分析。对那些能够验证且有必要验证的信息进行一手验证，没有验证条件的信息则通过人际传播、公共讨论等方式加以谨慎评估。

在后信息时代里机器与人就好比人与人之间因经年累月而熟识一样：机器对人的了解程度和人与人之间的默契不相上下，它甚至连你的一些怪癖以及生命中的偶发事件，都能了如指掌。

——尼古拉斯·尼葛洛庞帝《数字化生存》

第十一章　青少年对新媒体的依赖

人与媒介同处于社会系统之中。在不同形式的媒介主导传播的不同时代，人与媒介的关系处于不断变化之中。人们发明一种媒介，使用它，掌握它，藉由它改写思维方式和文化结构，乃至影响制度形态和帝国兴衰。这种媒介形式一开始必定是弱小的，是社会系统的外来者，它会遭受怀疑、抗拒、排斥或诅咒。它也可能一开始就受到肯定、欢迎、接纳和赞美。但无论如何，技术无情，不以人之喜怒为进退。那些必然到来的革新终非人力可以阻挡。它会逐渐壮大、扩散、渗透，成为社会系统赖以运作的纽带，并最终在时间的漫漫长河中与已经被它改造过的社会达成和解。此时，它终于成为社会系统中理所当然的组成部分，并一道迎接下一个作为外来者的媒介革新。上古，文字的出现对声音媒介和口头传播带来巨大冲击，故"仓颉造字，夜有鬼哭"；此后，竹简，纸张和羊皮卷在历代王朝更替与教义兴灭中不断地重复着传抄与焚毁的轮回；广播和电视或许是遭受过最大的赞美和最深的质疑的媒介形式，在它们出现的时代，印刷文字培养的理性和质疑精神仍在，仍有思想者痛心于声画媒介中人性的异化；直到互联网将它们从欢呼声和批评声的中心替换下来，复又被触屏终端所迅速代替。

第一节　媒介依赖理论

不同的人与不同形式的媒介间或许存在千姿百态的关系，但人不能脱离媒介而生活在社会之中。从媒介系统论的角度出发，桑德拉·鲍尔-洛基奇（Sandra Ball-Rokeach）和梅尔文·德弗勒（Melvin DeFleur）于二十世纪七十年代提出了"媒介依赖理论"（Theory of Media-system Dependency）。该理论认为，个人—媒体—社会处于一个相互依赖的系统之中。在一个充满变化性和不确定性的社会系统中，人们需要依赖媒介提供的信息去满足他们的需求并实现他们的动机[1]，这便是媒介依赖理论的核心思想。

在社会过程的组织化以及社会行动的个人化中，个体对媒体的依赖不是无目的的。德弗勒和鲍尔·洛基奇指出，"人们有了解自己和了解社会环境的动机；他们运用这些了解来确定行动和与他人交往的方针；娱乐被认为是同样不可缺少的动机"[2]。这对应了媒体依赖的三种动机:理解、定向和娱乐。出于"理解"和"定向"的动机而产生的依赖多数为"实用性依赖"，它与个体的生存密切相关，是物质性、生理性、认知性、实践性需求的结合；而出于"娱乐"动机而产生的依赖主要是精神性依赖，是非物质性、心理性、休闲性需求的结合[3]。

影响媒介依赖程度的因素主要有两种：第一是该媒介所处社会的稳定程度。社会变动越剧烈，对人造成的不确定感也越强，人们对媒介的依赖也就越深；第二是该媒介提供的信息本身的数量和集中程度。某一个媒介发布信息的数量或集中程度越高，某一部分对应人群对于该媒介的依赖就可能会增强，或者依赖该媒介的受众数量就会增多[4]。

---

[1] 谢新洲．"媒介依赖"理论在互联网环境下的实证研究 [J].石家庄经济学院学报, 2004 (2):218-224.
[2] 梅尔文·德弗勒, 鲍尔·洛基奇．大众传播学诸论 [M]．杜力平，译．新华出版社,1990:342.
[3] 王怀春．从"替代性满足"看个体对大众传播的精神性依赖 [J]．三峡论坛, 2010, 4: 126-129.
[4] 谢新洲．"媒介依赖"理论在互联网环境下的实证研究 [J].石家庄经济学院学报, 2004 (2):218-224.

媒介与受众是相互依赖的。然而，由于媒介资源对于受众比受众资源对于媒介更为稀有和独特，所以通常是"弱的个人依赖于强的媒介"。这就构成了媒介系统依赖理论的一种假设："依赖性"所关系的受众与媒介双方存在着非对称性；力量较强的一方通常被认为是媒介，它们从信息数量和内容方面控制着受众；另一方面，媒介与受众的关系也是非单向的。当媒体和社会系统影响着受众对媒介的依赖时，受众身上变动着的认知、情感、行动状况也同时反馈给了社会和媒体[1]。这就导致了20世纪80年代起媒介依赖理论的两个转向：一是受众从对媒介内容的依赖转向对媒介"拟态环境"的依赖，即受众对媒体的依赖已经不仅仅是媒体的内容，而是对媒体构建的整个"象征性现实"本身。信息社会促成人们的主观意识越来越认同并参照媒体语言的思维方式：受众每天都与各自归属的媒介保持定时的"约会"，并且会将媒介的语言和行为方式带到日常生活中。这种仪式性的行为证明了受众在生存于现实社会的同时，又与媒介共处于一种由媒介制造的生态环境中。二是传播技术推动非对称关系改变，传播技术的变化使二者间的关系成为变量而非常量。互联网和自媒体的发展使得受众不再是信息的单向接受者，而且可以同时是信息的发布者、参与者、传播者。受众本身可能成为信息的来源，可以通过选择、参与、讨论放大某个事件或某个议题，成为观点提供者、议题组织者和议程推动者。由此，传统媒体环境中非对称性的单向依赖关系在新媒体环境中变得更为多样化[2]。

德弗勒和鲍尔·洛基奇把"依赖性"定义为一种关系，但媒体依赖对受众个体而言具有一系列的心理乃至生理影响。当个人对媒介的依赖程度增加时，他们会选择有用的媒介讯息，赋予这些讯息较高的注意力，并会对讯息本身及传递这些讯息的媒介产生较深的情感。媒介依赖性的强度越大，唤起的认知程

---

[1] 鲍尔·洛基奇，郑朱泳，王斌. 从"媒介系统依赖"到"传播机体"——"媒介系统依赖论"发展回顾及新概念 [J]. 国际新闻界，2004(2) :9-12. p.10.
[2] 孟珊珊."媒介系统依赖理论"的凸显与转向——以经济危机传播中的国内受众与媒介关系为例 [J]. 青年作家，2009, 12: 86-87.

度（获取和维持人们的注意力）和感情程度（唤起各种情绪）也就越高[1]。

第二节　网络依赖现象研究

网络依赖最基本的含义是与互联网相关的心理混乱，它最早被描述为"网络成瘾"。"成瘾"的概念源自药物成瘾，用来描述人体对化学类物质（如酒精、毒品、药物）的一种强迫性连续定期使用行为，后来延伸到行为层面，指个体对某种行为的超乎寻常的嗜好和习惯（如赌博、打游戏、暴食、运动等）。1995年，美国纽约一位独立执业的精神科医生伊万·戈登伯格（Ivan Goldberg）以病理性赌博（Compulsive Gambling）的诊断症状为例，以戏谑的语言创造了"网络成瘾障碍"（Internet Addiction Disorder）这个词，用来描述人们对网络不可自制的长时间强迫性使用行为。这个词很快被研究者们所重视，并且在早期成为描述"无成瘾物质作用下的上网行为冲动失控"症状。如今，学术研究中已经尽量避免使用"成瘾"这个词，而代之以"病理性互联网使用"（Pathological Internet Use）、"成问题的互联网使用"（Problematic Internet Use）或"强迫性网络使用"（Compulsive Internet Use）等术语。

据世界卫生组织的定义，"网络成瘾症"是指由于过度使用网络而导致的一种慢性或周期性的着迷状态，并产生难以抗拒的再度使用的欲望。病理性网络使用者会产生想要增加使用时间、耐受性提高、出现戒瘾反应等现象，对于上网所带来的快感会一直有心理与生理上的依赖。网络成瘾是重度的媒介依赖症状。研究表明，网民可能像使用物质那样使用互联网来应对现实生活中的问题[2]，但病理性互联网用户或网络依赖者可能更多地使用互联网指向情绪的非适

[1] 参见罗文辉, 林文琪, 牛隆光, 蔡卓芬. 媒介依赖与媒介使用对选举新闻可信度的影响：五种媒介的比较[J]. 新闻学研究. 2003, 74: 19-44.
[2] TSAI C, LIN S. Analysis of attitudes toward computer networks and internet addiction of Taiwanese adolescent [J]. CyberPsychology & behaviors, 2001,4(3): 373-376.

应性应对方式，如发泄、退避、幻想、否认[1]等。

目前，网络依赖往往被视为媒体依赖的一种新的类型。匹兹堡大学的教授金伯利·扬（Kimberly Young）设计出一套网络成瘾诊断问卷。彼尔德（Beard）和沃夫（Wolf）在此问卷基础上加以修改，形成了"5+1"的诊断标准。其标准如下：

以下五条全部满足：

① 互联网使用成为当务之急（Preoccupation with Interact）。

② 需要更多的时间上网（Need for longer amount of time online）。

③ 曾一再试图减少互联网的使用（Repeated attempts to reducing Internet use）。

④ 减少互联网使用时情绪会变坏（Withdrawal when reducing Interact use）。

⑤ 不能有效地安排时间（Time management issues）。

以下3项至少满足一项：

⑥ 与周边人群，如家人、同学、朋友的关系遭到负面影响（Environmental distress : family, school, friends）。

⑦ 向别人谎报上网时间（Deception around time spent online）。

⑧ 通过互联网调节情绪（Mood modification through Internet use）。

青少年正处于生理和心理成长发育的转折期，其态度和行为都极易受到外在因素的影响；与此同时，他们往往对新事物和新技术更感兴趣，接受程度更高[2]。他们的上网条件通常更便利，并且更依赖网络信息获得身份认同。这种外在和内在因素使得他们极容易产生网络依赖[3]。在最早的一批关于青少年网络依赖症的研究中，研究者发现，约14%的大学生表现出网络依赖症[4]。后续研究陆

［1］HALL A S, PARSONS J. Internet addiction: College student case study using best practices in cognitive behavior therapy [J]. Journal of Mental Health Counseling, 2001, 23: 312-327.

［2］BYUN S, RUFFIN C, MILLS J,et al. Internet addiction: Metasynthesis of 1996-2006 quantitative research. CyberPsychology & Behavior, 2008, 12 (2): 203-207.

［3］HALL A S, PARSONS J. Internet addiction: College student case study using best practices in cognitive behavior therapy [J]. Journal of Mental Health Counseling, 2001, 23: 312-327.

［4］SCHERER K. College life online: Healthy and unhealthy Internet use [J]. Journal of College Life and Development, 1997, 38: 655-665.

续汇报了更低的比例。如美国大学生的网络依赖症比例为9.8%，台湾大学生网络依赖症的比例为5.9%[1]。因此，有学者指出，青少年和大学生群体的网络依赖症的总体情况"很少严重到亮起红灯的地步"[2]。总体而言，青少年群体中网络依赖呈现出分化态势。大部分青少年的网络依赖程度并不高，但少数群体则会体现出重度依赖。例如，一项对西班牙二百余万名12～17岁青少年的调查显示，青少年群体的网络依赖程度并不高，70%的青少年表示，连续几天不使用网络对他们自身影响不大。但青少年的网络使用时间与网络依赖程度直接相关，20%的重度使用者表示，连续几天不使用网络会影响他们的情绪；40%的青少年则表示必须每天使用社交网络，30%的则要每天使用Youtube，否则便会感到心情沮丧[3]。一项对香港500余名青少年的调查显示，71.6%的青少年有0～2项网络依赖症状，21.6%的青少年有3～4项网络依赖症状，仅有6.7%的青少年汇报了5项以上的网络依赖症，可以被列入重度依赖群体[4]。另据一项对意大利大学生的调查显示，中度网络依赖症的学生约占30%，而重度网络依赖症者仅占1%[5]。

　　网络依赖程度与使用时间密切相关，但二者并不是因果关系。过长的上网时间会影响人们的网络依赖程度，网络依赖症也体现为个体无法自我控制而强迫性地使用网络或增加上网时间。但反过来，并不是所有长时间使用网络的人都会产生这种病理性依赖。中国互联网络信息中心发布的一组数据显示，我国

［1］CHOU C, HSIAO M. Internet addiction, usage, gratifications, and pleasure experience: The Taiwan college students' case [J]. Computers & Education, 2000,35(1): 65-80.

［2］BYUN S, RUFFIN C, MILLS J,et al. Internet addiction: Metasynthesis of 1996-2006 quantitative research. CyberPsychology & Behavior, 2008, 12 (2): 203-207.

［3］FALVIA G, JOSES. Internet as a Haven and Social Shield: Problematic Uses of the Network by Young Spaniards [J]. Media Education Reseach, 2014, 43, 45-53.

［4］FUK. Is Internet addiction a distinct construct from other psychopathological conditions? Evidence from a panel study on a representative sample in Hong Kong, China [C/OL]//The annual meeting of the International Communication Association, Suntec Singapore International Convention & Exhibition Centre, Suntec City, Singapore, August 23-27, 2010. [2014-09-08] http://citation.allacademic.com/meta/p405123_index.html.

［5］CECILIA M R, MAZZA M, CENCIARELLI S, et al. The relationship between compulsive behaviour and internet addiction [J]. Styles of Communication, 2013, 5(1):24-31.

重度网络使用者中的三大群体分别为网络依赖群（11%）、网络商务群（6.7%）和网络社交群（12.3%）[1]，表明网络依赖群仅为长时间网络使用者的子集群。

大多数研究表明，女性的网络依赖程度比男性更严重[2-5]。一项针对美国大学生的调查表明，美国女大学社交媒体的日均使用时间为58分钟，男性为37分钟；与男性相比，女性会更多地出于避免孤独的动机而使用社交媒体[6]。精神性、被动性动机（如放松休闲、消磨时光）比实用性、主动性动机（如信息搜寻、现实应用）更容易导致网络依赖[7-8]。

近年来，随着社交网络的兴起，社交网络依赖和手机依赖逐渐成为网络依赖领域的新兴课题。马里兰大学媒体和公共议程国际研究中心2010年发布的研究表明，当不得不放弃使用社会化媒体时，美国大学生使用了和戒掉毒品、酒精相同的词汇来描述这时候的感受：戒瘾、疯狂渴求、非常焦虑、极其不安、痛苦、神经紧张、疯狂[9]。美国心理学家拉里·罗森（Larry Rosen）发现，美国的80后们如果无法每隔几分钟查看一下Facebook，约有30%的人会感到焦躁不安。还

［1］中国互联网络信息中心. 第29次中国互联网络发展状况统计报告. [R/OL]. (2009-01). [2014-09-08] http://www.docin.com/p-15142546.html.

［2］SCHERER K. College life online: Healthy and unhealthy Internet use [J]. Journal of College Life and Development, 1997, 38: 655-665.

［3］CHOU C, HSIAO M. Internet addiction, usage, gratifications, and pleasure experience: The Taiwan college students' case [J]. Computers & Education, 2000,35(1): 65-80.

［4］KUBEY R W, LAVIN M J, BARROWS J R. Internet use and collegiate academic performance decrements: Early findings [J]. Journal of Communication, 2001, 51 (2):366-382.

［5］MITCHELL K A, BEARD F. Measuring Internet dependence among college students: A replication and confirmatory analysis [J]. Southwestern Mass Communication Journal, 2010,25(2):15-28.

［6］LEE Y H. Individual media dependency (IMD) and social networking website: Exploring relations between motivational dimensions of IMD and SNW use [C/OL].]//The annual meeting of the International Communication Association, Suntec Singapore International Convention & Exhibition Centre, Suntec City, Singapore, August 23-27, 2010. [2014-09-08] http://www.allacademic.com/meta/p234838_index.html.

［7］KIM J, HARIDAKIS P. The role of internet user characteristics and motives in explaining three dimensions of internet addiction [J]. Journal of Computer-Mediated Communication, 2009, 14(4): 988-1015.

［8］SONG I, LAROSE R, EASTIN M, et al. Internet gratifications and Internet addiction: On the uses and abuses of new media [J]. Cyberpsychology & Behavior, 2004, 7(4): 384-394.

［9］Simon J. 互联让我们不再对话了么 [J]. 投资者报, 2012(22).

有一些人会时不时地摸摸口袋,以确定手机无恙[1]。另据一家市场研究公司调查,以Facebook和Twitter为代表的社交媒体,会像毒品一样令人上瘾。研究表明,53％的人在无法上网时感到不安。在这些上网成瘾的人中,有40％的人会在无法上网时感到寂寞[2]。还有心理学家提出新的名词"社交网瘾""社交网络症候群"等,来描述人们对社交媒体的病理性依赖现象。

第三节 湖北青少年新媒体依赖的差异化分布

本研究援引过往网络依赖研究的通用量表,对湖北青少年新媒体依赖情况进行调查。由于青少年上网终端的普及情况并不均衡,研究没有区分终端,而是泛化地考察了青少年整体的网络依赖情况。

一、青少年新媒体依赖的交互性要素

研究援引彼尔德和沃夫的网络依赖量表,请调查对象选择他们是否具有对应症状,如果有则为1,没有则为0。在数据输入时,八项指标均输入为0/1,在数据计算时,如果后三项之和为0,则网络依赖程度记为0;如果后三项之和大于0,则网络依赖程度记为八项指标之和。研究八个指标的KMO=0.692,Bartlett球型检验=538.77,$p<0.001$,表明该指标的各个子题项具有较好的内部一致性,并且可以析出为综合指标。

描述性分析表明,青少年新媒体依赖程度的平均值为3.73,显著低于中间值($t=-23.90$,$p<0.001$)。其中,有60％的青少年认为自己的新媒体依赖程度低于中间值,14.9％的人选择了中间值,23.4％的人高于中间值。这表明,青少年

---

[1] ROSEN L D, CARRIER L M. iDisorder: Understanding our obsession with technology and overcoming its hold on us [M]. New York, Palgrave Macmillan,2012.
[2] 熊宁. 移动电子媒介兴起中的媒介依赖研究 [J]. 今传媒, 10, 101-103.

群体对互联网的依赖程度并不高。绝大多数青少年认为自己不会由于不使用电脑或者手机而产生心理不适。但青少年群体的新媒体依赖程度呈现出较大的差异性，有约1/5的人对新媒体的依赖程度超过了中间值，其中16%的人选择了最大值。这表明，尽管青少年群体总体上对互联网的依赖并不大，但依然有少数群体脱离了整体均值，体现出较为严重的新媒体依赖特征。

由于新媒体依赖与互联网使用时间和使用频率密切相关，研究在控制了新媒体使用总时长和电脑、手机、智能手机使用频率的情况下，通过单因素卡方检验，考察青少年新媒体依赖的差异化分布情况。

表11.1　青少年新媒体依赖情况差异化分布表

	新媒体依赖程度	F 值
地区		17.86***
武汉	3.52	
荆门	3.94	
恩施	3.46	
城乡		33.31***
城市	3.46	
乡村	3.81	
学龄段		49.62***
小学	3.07	
初中	3.89	
高中	3.94	
性别		21.46***
男性	3.82	
女性	3.44	
习得路径		12.78***
自主习得	3.87	
父母指导	3.36	
同学指导	3.82	

注：***$p < 0.001$.

如表11.1所示，青少年的新媒体依赖程度与地区和学龄段呈倒U型关系：荆门地区最高，武汉次之，恩施最低；初中最高，高中次之，小学最低；乡村地区青少年的新媒体依赖程度高于城市；男性的新媒体依赖程度高于女性。

性别和习得路径体现出显著的主效应。在性别方面，男性对新媒体的依赖程度高于女性，这与前文所述的研究情况恰恰相反。这可能是由于，女性通常比男性拥有更大的社交圈子，并热衷于通过互动保持良好的社交关系。相比之下，男性的社交范围较窄，替代性路径较少，因而对媒介的依赖就更明显[1]。在习得路径方面，自主习得新媒体使用的青少年，对新媒体的依赖程度最高，接受同学指导的次之，接受父母指导的最低。需要特别强调的是，这些主效应在控制了使用时间和使用频率的情况下依然明显。这表明，即便是同样使用时间和使用频率的两个青少年，如果他是男性，那么他对新媒体的依赖程度将高于女性；如果他在乡村，则将高于城市；如果他主要是通过自我摸索习得使用新媒体，那么，他的依赖程度将高于通过其他习得途径的同辈人。尤其是城乡差异和性别差异两个主效应的存在表明，青少年新媒体依赖的差异化分布已经不仅仅是一项个体化的行为（时间、频率、路径），而是呈现为特定的社会性特征。

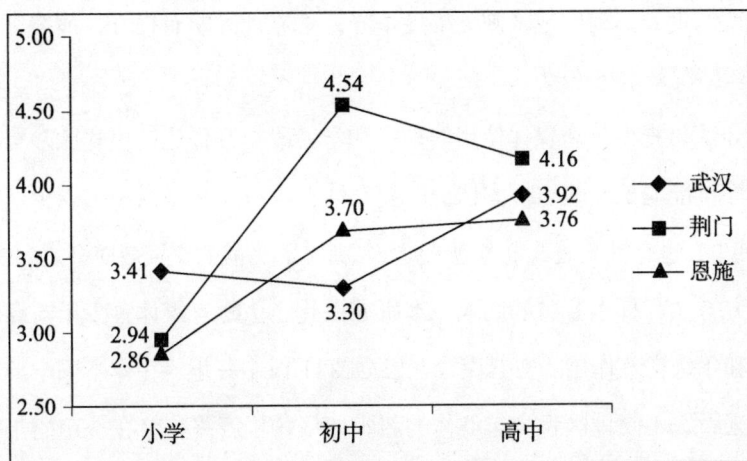

图 11.1a 青少年新媒体依赖地区—学龄段交互效应示意图

---

[1] COHEN J. Parasocial interaction and romantic attraction: Gender and dating status differences [J]. Journal of Broadcasting and Electronic Media, 1997(4): 516–529.

地区与学龄段（F（4，6104）=12.82，p<0.001）和城乡与年级（F（4，6043）=3.48，p<0.05）呈现显著的交互效应。如图11.1a所示，三地青少年新媒体依赖程度的差异在不同的学龄段层次上各不相同。武汉地区小学生的新媒体依赖程度显著高于荆门和恩施地区，但荆门和恩施地区的小学生新媒体依赖水平没有显著差别；荆门地区初中生的新媒体依赖程度最高，恩施次之，武汉最低，且三地新媒体依赖水平之间有显著性差异；荆门地区高中生的新媒体依赖程度显著高于武汉和恩施地区，武汉和恩施的高中生新媒体依赖水平没有显著差别。由于交互效应往往涉及较为复杂的变量间关系，并且可能是由更多的潜在变量影响的，较难合理推测。但图11.1a表明，基于地区差别的新少年新媒体使用其实主要体现在初中生群体当中。武汉地区小学生群体的新媒体依赖程度高于荆门和恩施地区，但初中生群体非但没有提升，反而出现了轻微的下降，成为三地中媒体依赖程度最低的群体。与此同时，荆门地区和恩施地区初中生与小学生相比出现了大幅度的上升，并最终在初中生群体中构成了显著的地区——新媒体依赖的倒U型关系。武汉地区高中生的新媒体依赖程度与初中学生相比有了大幅度的提升，荆门地区则大幅度下降，恩施地区略有提升，最终三地高中生的依赖情况基本接近。

这表明，青少年新媒体使用的地区和学龄段交互作用的模式比较复杂。这种复杂性可能的确反映出现实情况的复杂性；也可能是由尚未加入测试的其他变量引起的；也有可能随着更多地区变量的加入，当前的交互效应会进一步消失。由于研究方法和样本分布的局限，本研究在此无法断言媒体青少年新媒体依赖中地区和年级交互作用的必然模式。根据图11.1a中三地青少年不同学龄段的趋势走向来看，不同地区青少年群体的新媒体依赖程度终究会在一定的年龄达到一个非常接近的值，只是达到这个值的过程在不同地区的不同学龄段各有不同罢了。武汉和恩施地区各自出现了一个平稳变化的阶段，只不过武汉地区出现的比较早，在小学—初中段；恩施地区出现的比较晚，在初中—高中段；荆门地区则经历了一个大幅度上升复又下降的过程。

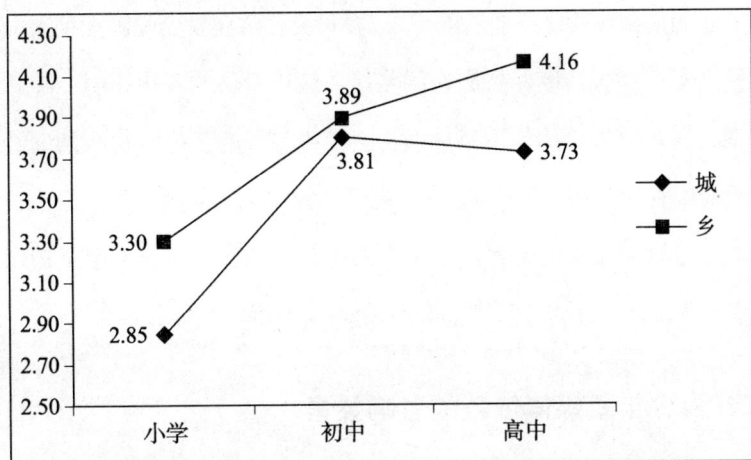

图 11.1b　青少年新媒体依赖城乡—学龄段交互效应示意图

相比之下，学龄段层次和城乡差别的交互则相对简单。如图11.1b所示，乡村地区青少年的新媒体依赖程度总体上高于城市地区，但这种差别在小学生（t=13.28，p<0.001）和高中生（t=13.08，p<0.001）群体中非常显著，但在初中生群体中则没有差别（t=0.002，p>0.05）。乡村地区青少年新媒体依赖程度随学龄段增长一路走高，其中，初中—高中阶段的增幅小于小学—初中阶段的增幅。城市地区则出现了小学—初中段的大幅度提升和初中—高中段的略微下降。城乡地区青少年的新媒体依赖程度在三个学龄段的差距呈现出拉大—接近—再拉大的趋势，最终在高中段稳定为乡村高于城市的格局。值得注意的是，城乡青少年新媒体依赖程度在小学段（Δ=0.45）和高中段（Δ=0.43）的差距值几乎一致。随之而来的问题是，下一阶段城乡青少年新媒体依赖程度会发生怎样的变化？在高中教育阶段结束以后，一定比例的乡村地区青少年将进入城市接受高等教育，随着学历、环境和周边人群的改变，这一部分青少年在各项新媒体使用指标——包括新媒体依赖程度上——是否会出现与城市群体的再次靠拢？与此同时，对于那些高中毕业而没有进入大学的青少年而言——2013年，我国高等教育毛入学率为34.5%[1]，即每三个18岁到22岁的青少年中，有两个没有接受大学教育——他们是会继续保持原有的城市/乡村身份，还是会随就业情况而发生城乡身份转换？在那些持续保持原有的乡村或城市身份的青少年中，随着他们进入成年期，其各项新媒体使用指标间将会发生怎样的变化？这些都已经超出了本研究所能解答的范畴。但图11.1b显示了一幅变化中的图景。在青少年新媒体依赖方面，乡村和城市的差异或许是有规律可循的，这一定程度上预示着青少年进入成年人群体早期将会呈现的某些新媒体使用模式。

二、青少年新媒体依赖的影响要素

表11.2a　新媒体依赖程度与新媒体使用行为类要素的相关性分析

	1	2	3	4	5	6	7	8	9
1 新媒体依赖	--								
2 自主习得*	0.097**	--							
3 父母指导	-0.010	-0.106**	--						
4 同学指导	0.092**	-0.044*	0.253**	--					
5 新媒体使用时间	0.162**	0.103**	-0.034	0.054**	--				
6 社交行为频率	0.246**	0.132**	0.028	0.123**	0.242**	--			
7 认知行为频率	0.080**	0.041*	0.204**	0.075**	0.066**	0.337**	--		
8 娱乐行为频率	0.216**	0.066**	0.105**	0.028	0.209**	0.429**	0.364**	--	
9 展示行为频率	0.221**	0.086**	0.086**	0.135**	0.218**	0.489**	0.371**	0.424**	--
10 参与行为频率	0.209**	0.113**	0.131**	0.128**	0.190**	0.431**	0.412**	0.388**	0.645**

注：*"自主习得"为电脑、智能手机、普通手机无师自通情况的均值；$p < 0.05$，**$p < 0.01$。

---

[1] 人民网.我国高校毛入学率超过24% 在校大学生达2979万 [EB/OL]. (2011-03-08). [2014-09-08] http://news.sohu.com/20110308/n279705378.shtml.

表 11.2b　新媒体依赖程度与新媒体使用认知类要素的相关性分析

		1	2	3	4	5	6	7	8	9	10
1	新媒体依赖程度	--									
2	应用价值	0.029**	--								
3	消磨时间	0.272**	0.292**	--							
4	放松休闲	0.305**	0.170**	0.475**	--						
5	社会交往	0.212**	0.392**	0.308**	0.328**	--					
6	陪伴	0.326**	0.193**	0.334**	0.351**	0.467**	--				
7	聊天类可信度	0.155**	0.098**	0.152**	0.155**	0.205**	0.222**	--			
8	社交类可信度	0.159**	0.114**	0.154**	0.140**	0.195**	0.213**	0.522**	--		
9	论坛类可信度	0.171**	0.089**	0.184**	0.191**	0.187**	0.228**	0.455**	0.486**	--	
10	综合网站可信度	0.024	0.172**	0.120**	0.106**	0.172**	0.133**	0.330**	0.344**	0.418**	--
11	搜索类可信度	0.076**	0.182**	0.196**	0.148**	0.157**	0.123**	0.223**	0.230**	0.297**	0.316**

注：**$p<0.01$.

由表 11.2 可以看出，在本研究所测度的所有变量中，与青少年新媒体依赖程度相关度最高的一个要素群落就是使用动机类，其次为新媒体行为频率类，再次为新媒体次级信道可信度感知类。可见，与新媒体依赖程度关系最紧密的首先是认知类要素，其次才是行为类要素。与青少年新媒体依赖程度相关度最高的单个要素是"陪伴动机"，其次是"放松休闲动机"，这也是仅有的两个相关度高于 $r=0.3$ 的要素。这表明，人们使用新媒体的陪伴动机越强，对新媒体的依赖程度就会越高。陪伴动机往往与社会孤立/孤独感相伴，常见于缺乏日常社交或不善于进行日常社交的人群，重度使用者甚至以人机交互行为替代或逃避日常人际交往行为。这类人群的新媒体依赖程度较高，也是值得关注的人群。

在行为类要素中，青少年新媒体依赖程度与行为频率的相关度大于与使用时间的相关度。这清晰地表明，新媒体依赖行为与使用频度而非使用时长的关系更加密切。一项最近的调查结果显示，我国智能手机用户每天点亮手机屏幕的次数为人均近百次，而且有 80% 是下意识行为[1]。这种下意识的手机使用行为

[1] 张向东. 你每天点亮手机屏幕多少次？ [EB/OL](2014-08-04).[2014-09-08].
http://weibo.com/1195910797/BgI6VsTdX.

是使用频率的直接指标，且其行为本身就是新媒体依赖症的体现。但上百次的点开手机，查看有无信息，下意识浏览好友动态，阅读新闻推送和社交软件更新等等行为的绝对使用时间却可能低于在网上看一部完整电影的时间。而在表11.2a中，青少年群体在新媒体依赖问题上清晰地体现出了与行为频率和使用时间之间不同的相关程度。

人们对新媒体次级信道的可信度评估与新媒体依赖程度之间仅有弱相关度，表明对新媒体各类次级信道信任与否与青少年对新媒体使用的依赖程度之间关联度不大。尽管体现出了一定的"越信任，越依赖；越依赖，越信任"的关系，但这一关系却并不显著。

表11.3 新媒体依赖程度影响因素的回归分析

	新媒体依赖程度	
	β	R^2更改
人口统计学要素		0.037***
性别	-0.131**	
年龄	0.043	
父母文化水平	-0.029	
家庭经济水平	0.001	
社会系统要素		0.023***
地区	-0.036	
城乡	0.217**	
使用时间		0.048***
电脑	0.001	
普通手机	0.001	
智能手机	0.002*	
行为频率		0.028***
社交行为	0.074**	
认知行为	-0.028	
娱乐行为	0.011	
展示行为	0.041	
参与行为	-0.013	
使用动机		0.095***
应用价值	-0.118**	

（续表）

消磨时间	0.070*	
放松休闲	0.139***	
社会交往	0.077*	
陪伴	0.216***	
可信度感知		0.010**
聊天类	0.004	
社交类	0.068	
论坛类	0.089	
综合网站	-0.148***	
搜索类	0.026	
整体 R^2	$R^2=0.242$	
F	$F(24,4842)=21.54***$	

注：①性别、城乡均转化为哑变量；②父母文化水平为父亲和母亲文化水平的均值；③*p<0.05，**p<0.01，***p<0.001.

如表11.3所示的回归模式中，六类要素群解释了青少年新媒体依赖程度24.2%的变化。其中，对青少年新媒体依赖程度影响最大的是新媒体使用动机，其次是使用时间，次级信道可信度感知的影响最小。然而，除了使用动机以外，各要素群中均只有一项子要素直接影响青少年新媒体使用。在社会性要素方面，男性对新媒体的依赖程度高于女性，乡村地区高于城市地区。

在使用时间方面，唯有智能手机的使用时间正面影响了青少年的新媒体依赖程度，电脑和普通手机的使用时间则无影响。这体现出智能手机与其他媒体类别在满足人们依赖性需求方面的差异。波兹曼在《娱乐至死》中以一种颇有意味的、自问自答的语气写道："一个月不看电视到底有什么意义？充其量这是一种苦行。"在传统媒体时代，人们对电视的依赖主要是一种精神依赖，但手机作为一种全功能的移动终端，所满足的已经不仅仅是消遣娱乐等精神需求，还包括通讯、出行、资讯、支付等实用性需求。手机对电视的功能（在技术上）是替代性的，反之却不然。人们对电脑和普通手机的使用或许分别偏向于满足使用者的精神性依赖和实用性依赖，而智能手机则同时满足了人们的双重依赖心理。如本研究所示，不论青少年使用智能手机从事什么活动、频率如何，单只智能手机的使用本身就直接影响了人们对新媒体的依赖程度。

人们会问，什么样的网上行为最容易导致新媒体依赖呢？答案是，社交行为。这表明，新媒体社交具有相当强的行为黏度。认知行为、娱乐行为主要是单向的信息搜索或获取行为；展示行为和参与行为则是非即时性的、一对多的群体性互动行为。如果将这些新媒体行为与传统的传播行为模式相对照的话，以信息搜索为主的认知行为约略可以对应读书、看报等大众传播行为；以看电视、看电影、看视频为主的娱乐性行为约略可以对应传统的收视、观影类大众传播行为；以游戏为主的娱乐行为则混合了人际传播与群体互动行为；以更新日志、发布照片为主的展示行为约略可以对应一对多的人际传播行为；以贴吧、论坛讨论为主的参与行为则约略可以对应组织传播行为。如此，只有社交行为最大限度地保留了一对一的人际传播特性，对即时性、私密性、交互性有着更高的要求。青少年使用QQ、微信、微博等社交类媒体的频率越高，他们建立的人际传播纽带的数量往往越多，强度往往越大。而人际传播对交流者"在场"的要求又不断强化着人们对媒体工具的依赖。这呼应了前文的"社交网络症候群"，表明在线社交行为是影响青少年群体网络依赖程度最直接的行为要素。

使用动机是对青少年新媒体依赖程度影响最显著的要素群。各项动机均直接影响了青少年的新媒体依赖程度，其中，应用性动机对新媒体依赖程度具有负面影响，其他动机则均为正面影响。使用动机与媒体依赖是媒介依赖理论的理论基础之一。如前文所述，媒介依赖理论认为，个体在媒介使用上有三个动机：理解、定向和娱乐。在五类使用行为中，应用价值能够满足"理解"的动机；社会交往和陪伴则满足"定向"的动机；消磨时间和放松休闲可以满足"娱乐"的动机。应用价值与新媒体的依赖程度负相关，表明青少年如果出于"了解自己和了解社会环境的动机"而使用新媒体，则动机越强烈，对新媒体依赖程度越低。换言之，青少年群体的理解性动机不能够通过新媒体使用来实现，或者其首选渠道并非新媒体工具，这使得其应用性动机越强，越会远离新媒体，转而诉诸于其他路径。与此同时，其他四类使用动机都与新媒体依赖程度正相关，这表明，新媒体使用能够满足青少年的"定向"和"娱乐"的动机。并且，他们的"定向"类和"娱乐"类动机越强烈，对新媒体的依赖度就越高。

在可信度感知方面，尽管过往研究表明，媒介依赖与媒介信任密切相关，即越信任，越依赖；越依赖，越信任，但本研究表明，影响依赖的媒体信任似乎是一种泛化的信任，可能针对媒体工具本身而非特定的媒体信道。如表11.3所示，在各类新媒体次级信道中，仅有综合类网站的信任程度负面影响青少年的新媒体依赖程度。这表明，青少年群体对网站（包括门户网站和学校网站）的信任程度越高，对新媒体的依赖程度越低。这可能并不是一种直接的关系，而是受某些特定要素的中介和调节。比如，更信任门户网站和学校网站的学生可能学习成绩比较好，或替代性媒体路径比较少，或个人价值观比较保守。这些要素同时有助于降低人们的新媒体依赖。鉴于本研究并没有涉及这些要素，故而无法加以确切推断。然而，就表11.3所示，可信度感知是青少年新媒体依赖诸要素中影响力最低的要素群落。

本章小结

研究考察了湖北青少年的网络依赖程度。大部分研究都与先前的研究结果相一致，表明湖北省青少年的网络依赖情况与其他国家、地区和文化背景中的同龄群体的相似性。

第一，湖北青少年的网络依赖程度总体偏低，表明青少年群体的网络依赖情况并不严重，多数在个人可控范畴。与此同时，青少年群体的网络依赖程度呈现出一定的分化性，严重网络依赖群体依旧存在。这呼应了先前在美国、西班牙、意大利、香港、台湾等地的研究结论。概言之，尽管网络依赖问题广受关注，但青少年群体对网络的总体依赖程度并不高。因此，既应密切关注青少年的网络行为，又切忌危言耸听，过分夸大青少年整体可能面临的网络依赖症候现象，甚至过度限制青少年对新媒体的使用和探索。

第二，性别和习得路径体现出显著的主效应。男性的网络依赖程度大于女性；自主习得新媒体使用的青少年，对新媒体的依赖程度最高；接受同学指导的次之；接受父母指导的最低，而学龄段与城乡、地区两个因素分别呈现出交互作用关系。这表明，青少年群体的网络依赖不仅仅因性别差异而具有社会性，因习得路径的差异而具有个人性，并且还是个体性的学龄段差异和社会性的地区/城乡差异复杂作用的共同结果。因此，对青少年网络依赖程度的考察和管理应充分考虑到事实的复杂性。

第三，智能手机使用时间正面影响了青少年的新媒体依赖程度。这表明，使用时间与媒体依赖之间并非直接因果关系，而是受媒介属性的中介。这同时表明，智能手机正在逐步取代电脑，成为网络依赖症状的主要媒介载体。几年前，网络依赖研究主要的，乃至唯一的研究对象还是电脑，但在本研究中，电脑使用时间已经不直接影响网络依赖程度。这体现出在上网功能方面智能手机对电脑的替代。目前，智能手机尚不能替代电脑的功能往往是偏于实用性功能，如学习、办公、批量信息搜索、存储等功能，虽然在手机上也能实现，但在效率和效果方面仍远不如电脑。但这些恰恰是青少年群体最少从事的上网行为，也是与网络依赖程度相关性最低的应用性网络行为。相反，智能手机所能取代的电脑功能，如消磨时间、休闲娱乐、社交互动等，既为青少年群体所欢迎，也更容易引起网络依赖。因此，人们对智能手机的依赖便体现出精神依赖为主、兼具实用性依赖的综合样态。

第四，社交行为频率是影响新媒体依赖唯一行为要素。这表明，新媒体社交具有相当强的行为黏度，其对交流者"在场"的要求不断强化着人们对媒体工具的依赖。这同时表明，社交网络依赖成为青少年网络依赖的重要组成部分。

我们需要警惕虚拟社交对现实社交的替代。大量研究表明，对媒体的过分使用和依赖会带来准社交行为（parasocial interaction）[1]，使人们沉溺于与虚拟世界和媒体人物的"虚假的亲密关系"[2]而忽视现实世界的社会化。但是，准社会交往通常发生在信息不对称传播的个体之间，而青少年大部分的新媒体社交行为都是在熟人群体之间进行的——据中国青少年研究中心调查数据显示，青少年与陌生人进行在线聊天的比例仅为7.7%[3]。这表明，青少年群体大部分的在线社交行为并非准社交行为，而是现实人际传播和群体互动在社交媒体中的延伸。从这一意义上说，青少年群体对社交行为的依赖也可以视为人际传播和群体互动需求在新媒体介质中的延伸。

第五，使用动机是对青少年新媒体依赖程度影响最显著的要素群。应用性动机对新媒体依赖程度具有负面影响，其他动机则均为正面影响。这表明，新媒体依赖主要是满足定向和娱乐目标，而理解目标则由其他类型的媒体依赖或社会依赖、人际依赖等替代性途径来满足。这呼应了媒介依赖理论的起点，即个体——媒介——社会是处于一个相互依赖的系统之中的。在一个充满变化性和不确定性的社会系统中，人们需要依赖媒介提供的信息去满足他们的需求并实现他们的动机。有的动机，如定向和娱乐动机，能够通过新媒体使用得到较好的满足，从而积极影响人们对新媒体的依赖程度；有的动机，如理解动机，则通过其他媒介，如书籍、报纸、电视或其他渠道，如教育、培训等替代性途径能够更好地实现。故而，这类动机对新媒体依赖程度的影响便可能是负面的，因为人们可以通过诸多媒介来满足自己的需求。不同媒介能够满足的需求不同，因而，不同动机对媒介依赖程度的影响也不尽相同。

---

[1] HORTON D, RICHARD W. Mass communication and para-social interaction: Observations on intimacy at a distance [J]. Psychiatry, 1956, 19:215-29.
[2] BALLANTINE P W, MARTIN B A. Forming parasocial relationships in online communities [J]. Advances in Consumer Research, 2005,32: 197-201:198.
[3] 中国青少年研究中心. 中国少年儿童十年发展状况研究报告 [M]. 北京：人民日报出版社，2010.

我们再也不能让儿童回到童年的秘密花园里了，或者我们能够找到那把魔幻钥匙，将他们永远关闭在花园中。儿童溜入了广阔的成人世界——一个充满了危险与机会的世界。在这个世界中，电子媒体正在扮演着日益重要的角色。我们希望能够保护儿童免于接触这样世界的年代已经一去不复返了。我们必须有勇气准备让他们来面对这个世界，来理解这个世界，并且按照自身的特点积极地参与这个世界。

——大卫·帕金翰《童年之死》

第十二章　数字原住民的聚合、分化与成长

本研究以7122份有效问卷的数据为基础，分析了湖北省范围内不同经济发展水平的三个城市——武汉市、荆门市、恩施市的城市地区和乡村地区小学、初中、高中三个年龄段的青少年对新媒体的使用、感知和效果，其目的在于勾勒出湖北青少年新媒体使用的总体图景以及发现这一图景中可能存在的特点。

第一节　关于数据分析方法的说明

对于以数据分析为主要手段的量化研究而言，研究者们往往希望发现线性关系。因为这是最简单的关系，也是最易于阐释的关系，但现实生活中的线性关系往往是理想状态的。我们可能发现很多无规律的情况，也可能发现很多非线性相关的情况。有些非线性关系在控制了诸多相关要素后确实会呈现出线性规律，但这种对线性关系的过分追崇其实未尝不是一种研究者的强迫症——控

制了诸多复杂要素之后的线性关系固然能够提供更简明的解释，但其现实应用价值和指导价值却未免大打折扣。本研究共十三个大类100余个子问题，涉及接触、使用、创新、扩散、习得、动机、行为、能力、效果等八大因变量层面。这些因变量之间彼此联系，有一些变量是另外一些变量的自变量；这八大因变量又与社会系统要素、人口统计学要素等固定自变量直接相关。如果所有的变量都呈现简单线性关系的话，反而是反常的。因此，在研究的很多单因素方差分析中，研究发现了倒U型关系，并且止步于这种关系（仅在第十章和第十一章涉及感知变量时，研究才将倒U型关系的部分变量进一步考察，以分析变量间可能的中介关系或调节关系）。这种倒U型关系又不是普遍的，研究者在另外一些要素中发现了简单线性关系，这一定程度上排除了问卷填答误差的影响。研究者希望通过对这种非规律性、非线性关系的直接呈现，为青少年新媒体使用及相关要素的差异化分布提供一种真实的描述。这可以呈现出研究中的诸多要素在现实中的差异化分布。它并不是控制了诸多变量之后得出的勉强的线性关系，而是真实情态的呈现。

在单因素方差分析的基础上，大部分章节进行了线性/二元逻辑回归分析。这些回归分析全都基于充分的文献综述，将既有研究中汇报过的预测性变量放入回归模型中进行考量，其目的在于考察过往研究在新媒体语境中，在青少年群体中乃至在中国环境下的适应性。

本研究并没有探索那些过往文献中没有涉及的变量，这部分是由于研究方法的局限造成的。调查问卷是对大规模人群某种行为或心理的描述，在样本量足够大的情况下，一些个体或小群体中无法观察到的行为会在大规模人群中凸显出来；在样本量足够具有代表性的情况下，在样本群体中发现的模型可以用于推断总体情况。问卷调查研究方法可以是探索性的，通过对大规模数据间关系的不断检测，发现变量间的联系，进而推断出数据所代表的要素在现实中的联系、规律或模式；这种研究方法也可以是验证性的，将理论假设或实验室研究结果付诸现实生活中去检验；大多数的大规模调查问卷则仅仅是描述性的，它也能够提供变量间关系的测量，但主要目的在于对调查对象的总体性掌握。前两类问卷通常切入角度小，变量集中，并且需要基于专门领域的文献支持；大规模问卷则涉及的范围比较广，针对一系列或一类问题展开。

这类问卷由于涉及的变量太多，样本数量太大，所以，在数据分析中很容易得出不同变量之间的显著性关系。如果将所有具有显著性关系的要素都放到回归分析中，很容易得出各种各样的回归分析模型。然而，大部分这类模型仅仅存在于数据层面。回归分析能够提供变量间关系的因果性解释，但不是所有在回归分析中具有显著性关系的自变量和因变量都是因果关系。因果关系的成立需要满足复杂条件，包括：①X与Y之间具有有逻辑意义的共变关系；②X在Y之前发生；③在其他影响排除的情况下，X的变化是导致Y发生变化的唯一原因。因此，即便回归分析呈现出显著性，也不能断言某回归关系中的自变量与因变量是因果关系。以问卷调查法为基础的回归分析更应当谨慎。问卷调查尤其是大规模问卷调查中的显著性回归有一些仅仅是伪显著性。当样本数量下降或样本人群变化时，这种显著性关系便有可能不存在。有的显著性回归确实存在，却不一定能够被直接解释，也不一定是简单因果关系。只有那些能够得到理论支持的变量间关系，在以问卷为基础的回归分析中才是值得关注的。因此，研究并没有将那些过往文献中没有涉及的变量统统放到回归分析中。

本研究止步于回归分析，没有进行模型建构。一般来说，只有控制实验法能够建构模型。在社会学和传播学的诸多实证调查方法中，控制实验法是内部效度最严格的调查方法，它能够比较精确地操纵实验变量，控制非实验变量，最大程度弱化干扰变量，从而使得实验测量能够最大程度地反映所测量对象的真实情况。在如此控制精度的基础上谈模型建构才是有效的。而问卷调查法，即便在取样合理的情况下，也多只在信度上取胜，而在内部效度上往往要大打折扣。当然，过往研究中，不乏学者基于问卷调查的结果建构模型。这类问多数为探索性或验证性问卷，对问卷规模、对象、设计等都有一定的要求。而且，不同研究者对方法的理解各不相同。本研究不认为调查问卷、尤其是大规模描述性调查问卷能够提供模型建构，因此，在变量间关系上止步于具有文献支持的回归分析。

研究将本书中主要因变量的差异化分布整理如下：

表12.1　武汉地区青少年新媒体使用与感知主要因变量差异化分布表

章节	变量	地区	城乡	学龄段	性别
第三章	数码产品使用数量	75.29***	73.21***	81.58***	39.51***
		武>荆>恩	城>乡	高>初>小	男>女
	传统媒体使用时间	2.33	31.07***	37.13***	4.25*
		--	乡>城	初>高>小	女>男
	新媒体使用时间	6.53**	45.54***	67.65***	0.96
		荆>武≈恩施	乡>城	初>高>小	--
第四章	个体创新指数	0.41	33.89***	29.63***	10.61**
		--	城>乡	高>初>小	男>女
	自我效能	13.12***	20.12***	6.66***	81.28***
		武>荆>恩	城>乡	高>初>小	男>女
	相对优势	3.78*	2.68	55.97***	0.64
		恩≈荆>武	--	高>初>小	--
	易用性	3.76*	1.96	59.32***	0.30
		武>荆>恩	--	高>初>小	--
	兼容性	4.20*	5.98	35.04***	11.61***
		武>荆>恩	--	高>初>小	男>女
第五章	新媒体老师使用	24.09***	23.02***	53.76***	2.63
		武>荆>恩	城>乡	高>小≈初	--
	新媒体父母使用	20.42***	14.95***	22.26***	0.11
		武>荆>恩	城>乡	高>初>小	--
	新媒体同学使用	35.02***	49.00***	177.76***	0.04
		武>荆>恩	城>乡	高>初>小	--

（续表）

章节	变量	地区	城乡	学龄段	性别
第六章	新媒体自主习得	4.02*	8.10**	22.83***	16.40***
		武>荆≈恩	城>乡	高>初>小	男>女
	新媒体老师指导	20.72***	6.12*	156.41***	3.24
		恩>荆>武	乡>城	小>初>高	--
	新媒体父母指导	6.07**	6.30**	100.85***	10.82**
		恩>荆>武	乡>城	小>初>高	女>男
	新媒体同学指导	35.92***	3.28	42.98***	9.25**
		恩>荆>武	--	小>初>高	男>女
	自主学习能力	11.59***	0.26	106.06***	5.78*
		武>荆>恩	--	初>高≈小	男>女
	创造创新能力	0.18	81.88***	89.42***	1.12
		--	城>乡	初>高>小	--
	参与分享能力	1.34	18.89**	79.55***	3.31
		--	城>乡	初>高≈小	--
	家庭融合性	43.06***	0.33	6.21**	0.36
		武>荆>恩	--	小>高≈初	--
	同辈融合性	11.92***	2.37	23.33***	14.86***
		荆>恩>武	--	初>高>小	男>女
	社会融合性	7.59**	15.21***	15.17***	35.77***
		荆>恩>武	乡>城	初>高>小	男>女
第七章	应用价值动机	1.20	9.92**	7.18**	0.10
		--	城>乡	高>初>小	--
	消磨时间动机	0.14	0.36	132.18***	25.59***
		--	--	小≈高>初	男>女
	放松休闲动机	4.70	4.59*	2.72***	9.74**
		--	乡>城	高>初>小	男>女
	社会交往动机	28.71***	1.08	1.20	1.63
		恩>荆>武	--	--	--
	社会陪伴动机	8.49***	8.49*	8.50***	44.45***
		恩>武≈荆	乡>城	初>高>小	男>女

（续表）

章节	变量	地区	城乡	学龄段	性别
	社交行为	5.26**	17.89***	102.44***	7.56**
		恩>武≈荆	乡>城	初>高>小	男>女
	认知行为频率	11.59***	1.24	106.06***	5.78*
		武>荆>恩	--	小>初>高	男>女
	娱乐行为频率	9.28***	64.15***	233.76***	127.68***
		武≈恩>荆	乡>城	小>初>高	男>女
	展示行为频率	0.18	81.88***	89.42***	1.18
		--	乡>城	初>高>小	--
	参与行为频率	1.34	18.89***	79.55***	3.31
		--	乡>城	初>高≈小	--
第十章	聊天类信度	3.38*	5.55*	1.12	5.95*
		武>荆>恩	乡>城	--	男>女
	社交类信度	3.12*	27.11***	9.93***	0.03
		荆>恩>武	乡>城	高>初>小	--
	公共论坛类信度	7.51**	8.39**	33.27***	2.49
		荆>恩>武	乡>城	高≈初>小	--
	网站类信度	0.55	0.35	8.17***	0.15
		--	--	高>初>小	--
	搜索引擎信度	0.32	1.54	30.22***	4.98*
		--	--	高>小>初	男>女
第十一章	新媒体依赖程度	17.86***	33.31***	49.62***	21.46***
		荆>武>恩	乡>城	高>初>小	男>女

注：①表12.1中以"武"代表武汉市，"荆"代表荆门市，"恩"代表恩施自治州；"城"代表城市，"乡"代表乡村；"小"代表小学，"初"代表初中，"高"代表高中；"男"代表男性，"女"代表女性；②">"代表前一项高于后一项，且具有统计学显著性；"≈"为前一项高于后一项，但没有统计学显著性；③*p<0.05，**p<0.01，***p<0.001.

第二节 数字原住民的聚合与分化

单因素方差分析多数以人口统计学要素作为固定变量，而各章节内部的回归分析则多考察特殊性个体要素，如个体使用时间、频率、习得路径、使用能力、使用动机等等对因变量的影响。因此，本研究实际上呈现了一幅混合了聚合与离散、整体与分层、线性与非线性的青少年新媒体使用图景。

地区差异在大部分变量中显著存在。这显示出青少年整体在新媒体使用方面的阶层分化现象。如表12.1所示，在37个变量中，26个变量具有显著的地区差异，其中，与经济发展水平正相关（武>荆>恩）的12项；与经济发展水平负相关的（恩>荆>武）4项；与经济发展水平倒U型相关的（"荆>武>恩"或"荆>恩>武"）5项；另有5项变量仅有两个地区呈现出显著差异（"荆>武≈恩施"1项；"武≈恩>荆"1项；"恩≈荆>武"2项；"恩>武≈荆"1项）。地区经济发展水平的优势主要体现在硬件条件方面，即青少年数码产品的使用与否、使用数量、周边人群的使用与否等；这一优势同时影响到个体的创新性指标，表现为发达地区的青少年对新媒体使用具有较高的自我效能，认为新媒体产品的易用性更好、兼容性更高；这一优势也部分延伸到新媒体使用能力中，主要是自主习得路径、自主学习能力、认知行为频率等。自主习得能力与接受周边人群指导形成一对互补关系。经济发展水平越低的地区，青少年依赖父母、老师、同学的指导越多。与此同时，还有一些变量与地区经济发展水平之间呈现出倒U型关系，包括同辈融合性、社会融合性、社交类媒体信度、公共论坛类信度和新媒体依赖程度等。这些变量主要是个体感知类和效果类变量。还有一些变量则没有体现出显著的地区经济水平差异，主要包括传统媒体使用时间、个体创新性指数以及大多数的使用动机、行为频率和感知信度变量。

城乡差异同样显著存在。在37个变量中，25个变量具有显著的城乡差异，其中城市大于乡村的10项。城市相对于乡村的优势与地区经济优势显著重合，主要集中在新媒体设备使用与否、使用数量、周边人群使用与否、个体创新性指数、自主习得能力等方面；乡村大于城市的15项，主要集中在个体性变量方面，如新媒体使用时间、频率、对周边人群指导的依赖、对新媒体的心理依赖、使用动机、信度感知等；消弭了城乡差别的变量也主要体现在个体性变量方面，包括同辈融合性、家庭融合性、新媒体创新特征感知、使用动机、信度感知等。

这是一幅聚合和离散并存的青少年新媒体使用图景。地区和城乡差别在一些要素上持续性存在。地区经济优势和城市区位优势明显重叠，并且主要体现在数码设备累积使用、周边人群使用情况、个体创新能力和自我习得路径方面。前两项体现了数码时代设备准入的现实分层。经济发达地区、城市地区的青少年，不论是他们自己，还是父母、老师、同学，都有更多的数码设备使用经验。这体现出经济基础对数码产品的购买力和承受力，也体现出数字文化在这些地区的连续性。由于技术更新换代的周期已经以"年"或"月"计算，欠发达地区、乡村地区可能"跨越式"地拥有最新数码产品，从而在结果上与发达地区、城市地区具有相似的普及率、使用率。然而，在高普及率的表象之下，这种忽略了累积过程的跨越终究在使用者身上体现出来。

在易用性和兼容性的评估方面，发达地区的青少年表现出了对新媒体设备更习以为常的一面。他们既有的硬件基础，如宽带接入、无线网络、软件兼容等，使得新媒体成为他们众多数码产品中的一个；发达地区、城市地区的青少年对数码设备的使用经验也使得他们对新媒体产品很容易上手，并且自认为"无师自通"。他们更喜欢也更善于自我摸索，而较少需要周边人群的指导。与此同时，新媒体设备对他们而言也仅仅是众多新鲜事物中的一个。他们有更多的替代性路径来打发时间，因此对新媒体的使用时间、（部分）行为频率、心理依赖程度等等都低于欠发达地区、乡村地区的同龄人。

在这样一幅区隔化的图景中，新媒体使用的地区经济优势和城市区位优势明显重叠，并且主要体现在硬件条件、个体创新能力和自我习得路径方面。这是个体有可能创造性地使用技术构建社会的因素，也是技术乐观主义者们所期待的自由化、平权化、多元化的起点。相形之下，那些消弭了社会系统差别的要素则主要是使用类和感知类要素。这类要素对应的多数是被动性的媒体消费和习惯性的媒体使用，是技术悲观主义者们所担忧的"技术对人的宰制和对理性的消解"式的媒体使用形式。从这一意义上说，青少年群体中新媒体使用及与使用相关的个体素质和行为模式已经体现出分层化的样态。这种分层以社会分层的形式存在，且在整体层面上并非个体能力所能超越。

卡门·路克（Carmen Luke）认为，从17世纪开始，人类社会就已经在朝一种个体化的趋势迈进，以"相互交往过程中家庭的隐私化和家庭成员的个体化"为标志[1]。在此过程中，影响人们生活的传统的社会差异，特别是阶层差异在逐渐减弱。十九世纪以来，建立在血统和出身基础上的传统阶层区隔已经被逐渐打破，但社会分层并没有消失。财富成为新的社会分层标准和权力来源。数字技术在文化形态上促进了社会的后现代化，但权力的结构却并未相应地改写。乌尔里奇·贝克（Ulrich Beck）因此认为，后现代社会中的社会分层还远远没有消除："这些对传统的解构发生在个体化发展的社会中。与此同时，不平等关系看起来还是十分稳定[2]"。本研究也提供了一幅同样稳定的分层化图景。

但另一方面，"跨越式"的新媒体普及也的确消弭了部分社会系统差距。使用动机类、行为频率类、使用能力类、可信度感知类的地区差别不再显著，社会融合效果、创新特性评估、以及（部分）可信度感知的城乡差别也不再显著。除了创新特征评估以外，这些不再受限于地区、城乡限制的因素主要是使用类和感知类要素。这体现出技术世界与现实世界的相对独立性。譬如现实世界固

[1] LUKE C. Predagogy, printing and protestanism: The discourse of childhood [M]. Albany, NY: State University of New York Press, 1989: 39.
[2] BECK U. Risk society: Towards a new modernity[M]. London: Sage, 2005: 87.

有山川，数字世界亦自有江河。一旦具备了硬件设施，并且习得了使用新媒体，技术世界中的动机、行为、能力等便呈现出脱离了地域和地区限制的新图景。它们在青少年群体中依旧会有分层和分化，但这种分化与社会系统要素的相关性较低，而更受个体要素的影响——各章的回归分析充分显示了影响各类要素的个体性变量，如时间、频率、能力、过往经历、习得路径等对每一个具体的实用类或感知类要素的影响。这是新技术对青少年群体和未来社会可能带来的改变。

一方面，既有社会分层不仅设置了设备准入门槛，也限制了青少年群体对新技术的创新性能力和自我习得能力；但另一方面，技术向那些获得了通行证的使用者敞开了数字世界。这个世界并不是平的，它由那些掌握着资源的权力阶层和掌握着技术的新贵阶层所构建。使用者和建构者处于数字世界权力结构的两端，前者按照后者制定的规则在虚拟世界中获得规则允许的平等、公开和自由，但与现实世界不同的是，数字世界的分层并没有固化，它依旧充满流动性。现实世界中权力和资源的掌握者可能仅仅是数字时代的普通用户，现实权力对虚拟世界的突入尚未完成；数字世界依旧充满多元性，技术和商业的细分市场都在不断开辟和诞生中，随时会有新的技术产品横空出世，搅动市场乃至改写规则；它依旧充满变数，尽管巨头垄断已经形成，但巨人的倒下也同样时时上演。

这里，我所提及的这种流动性、多元性和变化性的主体是数字世界本身，而不是数字技术对现实世界的改写。尽管这也是技术的一种现实效果。我所提及的技术世界中的新的权力结构不是指技术造就的一批互联网新贵改写了现实社会中财富创造的手段和晋级财富阶层的方式——这固然是一个方面，但这其实恰恰表明了新技术对旧有权力秩序的屈从而非改写。互联网"新贵"这个词并非对旧贵族的挑战，而是对旧贵族所建立的以财富为主要衡量标准的社会秩序的承认和服从。相反，我所指的是数字世界的秩序。在承认数字世界的固有阶层体系的前提下，对于大多数的使用者、尤其是尚不具备建构数字世界能力的青少年而言，他们有机会进入一个相对平等的虚拟世界。这体现在他们对网络的使用时间、频率、动机、能力方面的去差异化；体现在个体性要素而非社会系统要素主导新媒体使用的主要变量；体现在地区、城乡差异在大量使用类和感知类要素方面的消弭；体现在他们新媒体使用的聚合化特征。

这种聚合化由网络世界既有的巨头垄断现象所驱动。大部分青少年都是网络世界中的技术使用者。这一身份处于网络世界食物链的最底端。在青少年对一般网站、手机应用程序以及社区类、视频类、游戏类网站的使用中，他们充分展现了作为食物链底端者的被动性。目前，我国互联网产业由腾讯、百度、阿里巴巴所割据。无自主经济能力的青少年群体目前尚不是阿里巴巴的主要目标群体，而百度和腾讯及其子产品则几乎垄断了所受调查的青少年新媒体使用的各个细分侧面。他们并没有因为海量信息的供应而发展出多元化的兴趣，相反，巨头垄断下的网络世界呈现出一种新的、一般性、功能性、稳定性的主流。高度垄断化的市场进一步抹平了群体分化。青少年使用同样的平台社交、娱乐、游戏、获取信息、交换话题，他们使用行为上的差异进一步缩小，进而作用到观点层面，并反过来影响了他们在现实社会中的社会化过程。我们很难评价这种进程是积极的还是消极的。它一定程度上打破了既有的阶层限制，但却又并非人们所期待那样的自由和多元。成人或许能够更理性地判断巨头垄断中的种种弊端，但青少年群体则几乎毫无选择地集聚于巨头垄断之下。他们中的一些人体现出小众化的倾向，但这种小众化态势在网络巨头的主流化趋势面前相形见绌，不可匹敌。

第三节　数字原住民的成长与未来

个体化要素对新媒体使用主变量的影响同样显著。就性别而言，男生大于女生的有18个项，女生大于男生的仅有2项（传统媒体使用时间、新媒体父母指导），无显著差别的有17项。这呼应了此前大部分传播学研究的结论，即男性不论是在技术创造力、使用情况还是社会化收益上都显著大于女性；但与此同时，无显著差别项目的数量与有显著差别项目的数量基本持平，这又显示了性别差异在新媒体技术使用方面的消弭。

这一现象其实涉及到关于性别与技术的讨论。2012年6月4日，《纽约时报》在一篇关于硅谷的报道的开篇中写道："男人发明了互联网"。这一将技术与性别公然相连的言论引发了女性主义们的强烈批评。但这种说法在某种程度上不过是对事实的描述。它所反映的一个更深层次的问题是：技术是有性别的吗？技术更适于男性使用，还是技术原本就是中性的？如果技术的确更适于某一性别，那么这种性别差异是根植于男女性别基因的，还是后天社会建构的？20世纪80年代以来，西方出现了技术女性主义思潮（Technofeminism）。该思潮认为，始于17、18世纪的科学革命根植于长期沿袭的父权体制和男性主义的意识形态，其核心是对自然的开发和控制。这类技术本身就是男性化的。女性在技术使用方面的笨拙并非由于女性的基因与禀赋，而是因为当今社会的大多数技术都是以男性思维发明，且为男性用户设计的。正如澳大利亚女权主义理论家朱迪·瓦克曼（Judy Wajcman）所说，"现代技术文化表达的、使男人之间关系稳固的方式就成为解释这种对女性不断地排斥的现象的重要因素"[1]。这实际上认可了机械技术的男性主义倾向。但互联网诞生以后，带有鲜明后现代主义特征的"网络女性主义"（Cyberfeminism）随之萌发于20世纪90年代。网络女性主义者们认为，数字技术是与机械技术和电子技术截然不同的技术形态，其技术本质不是一元、征服和对抗的，而是多元、共存和对话的；不是中心、威权和宰制，而是去中心化、民主和参与[2]。它既为人们提供了独立场域和公共空间，又打破

[1] WAJCMAN J. Feminism confronts technology [M]. Pennsylvania: Penn State University Press, 1991: 38.

[2] GUERTIIN C. Quantum feminist mnemotechnics: The archival Text, digital narrative and the limits of memory [M]. Alberta: University of Alberta, 2003.

了私人空间和公共空间的区隔，从而为互动、参与和对话提供了可能。这一主张可以为本研究的发现提供一定的支持：在数字原住民对新媒体的使用中，性别差异的存在和消弭是共存的。研究无法判断，随着技术的发展和数字原住民的成熟，技术与性别是将实现和解，还是拉大分化，但至少数字技术展现了一幅在机械技术和电子技术时代不曾展现的性别平权化的前景。

我要说的最后一个话题是儿童与成长。数字原住民不是一个均质化的群体，相反，学龄段是影响他们新媒体使用能力和使用水平的重要因素。就学龄段而言，37个变量中的14项与学龄段正相关，5项与学龄段负相关，8项倒U型相关，2项不相关。14项正相关变量与地区/城乡优势项目重叠，主要包括自己及周边人群数码设备使用、个体创新能力、自主习得路径等；与此同时，青少年新媒体依赖程度和各类次级信道可信度评价也与学龄段正相关；5项负相关变量则分别为周边人群指导以及娱乐、认知行为频率；倒U型相关则较为复杂，混合了使用时间、行为频率、使用能力、社会化效果等多种因素。但总体而言，初中生和高中生群体在新媒体使用方面的表现远远比小学生优秀。这意味着，青少年群体内部以年龄分化为区隔的技术阶层的形成。过往研究中，青少年群体往往作为一个整体，与成年人、老年人群体相比较，从而得出在新媒体使用中"长江后浪推前浪"式的结论。然而，这一群体内部的年龄分层却遵循着完全相反的模式：数字原住民中，新媒体使用的总体情况是与年龄正相关的，高中生的总体指标强于初中生，初中生又强于小学生。新的技术形式和信息输入方式能够改变大脑的信息处理模式，使得数字原住民们具备更符合数字时代的思维模式，如非线性、图形化、多任务性，但技术的进步不能改变人作为生物体的成长规律，即个体要经历二十年甚至更长的时间才能完成大脑的发育。与技术共同成长的一代人，并不会因为他们出生的技术环境更先进而承袭更先进的技术基因。技术是一种知识，对它的习得不能超越个体成长的阶段性。

儿童依然有其脆弱性，他们的肉身就很脆弱。电子设备、无线网络和液晶屏幕辐射对他们尚未发育完全的身体造成的伤害远甚于成年人；他们的理性尚未成熟，不具备对网络信息的批判性理解能力；他们的智力水平有限，多数仅限于对新媒体产品的使用，而非更深层次的开发和创造；他们的自我保护能力有限，不了解如何才能通过对工具的使用满足自身福祉。少年儿童可能会在某些方面比成年人做得好，但是不能因此便听凭他们在这个陌生而崭新的时代中自我摸索，懵懂前行，相反，在技术更替的动荡时代，如何保护儿童免受伤害，如何指引少年们健康成长，成为教育家、行业领头人和公共政策制定者的重要责任。

联合国教科文组织这样表述媒体素质的重要性："通过信息和媒体素质来增强人们的能力，对于推动合理接触信息和知识，以及建立包容性知识社会来说是十分重要的先决条件。当信息和媒体用户通过自己的努力变成技术熟练的信息和媒体信息的创造者和制造者的时候，信息和媒体素质就让人们能够理解，并且做出有根据的判断[1]。"不论是数字原住民还是数字移民，我们共同生活于这个崭新的时代。我们终将老去，如同年轻一代终将成长一样。当将当下与过去相对比时，我们可以说，这是一个更好的时代，但是对每一个新鲜的生命而言，这是他们唯一的、崭新而陌生的时代。这个时代或许没有刀兵，没有饥饿，没有命如草芥，但这个时代有网络依赖、网络暴力和网络欺凌。不同时代的人们或许面对不同的威胁，但儿童始终是弱者。

一个新的时代已经到来了。对它的赞美和诅咒都不能抵挡技术进步的脚步。这个时代充满创新也伴随动荡，充满新奇也满怀恶意，充满光明也遍布陷阱。它将一切向一切人敞开——好的和坏的，美的和丑的，善良的和恶毒的。成年人能够保护儿童免于接触世界黑暗侧面的年代已经一去不复返了，他们必须面对这个世界、理解这个世界并积极参与这个世界。这是一个终将属于他们的年代，但在他们能够独自面对这个世界的风雨之前，依旧需要父辈们拓路前行。

---

[1] 转引自索尼亚·利文斯通. 儿童与互联网：现实与期望的角力 [M]. 郭巧丽，译. 北京：电子工业出版社，2013:243.

参考文献

【中文文献】

[1] 尼葛洛·庞帝. 数字化生存[M]. 胡泳，范梅，译. 海口:海南出版社，1997:14.

[2] 尼尔·波兹曼. 童年的消逝[M]. 吴燕莛，译. 桂林:广西师范大学出版社，2004.

[3] 马歇尔·麦克卢汉. 理解媒介：论人的延伸 [M]. 何道宽，译. 南京:译林出版社，2011.

[4] 约翰·杜威. 教育即生长[M]// 王甘. 童年二十讲. 天津:天津人们出版社，2008: 128.

[5] 中国互联网络信息中心. 2013年中国青少年上网行为调查报告 [R/OL].（2014-05）[2014-09-08]. http://www.cnnic.net.cn/hlwfzyj/hlwxzbg/qsnbg/201406/P020140611557842544454.pdf.

[6] 葛进平. 浙江农村青少年大众传媒接触及影响实证研究[M].杭州：浙江大学出版社，2007.

[7] 湖北省人民政府. 2013年湖北省政府工作报告[R/OL].（2013-01-22）[2014-09-08] http://www.gov.cn/test/2013-02/20/content_2336270.htm.

[8] 熊澄宇. 新媒体与移动通讯[EB/OL].（2007-01-04）.[2014-09-08]. http://medianet.qianlong.com/7692/2007/01/04/2681@3600215.htm.

[9] 鲍立泉. 数字传播技术发展与媒介融合演进[D]. 武汉:华中科技大学，2010:8.

[10] 纪江明. 转型期我国社会保障与居民消费的地区差异研究 [D]. 复旦大学: 2011:28.

[11] 刘雅露. 缩小地区差距的财政政策研究[M]. 北京：经济科学出版社, 2000.

[12] 王振存. 文化视阈下城乡教育公平研究[D]. 郑州:河南大学, 2011:48-50.

[13] 黄坤明. 城乡一体化路径演进研究 [M]. 北京:科学出版社, 2009:18-19.

[14] 埃弗雷特·罗杰斯. 创新的扩散[M]. 辛欣, 译. 北京: 中央编译出版社, 2002:16.

[15] 中国互联网络信息中心. 第一次中国互联网络发展状况调查统计报告 [R/OL]. (1997-12-01)[2014-09-08]. http://www.cnnic.net.cn/hlwfzyj/hlwxzbg/hlwtjbg/201206/t20120612_26721.htm.

[16] 中国互联网络信息中心. 第十六次中国互联网络发展状况调查统计报告 [R/OL]. (2005-07-16)[2014-09-08].http://www.cnnic.net.cn/hlwfzyj/hlwxzbg/hlwtjbg/201206/t20120612_26707.htm.

[17] 中国互联网络信息中心. 第三十三次中国互联网络发展状况调查统计报告 [R/OL]. (2014-03-05)[2014-09-08].http://www.cnnic.net.cn/hlwfzyj/hlwxzbg/hlwtjbg/201403/t20140305_46240.htm.

[18] 李文革,沈杰,季为民. 中国未成年人新媒体运用报告（2011~2012）[M]. 北京:社会科学文献出版社, 2012.

[19] 1950年至2011年全球主要国家城市化率比较[EB/OL] [2014-09-08]. http://wenku.baidu.com/link? url=YKGzZuT7M2dgWqjQCjPCvaVa3plwWEHGi44ols8qPYhnIWfk7blkWKlb52GJb6huKscKrZbkW-xARNosGMV6kV2OL_wUVSS3l3YIIdjxQcUS.

[20] 郭爱娣. 城乡居民收入比仍在扩大，绝对差距达近万元[N].京华时报（2008-08-29）[2014-09-08]. http://news.ifeng.com/mainland/200808/0829_17_753013.

shtml.

[21] 中国互联网络信息中心. 第十九次中国互联网络发展状况调查统计报告 [R/OL]. （2005-07-01）[2014-09-08].http://www.cnnic.net.cn/hlwfzyj/hlwxzbg/hlwtjbg/201206/t20120612_26710.htm.

[22] 新浪科技. 七部委力促光纤到户：今年城市用户平均8M接入 [EB/OL]. （2010-04-09））[2014-09-08]. http://tech.sina.com.cn/t/2010-04-09/00324035322. shtml.

[23] 中国互联网络信息中心. 第三十四次中国互联网络发展状况调查统计报告 [R/OL]. （2014-07-21）[2014-09-08].http://www.cnnic.net.cn/hlwfzyj/hlwxzbg/hlwtjbg/201407/t20140721_47437.htm.

[24] 中关村在线. 从第一台到销量第一，中国电视机发展史 [EB/OL]. （2014-08-14）[2014-09-08] http://tech.china.com/jiadian/news/11025684/20140814/18708399_1.html#photos.

[25] 中国互联网协会. 中国互联网发展史（大事记）[EB/OL]. （2013-06-27）[2014-09-08] http://www.isc.org.cn/ihf/info.php? cid=218.

[26] 索尼亚·利文斯通. 儿童与互联网：现实与期望的角力 [M]. 郭巧丽，译. 北京：电子工业出版社，2013.

[27] 郭建斌. 独乡电视：现代传媒与少数民族乡村日常生活 [M]. 济南：山东人民出版社，2005.

[28] 曾航. 一切流行都将城乡一体化 [EB/OL] .（2014-05-30）[2014-09-08] http://www.bianews.com/news/11/n-435011.html.

[29] 杨鹏. 网络文化与青年 [M]. 北京：清华大学出版社，2006:57.

[30] 艾媒市场咨询. 2006–2013年中国智能手机销售量及其增长率 [R/OL]. （2010-11-10）[2014-09-08]. http://www.iimedia.cn/13252.html.

[31] 艾媒市场咨询. 2012年中国智能手机市场年度研究报告 [R/OL].

（2013-03）[2014-09-08].http://www.docin.com/p-672664370.html.

[32] 吴红晓. 2012-2013中国手机媒体发展报告[J]. 传媒，2013，2: 28-30.

[33] 荆楚网. 湖北手机报市州行业27版上线"全省一报"格局初步形成 [EB/OL].（2014-01-01）[2014-09-08].http://news.cnhubei.com/xw/wh/201401/t2803587.shtml.

[34] 艾瑞网. 2011年中国网民平板电脑用户调研报告[R/OL].（2011-09-21）[2014-09-08] http://report.iresearch.cn/1618.html.

[35] 大卫·帕金翰. 童年之死：在电视媒体时代成长的儿童[M].张建中，译. 北京:华夏出版社，2005:4.

[36] 玛格丽特·米德. 代沟[M].曾胡，译.北京：光明出版社，1988.

[37] 周晓虹. 文化反哺：变迁社会中亲子传承[M]//周晓虹，周怡. 大过渡时代的中国青年. 南京:南京大学出版社，2000: 434.

[38] 教育部关于在中小学实施"校校通"工程的通知[EB/OL].（2000-11-14）[2014-09-08] http://www.edu.cn/20020327/3023655.shtml.

[39] 中国互联网络信息中心. 第二十二次中国互联网络发展状况调查统计报告 [R/OL].（2008-07-19）[2014-09-08]. http://www.cnnic.net.cn/hlwfzyj/hlwxzbg/hlwtjbg/201206/t20120612_26713.htm.

[40] 亚里士多德. 政治学[M]// 童年二十讲.天津：天津人们出版社，2008: 34.

[41] 约翰·洛克. 教育漫话[M].徐诚，杨汉麟，译. 石家庄:河北人民出版社，2001.

[42] 让·雅克·卢梭. 论科学与艺术[M].何兆武，译.上海：商务印书馆，1959:7.

[43] 余英时. 试说科举在中国史上的功能与意义[J]. 二十一世纪，2005(6):4-18.

[44] 驱动之家. 微软：67%的青少年会删除浏览历史 [EB/OL].（2011-02-09）[2014-09-08] http://news.mydrivers.com/1/185/185877.htm.

[45] 中国青少年网络协会. 小学生互联网使用行为调研报告 [R/OL]. （2009-08-19）[2014-09-08] http://mfiles.sohu.com/chinaren/xiaoxueshenghulianwang shujubaogao.doc.

[46] 高考状元调查报告：高考状元职业发展状况 [EB/OL].（2009-05-14）[2014-09-08].http://edu.qq.com/a/20090514/000341.htm.

[47] 网易财经. 2013互联网并购额暴涨9倍，百度阿里腾讯是主要买家 [EB/OL].（2014-01-08）[2014-09-08].http://money.163.com/14/0108/08/9I29P1A000253B0H.html.

[48] 保罗·马森. 人类心理发展历程 [M]. 孟昭兰等，译. 沈阳: 辽宁人民出版社, 1991:424.

[49] 中国市场与媒体研究. 危机之年的"融合"与"返朴"[EB/OL].（2010-04）[2014-09-08].

http://wenku.baidu.com/link? url=kBl2XGx0GhUCoa_uY30ZX3CgEb5kwUN 4rmNmi2q3Mm3jS6gl6pE8xxty1tYAh2lVUrJv8xY5tnFNZTFHuS75NnjP90wAN-bdgPPH6eeegdG.

[50] 徐涵. 智能手机冲击, 相机败走高端市场[EB/OL]. 时代周刊.（2013-09-05）[2014-09-08].http://www.ittime.com.cn/index.php? m=content&c=index&a=show& catid=14&id=4989.

[51] 雷雳. 青少年网络心理解析 [M]. 北京：开明出版社, 2012.

[52] 贾金玺. 中国视频网站发展简史.[EB/OL]. 中国社会科学网.（2014-04-17）[2014-09-08]. http://www.cssn.cn/zt/zt_xkzt/zt_wxzt/jnzgqgnjtgjhlw20zn/zghlwfz20znhg/201404/t20140417_1070127.shtml.

[53] 钛媒体. 揭秘2014网络视频行业十大发展趋势.[EB/OL].钛媒体.（2013-12-31）[2014-09-08].http://www.enkj.com/idcnews/Article/20131231/4308.

[54] 极客公园. 弹幕狂热? 是时候泼桶冰水了 [EB/OL]（2014-08-21）

[2014-09-08] http://www.geekpark.net/topics/210438.

[55] 让·皮亚杰. 儿童心理学[M]. 吴福元, 译. 北京:商务印书馆, 1980:46.

[56] 爱立信消费者研究室. 爱立信2014年移动游戏玩家消费调查报告 [R/OL].（2014-3-27）[2014-09-08]. http://www.199it.com/archives/207852.html.

[57] 曾航. 女性将撑起手机游戏的半边天吗？ [EB/OL].（2014-03-28）[2014-09-08] http://www.forbeschina.com/review/201403/0032001.shtml.

[58] 站长网. 搜索结果前十名点击率的巨大差距 [EB/OL].（2008-04-10）[2014-09-08]. http://www.admin5.com/article/20080410/79581.shtml.

[59] 谢新洲. "媒介依赖"理论在互联网环境下的实证研究 [J].石家庄经济学院学报, 2004（2）:218-224.

[60] 梅尔文·德弗勒, 鲍尔·洛基奇. 大众传播学诸论. [M]. 杜力平, 译. 新华出版社, 1990:342.

[61] 王怀春. 从"替代性满足"看个体对大众传媒的精神性依赖 [J]. 三峡论坛, 2010, 4: 126-129.

[62] 鲍尔·洛基奇, 郑朱泳, 王斌. 从"媒介系统依赖"到"传播机体"——"媒介系统依赖论"发展回顾及新概念[J]. 国际新闻界, 2004（2）:9-12. p.10.

[63] 孟珊珊. "媒介系统依赖理论"的凸显与转向——以经济危机传播中的国内受众与媒介关系为例 [J]. 青年作家, 2009, 12: 86-87.

[64] 罗文辉, 林文琪, 牛隆光, 蔡卓芬. 媒介依赖与媒介使用对选举新闻可信度的影响：五种媒介的比较[J]. 新闻学研究. 2003, 74: 19-44.

[65] 中国互联网络信息中心. 第二十九次中国互联网络发展状况统计报告. [R/OL].（2009-01）. [2014-09-08] http://www.docin.com/p-15142546.html.

[66] Simon J. 互联让我们不再对话了么[J].投资者报, 2012（22）.

[67] 熊宁. 移动电子媒介兴起中的媒介依赖研究 [J]. 今传媒, 10, 101-103.

[68] 人民网.我国高校毛入学率超过24% 在校大学生达2979万 [EB/OL].

（2011-03-08）. [2014-09-08] http://news.sohu.com/20110308/n279705378.shtml.

[69] 张向东. 你每天点亮手机屏幕多少次？ [EB/OL]（2014-08-04）. [2014-09-08].http://weibo.com/1195910797/BgI6VsTdX.

[70] 中国青少年研究中心. 中国少年儿童十年发展状况研究报告 [M]. 北京：人民日报出版社, 2010.

【英文文献】

[1] EISENSTEN E. The printing press as an agent of change [M]. Cambridge, England: Cambridge University Press, 1979:19.

[2] GAZZANIGA M S. The mind's past [M]. Berkeley: University of California Press, 1998: 6.

[3] DEHAENE S. Evolution of human cortical circuits for Reading and arithmetic: the neuronal recycling hypothesis [M]// DEHAENE S, DUHAMEL J R, HAUSER et al. From monkey brain to human brain Cambridge, Massachusetts: MIT Press, 2004: 133-157.

[4] BARRY A M. Perception theory [M]// SMITH K L, MORIARTY S, KENNEY K et al. Handbook of visual communication: Theory, methods, and media. Mahwah, MJ: Routledge, 2005: 45-62.

[5] PRENSKY M. Digital natives, digital immigrants part 1 [J]. Horizon, 2001, 9（5）: 1-6.

[6] ERIK H E. Childhood and Society [M]. New York: Norton.1958.

[7] PIAGET J. Main Trends in Psychology. London: George Allen & Unwin, 1973:36.

[8] JIANG P. Consumer adoption of mobile internet services: An exploratory study [J]. Journal of Promotion Management, 2009, 15（3）: 418-454.

[9] ROGERS E M. Diffusion of innovations[M]. 4th ed. New York: Free Press, 1995.

[10] ONG J W, POONG WY S, NG T H. 3G services adoption among university students: Diffusion of innovation theory[J]. Communications of the IBIMA, 2008, 3 (16): 114-121.

[11] JUNG J, CHAN-OLMSTED S, PARK B et al. Factors affecting e-book reader awareness, interest, and intention to use [J]. New Media & Society, 2012, 14 (2): 204-224.

[12] LI S. Examining the factors that influence the intentions to adopt internet shopping and cable television shopping in Taiwan[J]. New Media & Society, 2004, 6 (2): 173-193.

[13] WEI L, ZHANG M. The adoption and use of mobile phone in rural China: A case study of Hubei, China [J]. Telematics & Informatics, 2008, 25(3):169-186.

[14] RICE R, HAYTHORNTHWAITE C. Perspectives on Internet use: Access, involvement and interaction[M.]// LIVINGSTONE L, LIVINGSTONE S. Handbook of new media: Social shaping and social consequences. Longdon: Sage, 2006: 92-113.

[15] MAHLER A, ROGERS E M. The diffusion of interactive communication innovations and the critical mass: the adoption of telecommunications services by German banks [J]. Telecommunications policy, 1999, 23(10):719-740.

[16] ALLEN D. New telecommunications services: Network externalities and critical mass [J]. Telecommunications Policy, 1988, 12: 257-271.

[17] HORNIK R. Some reflections on diffusion theory and the role of Everett Rogers [J]. Journal of health communication, 2004, 9(1): 143-148.

[18] LEE H, SMITH K G, GRIMM C M. The effect of new product radicality and scope on the extent and speed of innovation diffusion [J]. Journal of Management,

2003, 29（5）: 753-768.

[19] WU J H, WANG S C. What drives mobile commerce? : An empirical evaluation of the revised technology acceptance model [J]. Information & management, 2005, 42（5）: 719-729.

[20] HSU C L, LU H S, HSU H H. Adoption of the mobile Internet: An empirical study of multimedia message service（MMS）[J]. Omega, 2007, 35（6）: 715-726.

[21] BYENG-HEE C, SEUNG-EUN L, BYOUNG-SUN K. Exploring factors affecting the adoption and continuance of online games among college students in South Korea: Integrating uses and gratification and diffusion of innovation approaches [J]. New Media & Society, 2006, 8（2）: 295-319.

[22] PASHUPATI K, KENDRICK A. Advertising Practitioner Perceptions of HDTV Advertising: A Diffusion of Innovations Perspective [J]. The International Journal on Media Management, 2008, 10（4）: 158-178.

[23] YANG K C. Exploring factors affecting the adoption of mobile commerce in Singapore [J]. Telematics & Informatics, 2005, 22（3）: 257-277.

[24] HOGG N, LOMICKY C S, HOSSAIN S A. Blogs in the media conversation: A content analysis of the knowledge stage in the diffusion of an innovation [J]. Web Journal of Mass Communication Research, 2008, 12: 1-15.

[25] SCHUSTER D V, VALENTE T W, SKARA S. Intermedia processes in the adoption of tobacco control activities among opinion leaders in California [J]. Communication Theory, 2006, 16 :91-117.

[26] WALKER R M, AVELLANEDA C N, BERRY F S. Exploring the diffusion of innovation among high and low innovative localities: a test of the Berry and Berry Model [J]. Public Management Review, 2011, 13（1）: 95-125.

[27] ZHAO J Q, HAO X M, BANERJEE I. The diffusion of the Internet and

rural development [J]. Convergence: The International Journal of Research into New Media Technologies, 2006, 12（3）:293-305.

[28] DEMOS J. A Little Commonwealth: Family Life in Plymouth Colony [M]. New York, 1970.

[29] CUNNINGHAN M. Children and childhood in Western society since 1500 [M]. London: Longman, 1995.

[30] CUNNINGHAN M. The invention of childhood [M]. London: BBC books, 2006.

[31] ALEXANDER V D. The image of children in magazine advertisements from 1905 to 1990 [J]. Communication Research, 1994, 21（6）: 742-765.

[32] GADLIN H. Child discipline and the pursuit of self: An historical interpretation [M]//REESE H W, LIPSITT L P, Advances in children development and behavior, New York: Academic Press, 1978, 231-261.

[33] GIDDENS A. The transformation of intimacy: Sexuality, love and eroticism in modern societies [M]. Cambridge: Polity, 1993: 91.

[34] GERGEN K. The challenge of absent presence[M]// KATZ J E, AAKUS M. Perceptual contact: Mobile communication, private talk, public performance, Cambridge: Cambridge University Press, 2002, 227-241.

[35] LIVINGSTONE S, BOBER M. UK children go online: Surveying the experiences of young people and their parents [R]. London: London School of Economics and Political Science. http://eprints.lse.ac.uk/395/.

[36] PAIS J M. Transitions and youth cultures: Forms and performances. [J]. International Social Science Journal, 2004, 164, 224-225.

[37] MCAFEE. The digital divide: How the online behavior of teens is getting past parents [R/OL]. （2012-06）[2014-09-08].http://www2.cnrs.fr/sites/en/fichier/

rapport_english.pdf.

[38] NATIONAL CENTER FOR EDUCATION STATISTICS. Internet access in U.S. public schools and classrooms: 1994-2001 [R/OL]. (2002-09) [2014-09-08]. http://nces.ed.gov/pubs2007/2007020.pdf.

[39] BRITISH EDUCATIONAL SUPPLIER ASSOCIATION. ICT provision & use in 2009/10. (2009-09) [2014-09-08].http://resources.eun.org/insight/BESA_ ICT2009_Summary.pdf.

[40] KATIE L. Korea vs U.S. education: New report examines key differences [EB/OL]. (2013-05-31) [2014-09-08] http://www.edudemic.com/south-korea-vs-u-s-education-new-report-examines-key-differences/.

[41] DYNARSKI M, AGODINI R, HEAVISIDE S, et al. Effectiveness of reading and mathematics software products: Findings from the first student cohort [R]. US Department of Education: Institute of Education Science, 2007:97.

[42] THIESSEN V, DIANNE L E. Digital divides and capital conversion: The optimal use of information and communication technology for youth reading achievement [J]. Information, Community and Society, 2007, 10(2):159-180.

[43] BUCKINGHAM D. Beyond technology: Children's learning in the age of digital culture. Cambridge: Polity, 2007.

[44] JENKINS H. Confronting the challenges of participatory culture: Media education for the 21st century [R]. Chicago: The John D and Catherine T Macarthur foundation, 2006.

[45] KRESS G. Visual and verbal models of representation on electronically mediated communication: The potentials of new forms of text [M]. //SNYDER I. Page to screen: Taking literacy into electronic era, London : Routledge: 1998: 53-79.

[46] THOMAS F, LUDGER W. Computers and student learning: Bivariate and

multivariate evidence on the availability and use of computers at home and at school [R]. Munich: IFO Institute for Economic Research, 2004:1.

[47] IS WUFU SAFE FOR CHILDREN? [EB/OL].(2014-03-30)[2014-09-08]. http://www.safeinschool.org/.

[48] TREEHUGER, Schools in japan to ban cell phones [EB/OL]. (2008-12-18) [2014-09-08] http://www.treehugger.com/gadgets/schools-in-japan-to-ban-cell-phones. html.

[49] GLOBALVOICE. Japan: Law banning cell phones for kids passed in Ishikawa [EB/OL]. (2009-08-15) [2014-09-08] https://www.google.com/search? q= Ishikawa+Children+Comprehensive+Act%E2%80%9D&rlz=1C1CHRZ_enCN583CN 583&oq=Ishikawa+Children+Comprehensive+Act%E2%80%9D&aqs=chrome..69i57 .342j0&sourceid=chrome&ie=UTF-8.

[50] DANIELLE D. The Telegraph [EB/OL]. (2014-03-24)[2014-09-08]. http:// www.telegraph.co.uk/news/worldnews/asia/japan/10718254/Children-in-Japanese-city-banned-from-using-smartphones-after-9pm.html.

[51] SILVERSTONE R. Domesticating domestication: Reflections on the life of a concept [M].// BERKER T, ARTMANN M, PUNIE Y, et al. The domestication of media and technology. Maidenhead: Open University Press, 2006: 229-248.

[52] PEW RESEARCH CENTER. Millennials: A portrait of America's next generation: Confident, connected, open to change [R/OL]. (2010-02)[2014-09-08]. http://www.pewsocialtrends.org/files/2010/10/millennials-confident-connected-open-to-change.pdf.

[53] EMARKETRE. What are UK teens doing online? [R/OL].(2013-04-04) [2014-09-08].http://www.emarketer.com/Article/What-UK-Teens-Doing-Online/1009785.

[54] LIVINGSTONE S, HADDON L, GÖRZIG A et al. Risks and safety on the internet: The perspective of European children [R]. LSE, London: EU Kids Online, 2011. http://www2.cnrs.fr/sites/en/fichier/rapport_english.pdf.

[55] HERZOG H. What do we really know about daytime serial listeners？ [M]// LAZARSDELD P F. Radio Research, London: Sage, 1942, 3:2-23.

[56] BERELSON B. What missing the newspaper means [M]//LAZARDFEL P F, STANTON F M, Communication Research, NY: Duell, Sloan and Pearce, 1948, 9: 111-129.

[57] KATZ E, BLUMLER J G, GUREVITCH M. Uses and gratifications research[J]. Public Opinion Quarterly, 1974, 37（4）:509-524.

[58] RUBIN A. The uses-and-gratifications perspective of media effects [M]// BRYANT J, ZILLMANN, D. Media effects: Advances in theory and research. Hillsdale, NJ: Lawrence Erlbaum Associates, Inc, 2002: 525-548.

[59] RUBIN A M. Ritualized and instrumental television viewing [J]. Journal of Communication, 1984, 34: 67-81.

[60] MCQUAIL D. McQuail's mass communication theory [M]. London: Sage, 2005.

[61] RUGGIERO T E .Uses and gratifications theory in the 21st century [J]. Mass Communication & Society, 2000, 3（1）:3-37.

[62] PARKER B J, PLANK R E. A uses and gratifications perspective on the Internet as a new information source [J]. American Business Review, 2000, 18: 43-49.

[63] PAPACHARISSI Z, RUBIN A. Predictors of Internet use [J]. Journal of Broadcasting and Electronic Media, 2000:44, 75-196.

[64] FLANAGIN A J, METZGER M J. Internet use in the contemporary media environment [J]. Human Communication Research, 2001, 27: 153-181.

[65] PARKS M R, FLOYD K. Making friends in cyberspace [J]. Journal of Communication, 1996, 46: 80-97.

[66] WEISER E B. Gender differences in internet use patterns and internet application preference: a two sample comparison [J]. CyberPsychology and Behavior, 2000, 3(2): 167–178.

[67] JACKSON L A, ERVIN K S, GARDNER P D, et al. Gender and the internet: women communicating and men searching [J]. Sex Roles, 2000, 44(5/6): 363-379.

[68] FURU T .The function of television for children and adolescents [M]. Tokyo: Sophia University Press, 1971.

[69] BLUMER J C, KATZ E. The uses of mass communications: Current perspectives on gratifications research. Beverly Hills: Sage publications, 1974:71-92.

[70] RUBIN A M. Television usage, attitudes and viewing behaviors of children and adolescents [J]. Journal of Broadcasting, 1977, 21(3): 355-369.

[71] ZOHOORI AR.A cross-cultural analysis of children' s television use [J]. Journal of Broadcasting & Electronic Media, 1988, 32(1):105-113.

[72] LEUNG L, WEI R. More than just talk on the move: Uses and gratifications of the cellular phone [J]. Journalism & Mass Communication Quarterly, 2000, 77(2): 308-320.

[73] FERGUSON D A, GREER C F. Uses and gratifications of MP3 players by college students: Are iPods more popular than radio？ [J]. Journal of Radio Studies, 2007, 14(2): 102-121.

[74] RAACKE J, BONDS-RAACKE J. MySpace and Facebook: Applying the uses and gratifications theory to exploring friend-networking sites[J]. Cyberpsychology & behavior, 2008, 11(2): 169-174.

[75] JIMENEZ A G, LOPEZ M C, PISIONERO C G. A vision of uses and gratifications applied to the study of Internet use by adolescents [J]. Comunicación y

Sociedad，2012，25（2）:231-254.

[76] URISTA M A，DONG Q，DAY K D. Explaining why young adults use MySpace and Facebook through uses and gratifications theory [J]. Human Communication，2009，12（2）: 215-229.

[77] GROSS E F. Adolescent Internet use: What we expect，what teens report [J]. Applied Developmental Psychology， 2004（25）:633–649.

[78] GEFEN D，STRAUB D W. Gender differences in the perception and use of e-mail: an extension to the technology acceptance model [J]. MIS Quarterly，1997，21（4）: 389–400.

[79] MADDEN M，RAINIE L. America's online pursuits: The changing picture of who's online and what they do [R/OL]. Pew Internet & American Life Project. （2007-06-24）[2014-09-08]. http://www.pewinternet.org/Reports/2006/Generations-Online.aspx.

[80] SHELDOON P，GEVORGYAN G. Men are from Mars，Women are from Venus: Gender and Personality Differences Reconfirmed in Virtual Reality. [C/OL]. The annual meeting of the NCA 94th Annual Convention，San Diego，CA，November，21-24. [2014-09-08]. http://citation.allacademic.com/meta/p246374_index.html heldon，P. and Gevorgyan，G.

[81] WESTERIK H，RENCKSTORF K，LAMMERS J，et al. The social character of parental and adolescent television viewing: An event history analysis[J]. Communications，2007，32（4）:389-415.

[82] HENDRIYANI E H，LEEN D，BEENTJES J J. Children's media use in Indonesia[J]. Asian Journal of Communication，2012，22（3）: 304-319.

[83] WOLAK J，MITCHELL K，FINKELHOR D. Online victimization: 5 years later（NCMEC 07–06–025）[R]. Alexandria，VA: National Center for Missing &

Exploited Children, 2006.

[84] OWENS S J, SWENSEN C H. Loneliness in older adult spousal caregivers [C]. The 108th Annual Meeting of the American Psychological Association, Washington, DC, 2000.

[85] PINQUART M, SORENSEN S. Influences on loneliness in older adults: A meta-analysis [J]. Basic & Applied Social Psychology, 23, 245–266.

[86] CASHMORE P. Facebook extends lead as fave young adult sites [J/OL]. Mashable. (2007-03-01)[2014-09-08]. http://ignitehealth.blogspot.com/2007/03/facebook-extends-lead-as-fave-young.html.

[87] LINDLOF T R, SHATZER M J. Media ethnography in virtual space: Strategies, limits, and possibilities [J]. Journal of Broadcasting and Electronic Media, 1998, 42: 170-190.

[88] COLEY T. Students and cyber communities [M]. Columbia, SC: University of South Carolina Press, 2006.

[89] HARWOOD J. Viewing age: lifespan identity and television viewing choices [J]. Journal of Broadcasting & Electronic Media, 1997, 41(2):203–213.

[90] LINHART A, MADDEN M, MACGILL A R, et al. Teens and social media [M]. Washington DC: Pew Internet & American Project, 2007.

[91] EMARKETER. What are UK teens doing online ? [E/OL]. (2013-04-04) [2014-09-08] http://www.emarketer.com/Article/What-UK-Teens-Doing-Online/1009785.

[92] BURDETTE H I, WHITALER R C. A national study of neighborhood safety, outdoor play, television viewing, and obesity in preschool children [J]. Pediatrcs, 2005, 116(3): 657-662.

[93] TEEN HEALTH. Computer games [EB/OL]. (2014-09-08)[2014-09-08]

http://www.cyh.com/healthtopics/healthtopicdetails.aspx ？ p=243&np=295&id=2375.

[94] TEJEIRO S ， BERSABE M. Measuring problem video game playing in adolescents [J]. Addiction, 2002, 97(12): 1601-1607.

[95] CHARNLEY M V. Preliminary notes on a study of newspaper accuracy [J]. Journalism Quarterly, 1936, 13: 394-401.

[96] WILLIAMS A E. Trust or Bust ？ : Questioning the Relationship Between Media Trust and News Attention[J]. Journal of Broadcasting & Electronic Media, 2012, 56(1):116-131.

[97] HOVLAND C I, LUMSDAINE A A, SHEFFIELD F D. Experiments on mass communication [M]. Studies in Social Psychology in World War II: Volume III, Princeton: Princeton University Press, 1949.

[98] HOVLAND C, IRVING L J, KELLEY H H. Communication and persuasion. New Haven, Conn.: Yale University Press., 1953.

[99] O'KEEFE D J. Persuasion: Theory and research. Newbury Park ， CA : Sage, 1990.

[100] BUCY E P. Media credibility reconsidered: Synergy effects between on-air and online news [J]. Journalism and Mass Communication Quarterly, 2003, 80(2): 247-264.

[101] MULAC A, SHERMAN A R. Relationships among four parameters of speaker evaluation: Speech skill, source credibility, subjective speech anxiety, and behavioral speech anxiety [J]. Speech Monographs, 1975, 42: 302–310.

[102] FREEMAN K S, SPYRIDAKIS J H.An examination of factors that affect the credibility of online health information [J]. Technical Communication, 2004, 51 (2): 239-263.

[103] METZGER M J, FLANAGIN A J, EYAL K, et al. Credibility for the 21st century: Integrating perspectives on source, message, and media credibility in the

contemporary media environment [J]. Communication yearbook, 2003, 27: 293-336.

[104] FLANAGIN A J, METZGER M J. The role of site features, user attributes, and information verification behaviors on the perceived credibility of web-based information[J]. New Media & Society, 2007, 9 (2): 319-342.

[105] WATHEN C N, BURKELL J. Believe it or not: Factors influencing credibility on the Web [J]. Journal of the American society for information science and technology, 2002, 53 (2):134-144.

[106] MARKHAM D. The dimensions of source credibility of television newscasters[J]. Journal of Communication, 1968, 18: 57–64.

[107] JO S.The effect of online media credibility on trust relationships [J]. Journal of Website Promotion, 2005, 1 (2): 57-78.

[108] BERLO D K, LEMERT J B, MERTZ R J. Dimensions for evaluating the acceptability of message sources[J]. Public Opinion Quarterly, 1969, 33 (4): 563-576.

[109] WHITEHEAD J L. Factors of source credibility [J]. Quarterly Journal of Speech, 1968, 54 (1): 59-63.

[110] ABEL J D, WIRTH M O. Newspapers vs. TV credibility for local news [J]. Journalism Quarterly, 1977, 54: 371-375.

[111] GANTZ W.The influence of researcher methods on television and newspaper news credibility evaluations [J]. Journal of Broadcasting & Electronic Media, 1981, 25 (2): 155-169.

[112] SCHWEIGER W. Media credibility—experience or image ? A survey on the credibility of the World Wide Web in Germany in comparison to other media[J]. European Journal of Communication, 2000, 15 (1): 37-59.

[113] WESTLEY B H, SEVERIN W J. Some correlates of media credibility[J]. Journalism & Mass Communication Quarterly, 1964, 41 (3): 325-335.

[114] FLANAGIN A J, METZGER M J. Perceptions of Internet Information Credibility [J]. Journalism and Mass Communication Quarterly, 2000, 77（3）: 515-540.

[115] KIOUSIS S. Public trust or mistrust？ Perceptions of media credibility in the information age[J]. Mass Communication & Society, 2001, 4（4）: 381-403.

[116] FINBERG H, STONE M L, LYNCH D. Digital journalism credibility study [J/OL]. Online News Association（2001-08-14）[2014-09-08]http://www.journalist.org/Programs/Research2Text.htm.

[117] PEW RESEARCH CENTER. TV News Viewership Declines[R/OL].（1997-05-13）[2014-09-08]. http://people-press.org/reports, 16 May 2013.

[118] JOHNSON T J, KAYE B K. Cruising is believing？ : Comparing internet and traditional sources on media credibility measures[J]. Journalism and Mass Communication Quarterly, 1998, 75（2）: 325-340.

[119] JOHNSON T J, KAYE B K. In blog we trust？ Deciphering credibility of components of the Internet among politically interested Internet users[J]. Computers in Human Behavior, 2009, 25: 175–182.

[120] GUNTER B, MCLAUGHLIN C. Television: the public's view. London: John Libbey & Co. Ltd, 1992.

[121] AUSTIIN E W, DONG Q. Source vs. content effects on judgments of news believability[J], Journalism Quarterly, 1994, 71（4）: 973-983.

[122] MEYER P. Defining and measuring credibility of newspapers: Developing an index[J]. Journalism & Mass Communication Quarterly, 1988, 65（3）: 567-574.

[123] SUNDAR S S. Effect of source attribution on perception of online news stories [J]. Journalism and Mass Communication Quarterly, 1998, 75（1）: 55-68.

[124] CHARTPRASERT D. How bureaucratic writing style affects source credibility[J]. Journalism Quarterly, 1993, 70: 150–159.

[125] MCCROSKEY J C, HOLDRIDGE W, TOOMB J K. An instrument for measuring the source credibility of basic speech communication instructors[J]. Communication Education, 1974, 23 (1): 26-33.

[126] BROSIUS H B, BATHELT A. The utility of exemplars in persuasive communications[J]. Communication Research, 1994, 21 (1): 48-78.

[127] WANTA W, HU Y W. The effects of credibility, reliance, and exposure on media agenda-setting[J]. Journalism Quarterly, 1994, 71 (1), 90-98.

[128] ARMSTRONG C L, COLLIINS S J. Reaching out: Newspaper credibility among young adult readers[J]. Mass Communication and Society, 2009, 12 (1): 97-114.

[129] MELICAN D B, DIXON T L. News on the Net Credibility, Selective Exposure, and Racial Prejudice [J]. Communication Research, 2008, 35 (2): 151-168.

[130] GREER J D. Evaluating the credibility of online information: A test of source and advertising influence[J]. Mass Communication and Society, 2003, 6 (1): 11-28.

[131] FICO F, RICHARDSON J D, EDWARDS S M. Influence of story structure on perceived story bias and news organization credibility[J]. Mass Communication & Society, 2004, 7 (3): 301-318.

[132] KIM S T, WEAVER D, WILLNAT L. Media reporting and perceived credibility of online polls[J]. Journalism & Mass Communication Quarterly, 2000, 77 (4): 846-864.

[133] TSAI C, LIN S. Analysis of attitudes toward computer networks and internet addiction of Taiwanese adolescent [J]. CyberPsychology & behaviors, 2001, 4 (3): 373-376.

[134] HALL A S, PARSONS J. Internet addiction: College student case study using best practices in cognitive behavior therapy [J]. Journal of Mental Health Counseling, 2001, 23: 312-327.

[135]BYUN S, RUFFIN C, MILLS J, et al. Internet addiction: Metasynthesis of 1996-2006 quantitative research. CyberPsychology & Behavior, 2008, 12（2）: 203-207.

[136]SCHERER K. College life online: Healthy and unhealthy Internet use [J]. Journal of College Life and Development, 1997, 38: 655-665.

[137]CHOU C, HSIAO M. Internet addiction, usage, gratifications, and pleasure experience: The Taiwan college students' case [J]. Computers & Education, 2000, 35（1）: 65-80.

[138] FALVIA G, JOSES. Internet as a Haven and Social Shield: Problematic Uses of the Network by Young Spaniards [J]. Media Education Reseach, 2014, 43, 45-53.

[139] FU K. Is Internet addiction a distinct construct from other psychopathological conditions？ Evidence from a panel study on a representative sample in Hong Kong, China [C/OL]//The annual meeting of the International Communication Association, Suntec Singapore International Convention & Exhibition Centre, Suntec City, Singapore, August 23-27, 2010. [2014-09-08] http://citation. allacademic.com/meta/p405123_index.html.

[140]CECILIA M R, MAZZA M, CENCIARELLI S, et al.The relationship between compulsive behaviour and internet addiction [J]. Styles of Communication, 2013, 5（1）:24-31.

[141] KUBEY R W, LAVIN M J, BARROWS J R. Internet use and collegiate academic performance decrements: Early findings [J]. Journal of Communication, 2001, 51（2）:366-382.

[142] MITCHELL K A, BEARD F. Measuring Internet dependence among college students: A replication and confirmatory analysis [J]. Southwestern Mass

Communication Journal, 2010, 25（2）:15-28.

[143] LEE Y H. Individual media dependency（IMD）and social networking website: Exploring relations between motivational dimensions of IMD and SNW use [C/OL].]//The annual meeting of the International Communication Association, Suntec Singapore International Convention & Exhibition Centre, Suntec City, Singapore, August 23-27, 2010. [2014-09-08] http://www.allacademic.com/meta/p234838_index.html.

[144] KIM J, HARIDAKIS P.The role of internet user characteristics and motives in explaining three dimensions of internet addiction [J]. Journal of Computer-Mediated Communication, 2009, 14（4）: 988-1015.

[145] SONG I, LAROSE R, EASTIN M, et al. Internet gratifications and Internet addiction: On the uses and abuses of new media [J]. Cyberpsychology & Behavior, 2004, 7（4）: 384-394.

[146] ROSEN L D, CARRIER L M. iDisorder: Understanding our obsession with technology and overcoming its hold on us [M]. New York, Palgrave Macmillan, 2012.

[147]COHEN J. Parasocial interaction and romantic attraction: Gender and dating status differences [J]. Journal of Broadcasting and Electronic Media, 1997（4）: 516–529.

[148] HORTON D, RICHARD W. Mass communication and para-social interaction: Observations on intimacy at a distance [J]. Psychiatry, 1956, 19:215-29.

[149]BALLANTINE P W, MARTIN B A. Forming parasocial relationships in online communities [J]. Advances in Consumer Research, 2005, 32: 197-201:198.

[150] LUKE C. Predagogy, printing and protestanism: The discourse of childhood [M]. Albany, NY: State University of New York Press, 1989: 39.

[151] BECK U. Risk society: Towards a new modernity[M]. London: Sage,

2005: 87.

[152] WAJCMAN J. Feminism confronts technology [M]. Pennsylvania: Penn State University Press, 1991: 38.

[153] GUERTIIN C. Quantum feminist mnemotechnics: The archival Text, digital narrative and the limits of memory [M]. Alberta: University of Alberta, 2003.

后 记

这是一本在时间上匆忙完成的作品，尽管在心理上准备已久。

我首先要感谢武汉大学新闻与传播学院。我依旧清晰地记得七年前我第一次踏入这个学院时的情景。这所美丽大学里的顶尖学院，给了我新的视角和人生规划。我从这里改变了我将要度过人生的方式。后来从这里离开，负笈远渡，而后重新回到这里，传道授业。这所学院有着宽松的学术氛围，我可以将我的想法付诸实践，做我想做的研究而不必担心受到束缚。我如此自在地生活在武大的如画美景里、湖光山色间。

我要感谢我大洋彼岸的导师们。我飞越重洋之后，得到这些顶尖学者的悉心教导，使我得以成长为一个传播学研究者。我将永生铭记阿拉巴马大学，它的庭院阔大，冠盖如云，战旗猎猎，晨钟不歇。这所宁静的校园里，学术是如此纯粹而崇高。虽然仅有短短三年，但这段光阴使我成为一个更纯粹的人，让我知道，在人的短暂一生中，什么应当追逐，而什么不必介怀。

我要感谢我的学生——曹婉晨、李楠、刘骏、刘重、毛鑫、徐婷婷、张培琳对这一课题投入的时间和精力。

我从没想过我的第一本书会是这个主题。它涉及技术、文化和世代传承。我想将最郑重的谢意致予我的双亲。谢谢你们给予我的全部。命运在一代人身上烙下的残酷命运，居然成就了下一代的幸运。谢谢你们在茫茫人海中相遇，给我生命。谢谢你们对我的培养和支持，让我无忧无虑地读书到今天。在我不知疾苦的过去和不知始终的茫茫未来中，谢谢你们自始至终的信任和爱。

我要感谢我的家族。胶东地区的普通家庭，靠血缘繁衍出数量庞大的家族谱系。我至今无法想象，只认得自己名字的祖父母怀着怎样的心情和远见，在家徒四壁时依旧毫无保留地支持儿子们读书和从军。这种家族的传承，代际的更替和个体命运的变化给了我最直观的感受。我看到时代的际遇不可违抗，也看到社会的进步无可阻挡。

当然，我要感谢我的小侄子。谢谢你给我最初的灵感和动力。祝你成为游戏设计师的梦想得以成真。

愿你和你的同辈人们，建立起属于你们自己的时代和梦想。

闫岩

2014 年 9 月 17 日

于武汉，东湖，珞珈山